携手走过　共创辉煌

Chinese Insurance Industry Events
(2016)

中国保险行业大事记
（2016）

中国保险行业协会 编

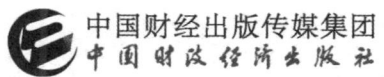

图书在版编目（CIP）数据

中国保险行业大事记.2016 / 中国保险行业协会编. —北京：中国财政经济出版社，2017.7

ISBN 978－7－5095－7601－4

Ⅰ.①中… Ⅱ.①中… Ⅲ.①保险业－经济发展－大事记－中国－2016 Ⅳ.①F842

中国版本图书馆CIP数据核字（2017）第164181号

责任编辑：胡 懿　　　　　　责任校对：杨瑞琦
封面设计：春天设计

中国财政经济出版社 出版

URL：http：//www.cfeph.cn
E－mail：cfeph@cfeph.cn

（版权所有　翻印必究）

社址：北京市海淀区阜成路甲28号　邮政编码：100142
营销中心电话：88190406　北京财经书店电话：64033436　84041336
北京时捷印刷有限公司印刷　各地新华书店经销
787×1092毫米　16开　15.75印张　269 000字
2017年7月第1版　2017年7月北京第1次印刷
定价：88.00元
ISBN 978－7－5095－7601－4
（图书出现印装问题，本社负责调换）
本社质量投诉电话：010－88190744
打击盗版举报热线：010－88190414　QQ：447268889

编委会名单

主　　　任： 朱进元
副 主 任： 商敬国
编委会委员： 余勋盛　王　敏　李晓武　郭　红　赵世刚
　　　　　　　黄睿智

主　　　编： 余勋盛
副 主 编： 张　弘
编写组成员： 王　琤　杨子旭

前言

大事记以时为经,以事为纬,一直发挥着资治、存史、育人的价值和功能,对审视现在、启迪未来具有重要意义。

为系统展示保险业发展的主要脉络和成长轨迹,全面、客观、真实记载行业发展的重大事件、重要成果,中国保险行业协会(以下简称中保协)在中国保险监督管理委员会(以下简称中国保监会)指导支持下、在各会员单位积极参与下,集行业之力,以对历史、对行业高度负责的态度,每年编辑《中国保险行业大事记》(以下简称《大事记》),至今已4年。

2016年是实施"十三五"规划的开局之年,是我国全面建成小康社会决胜阶段,也是加快建设现代保险强国的关键时期。在这一年里,我国保险业坚决贯彻落实党中央、国务院决策部署,各项工作取得显著成效。保险业原保险保费收入达30 959.10亿元,同比增长27.50%,增速不仅比2015年同期提高7.50%,也是2011年以来增长最快的一年。其中,财产险业务原保险保费收入8 724.50亿元,同比增长9.12%;寿险业务原保险保费收入17 442.22亿元,同比增长31.72%;健康险业务原保险保费收入4 042.50亿元,同比增长67.71%;意外险业务原保险保费收入749.89亿元,同比增长

17.99%。保险业全年为全社会提供风险保障2 372.78万亿元,同比增长38.09%。保险业服务大局能力明显增强。

2016年,我国保险业总资产达15.12万亿元,较年初增长22.31%。我国保险业发展继续呈现加速态势,保险市场规模超过德国、法国、英国,2015年跃居全球第3位,2016年保费收入更是超过日本成为全球第二大保险市场。我国保险业快速发展,服务领域不断拓宽,在现代金融、社会保障、农业保障、防灾减灾、社会管理五大体系中发挥着越来越重要的作用,逐渐成为国民经济体系中不可替代的重要力量。

2016年,中国保监会抓住服务供给侧结构性改革和脱贫攻坚战略两大主线,推动保险服务能力再上新台阶。一是助力实体经济发展。加快发展科技保险;推动完善"政府+银行+保险"模式的小额贷款保证保险试点工作;推动短期出口信用保险市场稳步放开;设立汽车碰撞实验室,加快推进保险产业与汽车产业融合发展。二是助力脱贫攻坚战略。着力打造以大病保险、农业保险、小额保险等为主的保险扶贫保障体系,以小贷险、学贷险、农险保单质押贷款等为主的保险扶贫增信体系,以产业扶贫投资基金等为主的保险扶贫投资体系,全方位助力脱贫攻坚;开展贫困人口补充医疗保险试点;设立保险业产业扶贫投资基金。三是助力保障改善民生。扎实做好大病保险、农业保险和南方洪涝灾害农险工作;拓展农产品目标价格保险试点和"保险+期货"试点;推动地震巨灾保险制度落地和企业年金受托管理;深入开展老年人住房反向抵押养老保险试点。四是助力国家重大战略建设。发挥保险资金长期投资的独特优势,为"一带一路"、京津冀协同发展、长江经济带、重大基础设施建设等国家战略项目提供资金支持。截至2016年年底,保险机构累计发起设立各类债权、股权和项目资产支持计划659项,合计备案注册规模1.7万亿元。中保投资已累计募集资金总规模超1 500亿元。

2016年,中国保监会全面深化保险改革,更好发挥市场配置资源决定性作用。一是深入推动重点领域改革,释放行业发展动能。商业车险改革在全国范围内铺开;"高保低赔"等问题得到有效解决;车均保费同比下降2.1%;财产险备案产品自主注册改革全面落地实施;农险产品改革继续深化;完善保险专业中介业务许可工作;继续积极稳妥推进保险资金运用改革;深化在医疗、养老、健康、科技等产业链的布局发展;推动上海航运保险产品注册制服务范围向全国扩展。二是完善市场体系建设,多层次保险市场体系加快成型。坚持专业化、区域化原则,有序批设保险机构;优先支持中西部省份设立保险机构;开展相互保险试点;筹建保险业并购基金;有序增加专业互联网保险公司试点;成立上海保险交易所,完善保险要素市场体系;推动设立宁波国家保险创新综合实验区。三是强化事中事后监管,维护保险市场健康规范运行。从负债端严格产品监管;压缩中短存续期业务占比;组织开展车险市场专项检查;开展互联网保险风险整治工作;从资产端强化保险资产负债匹配管理;明确重大投资原则和标准,运用信息披露方式加强对重大投资的约束和监管;推进保险资金运用内部控制指引建设。四是保险业双向开放积极推进,对外开放呈现新格局。妥善审批外资保险公司市场准入申请,支持区域性再保险中心建设,积极审慎支持境内保险机构进行海外网点布局。截至 2016 年年底,共有来自 16 个国家和地区的境外保险公司在我国设立了 56 家外资保险机构,12 家中资保险公司在境外设立了 38 家保险类营业机构。

全面而集中展示 2016 年保险业成就的《中国保险行业大事记（2016）》共向 430 余家单位征集有关素材,累计收到 50 余万字文字素材、1 200 余幅图片素材。经两次向各单位返稿修订,以及中保协编写组数次审核,最终保留文字稿约 14 万字,图片 200 余幅。本书凝结了保险监管机构和广大会员单位的辛勤劳动,是行业共同努力的结果,更是行业集体智慧的结晶。

在本书付梓之际,中保协向所有参与、关心本书编写工作的单位和个人表示衷心感谢!真诚希望在今后每年《中国保险行业大事记》编撰工作中,各单位和广大业内外人士能够多提宝贵意见,让《中国保险行业大事记》成为记录行业发展历程的重要史料。

囿于时间仓促,水平有限,本书不足之处敬请批评指正。

编委会
2017 年 8 月

目 录

一月	1
二月	15
三月	21
四月	36
五月	48
六月	65
七月	83
八月	105
九月	122
十月	141
十一月	159
十二月	183
附录	206

一月

1日　根据财政部、国家税务总局和中国保监会《关于开展商业健康保险个人所得税政策试点工作的通知》，拉萨市自2016年1月1日起被纳入健康保险个人所得税政策试点地区。

1日　深圳保监局与深圳银监局联合发布《关于加强银保业务销售行为管理的通知》，从规范销售行为、加强人员管理和强化销售监督等方面构建全方位的银保业务风险防范体系。

1日　在中国保监会指导下，中国保信自主开发建设的商业健康保险信息平台一期系统上线，并完成第一批经营个人税收优惠型健康保险的7家保险公司接入平台，实现了对31个试点城市的税优健康险业务数据的集中管理。该平台将在推进税优健康险政策落地、促进商业健康保险发展方面发挥基础性作用。

1日　大地保险分别承保昆明市医疗保险中心、重庆市以及包头市医疗保险局等区、县城乡居民团体大病医疗保险，保额分别为1 441亿元、8 466亿元和313亿元。

1日　阳光人寿正式推出医疗健康产业链服务项目"健康嘉年华 给爱一个'＋'"。通过线上与线下、国内与海外的结合，推出"四大'＋'"服务："互联网'＋'"提供足不出户专享体验；"家庭医生'＋'"打造24小时全天候服务；"阳光绿通'＋'"开通重疾绿色通道；"基因检测'＋'"开发全基因体检服务，为客户打造全新服务体验。

1日　永诚保险独家承保华能伊敏煤电有限责任公司、太仓港协鑫发电有限公司、华能武汉发电有限责任公司和华能威海发电有限责任公司等公司电厂财产一切险和电厂机器损坏险，总保额为495.59亿元。

1日　永诚保险独家承保内蒙古上都发电有限责任公司、内蒙古蒙达发电有限责任公司等公司电厂财产综合险和电厂机器损坏险，总保额为276.02亿元。

1日　永诚保险独家承保河北京石高速公路开发有限公司财产一切险，总保额为123.02亿元。

1日　永诚保险首席承保华能西藏雅鲁藏布江水电开发投资有限公司（藏木水电

站）电厂财产一切险，总保额为 81.80 亿元；电厂机器损坏险，总保额为 9.15 亿元。

1 日　铁路自保承保商丘至合肥至杭州铁路安徽、浙江段境内正线长度 569.946 千米，共 18 个标段工程保险项目，总保额为 408.80 亿元。

1 日　2016 年厦门国际马拉松赛开跑，君龙人寿连续第八年成为该赛事唯一指定保险机构，累计为数十万名运动员提供风险保障。2016 年，君龙人寿还赞助承保了海沧半程国际马拉松赛和海峡两岸女子马拉松赛等赛事活动。

1 日　在中国保监会统一部署下，广东省（深圳除外）实施商业车险市场化改革，辖区内的财产险公司启用新的商业车险产品。

1 日　广东省高速公路第一批快处快赔服务点开始运行。首批服务点共有 32 个，分布在广州、东莞、清远、韶关 4 个地市的部分高速公路主干道路。

1 日　山东省"意外险业务风险预警系统"上线。该系统可分析、筛查和判断行业高风险业务信息库关键信息，且在意外险业务承保阶段进行风险提示。

4 日　为推动商业健康保险个人所得税政策试点工作顺利实施，中国保监会印发《关于开展个人税收优惠型健康保险业务有关事项的通知》。

4 日　泰康在线与宅急送签署战略及产品合作协议，双方在货运险领域正式建立合作。除已有的货运险合作外，还研发了创新型产品——小额丢失险，其特点是不需申报，定额赔付。它的诞生标志着泰康在线开创了又一款独特的互联网化创新型产品。

4 日　中保投资有限责任公司正式成立。

4 日　浙江省政策性农险协调办公室发出《关于台州三门县青蟹养殖保险试点的复函》，批复台州市三门县开展青蟹养殖保险试点工作。

4 日　大连保协与大连仲裁委"保险合同纠纷仲调项目"在全国纪念仲裁法实施 20 周年首届仲裁公信力论坛上，荣获仲裁公信力荣誉奖，全国保险业首次获此奖项。

5 日　防范和处置非法集资工作座谈会在江西省南昌市召开，中国保监会副主席黄洪出席会议并讲话，江苏省、江西省、河南省、湖北省、青岛市 5 家保监局负责人参加。此次会议进一步贯彻

落实保险业防范和处置非法集资工作视频会议精神，推动行业进一步深入开展非法集资防控工作。

5日　招商信诺人寿通过中国儿童少年基金会全额捐建的"招商信诺安全体验教室"在湖北省宜昌市西陵区桃花岭小学落成，且是招商信诺人寿在全国捐建的第四间安全体验教室。

5日　内蒙古22家财产险公司商业车险改革系统切换工作全部结束。

6日　福建省福州市人民政府出台《关于福州市小微企业贷款保证保险试点工作的实施意见》，推动小微企业贷款保证保险试点。

6日　大地保险全资子公司大地电子商务有限公司成立。宁波市副市长王剑侯和大地保险总经理陈勇为大地电子商务有限公司揭牌。

6日　泰康保险的第八个候鸟式连锁医养社区落户浙江省杭州市。

7日　中国保监会副主席周延礼出席2016年国务院减灾工作联席会议。

7日　为严厉打击涉及保险领域的非法集资活动，切实防范化解保险业非法集资风险，中国保监会印发《关于进一步做好保险业防范和处置非法集资工作的通知》。

7日　中国保监会印发《保险业功能服务指标体系》。构建实施《保险业功能服务指标体系》，是贯彻落实《国务院关于加快发展现代保险服务业的若干意见》，全面反映保险业服务经济社会发展能力的重要举措，有利于科学计量和系统评估保险业在服务经济发展和社会管理中发挥的作用，为促进保险业持续健康发展提供数据支撑。

7日　中保协秘书长刘琦会见麦格理投资管理公司亚洲区总经理阿克塞尔·迈耶一行，双方就险资运用相关培训、研究及标准制定工作进行交流。

7日　国寿集团与国家开发投资公司签订战略合作协议。双方将在债权投资、股权投资、资产管理、保险业务、企业年金业务等领域加强合作。

7日　平安集团在北京召开主题为"移动互联车生活"的中国首届车主生态峰会，并联动旗下平安产险启动了首个专为车主定制的节日——平安车主节。

7日　人保健康河南分公司承保的焦作市困难群众大病补充保险项目得到河南省委书记谢伏瞻批示：积极探索，把这项工作与精准扶贫结合起来，力争走出一条利用商业保险功能、发挥政府作用、为因病致贫群众解围的可持续的路子。

7日　永诚保险贵州分公司开业。

7日~14日　中国保监会副主席陈文辉赴美国出席国际保险监督官协会（IAIS）执委会会议。

8日　海南省人民政府印发《关于创新重点领域投融资机制鼓励社会投资的实施意见》，支持鼓励保险业参与重点领域投融资机制创新。

8日　太保寿险联合福布斯中文版共同发布《2016中国中高端富裕人群财富白皮书》。

8日　信达财险青岛分公司荣获由中共青岛市委、青岛市政府颁发的"青岛市精神文明单位"荣誉称号。

9日　大连保协联合大连地税局在全国率先实现通过车辆信息库精准核定车船税信息，有效防止车船税偷逃现象。

10日　中央政治局委员、上海市委书记韩正在上海保监局报送的《关于2015年上海保险业创新发展情况和2016年主要工作思路的报告》上做出重要批示：在中国保监会大力支持指导下，2015年上海保险业改革创新发展取得了优异的成绩，感谢上海保监局为上海金融中心建设所做的贡献。今年的各项任务都已确定，特别是"保交所"的筹备和"中保投"的运行发展，以及各项改革创新试点，上海全力配合加大推进力度。同时，在防控风险上，应在今年工作中更为重视。为国家的金融改革发展做出更大贡献。

11 日　中国保监会党委召开会议专题研究巡视工作。会议听取了中国保监会党委巡视组 2015 年下半年工作情况汇报。

11 日　中国保监会发布《中国保险监督管理委员会派出机构监管职责规定》。进一步明确派出机构监管职责，更好地顺应新时期的保险监管需求。

11 日　江西保监局推动"人保支农支小项目资产支持计划"成功落地启动。该项目总规模 5 亿元，2016 年已到位资金 2 亿元，累计放款 2.38 亿元（含回收再放款），为 94 家小微企业、单位和农户提供资金支持。

11 日　广西壮族自治区人民政府召开糖料蔗价格指数保险试点动员部署会议，宣布广西正式启动糖料蔗目标价格指数保险试点，首期试点面积 40.4 万亩。糖料蔗价格指数保险由安信农险设计并与太保产险、北部湾保险、人保财险广西分公司等 4 家公司组成的农险共保体承保。至此，国内首个大宗农产品价格指数保险面世。

11 日　兰考县人民政府、中原农险签署"脱贫路上零风险"保险扶贫项目合作协议。该项目通过"保险＋扶贫"的形式，由兰考县政府扶贫基金投入近 1 000 万元保费，由中原农险设计提供覆盖兰考县 23 275 户贫困家庭、77 447 人贫困人口的各类风险的全面保险保障。

11 日　阳光渝融信用保证保险股份有限公司成立，是国内首家市场化专业信用保证保险。

12 日　上海保监局指导上海航运保险协会成功举办第一届上海航运保险国际论坛，中国保监会党委副书记、副主席周延礼发表主旨演讲，上海市委常委、常务副市长屠光绍致辞，国内外 200 多名航运保险专家及航运产业链上下游企业代表参加论坛。

12 日　太保产险与上海汽车集

团保险销售有限公司签订战略合作协议。

12日　华安保险承保北京长实东方置业有限公司建筑工程一切险，保额为66亿元人民币。

12日　昆仑健康成立10周年。

12日　前海人寿苏州分公司开业。

13日　中保协秘书长助理郭红会见美国相互保险公司State Farm高级副总裁兼总律师杰弗里·杰克逊、运营副总裁米歇尔·拉索、代理销售副总裁萨曼莎·麦卡蒙一行。

13日　人保健康赔付大连客户城乡居民大病团体医疗保险金111.64万元。被保险人罗某由大连市人力资源和社会保障局于2015年1月1日投保人保健康团体保险，承保险种为城乡居民大病团体医疗保险。

13日~14日　中保协举办保险公司健康保险税优政策专题培训班。各保险机构健康险工作管理人员及业务骨干共计230人参加培训。

14日　经中国保监会批复，民安财产保险有限公司正式更名为亚太财产保险有限公司。

15日　中国保监会召开党委会，认真学习贯彻第十八届中央纪委第六次全会精神。会议指出，中国保监会系统各级党委、纪委要把学习贯彻中央纪委六次全会精神和学习习近平总书记系列重要讲话精神结合起来，增强政治警觉性和政治鉴别力，站稳立场、把准方向，始终忠诚于党，始终牢记政治责任，自觉做到思想上、政治上、行动上与以习近平同志为核心的党中央保持高度一致，坚定不移推进全面从严治党，把中国保监会系统党风廉政建设和反腐败工作推向深入。

15日　中国保监会发布通知正式启用"保险机构董事监事和高级管理人员任职资格考试系统"。该系统启用是贯彻落实党中央、国务院关于转变职能、简政放权精神的重要举措，有利于保险机构董事、监事和高级管理人员任职资格考试工作进一步规范化、统一化、科学化。

15日　中国保监会副主席黄洪会见英国保诚集团亚洲执行总裁汤尔祺一行。

15日　中保协举办相互保险领袖训练营（第三期）。各保险机构总经理室成员、创新业务部门负责人和相关工作人员、相互保险公司筹备组成员参加培训。

15日　中保协会长朱进元会见波士顿咨询公司（BCG）全球首席执行官李瑞麒（Richard Lesser）。

15日　中国保信完成车辆盗抢险研究国内首份专题分析报告。该报告以车险信息平台、汽车厂商和国家统计局相关数据为基础，从盗抢险投保和出险情况、被盗抢车辆特征等多个维度对国内机动车辆盗抢险进行研究和分析，并提出建议。

15日　太保集团董事长高国富、总裁霍联宏会见山东省委常委、青岛市委书记李群一行，双方签署战略合作备忘录，并就进一步加强保险资金投资基础建设项目、深化保险参与社会风险管理、支持养老保障体系建设等领域合作交换意见。

15日　众安保险携手阿里云，推出国内首款信息安全类保险——数据安全险，旨在保障企业云上数据安全，弥补企业因遭受黑客入侵等安全事件造成的损失。

15日　重庆保协与重庆市璧山区人民法院建立诉调对接机制。

18日　中国保监会发布《中国保监会关于全面推进保险法治建设的指导意见》，深入贯彻落实党的十八大和十八届三中、四中、五中全会精神，坚定不移走中国特色社会主义法治道路，坚持深化改革和法治建设共同推进，努力实现科学立法、严格执法、行业守法，为保险业深化改革、加快发展提供有力法治保障。

18日　中国保监会副主席陈文辉出席全国政协第二届养老模式与顶层设计座谈会。

18日　浙江保监局与浙江省发改委、浙江省财政厅等部门联合下发《关于进一步完善农业保险政策的通知》，提高了水稻、大麦、小麦等13类农作物的保险金额，扩大了保险责任范围，降低了农民负担；进一步降低了水稻等农作物的保险费率；大棚、蔬菜等品种的财政补贴比例提高到70%；建立全省农业保险目录清单，并实行目录清单动态调整机制。

18 日　中保协秘书长刘琦会见国际保险医学委员会（ICLAM）主席法布里斯·周提博士，双方就进一步加强合作交流达成共识。

18 日　安心财产保险有限责任公司开业，该公司是中国保监会首批批准的 4 家互联网保险公司之一。

18 日　中英人寿上海分公司开业。

18 日　美臣泰平保险经纪江苏分公司开业。

19 日　首届保险公司审计责任人联席会议暨中保协审计专业委员会成立大会在广西南宁举办，中国保监会副主席梁涛出席会议并讲话。中保协会长朱进元、副秘书长余勋盛出席会议，来自中国保监会、各地方保监局和保险公司的 220 余位代表参加会议。

19 日　中国保监会印发《关于加强互联网平台保证保险业务管理的通知》，从互联网平台选择、信息披露、内控管理等方面对互联网平台保证保险业务提出明确要求。

19 日　中华财险与京东金融集团签署战略合作协议，双方将具体在涉农金融服务产品创新、扩大农村金融服务范围、农村金融移动化等方面展开合作。

19 日　国元农险中标安徽省太和县城乡居民基本医保经办项目，标志着安徽省商业保险机构经办基本医保试点工作正式启动。

20 日　中保研汽车技术研究院（筹）与中国汽车工程研究院签订《战略合作协议书》。在中保协的主导和推动下，双方将围绕"中国车型安全指数"、"汽车专业技术培训"、"汽车零配件认证"等，在资源共享、人员交流、项目开发、信息沟通

等方面开展紧密合作，共同推动汽车行业和保险行业联合创新。

20日　中国信保积极落实我国政府"开展国际产能合作"政策，与意大利国家电力公司签署框架合作协议，双方将加强电力、新能源等领域项目合作，共同开发拉丁美洲等第三国市场。

20日　阳光人寿与"咕咚App"签署战略合作协议，并正式推出国内首款线上马拉松保险产品"E路保"。

20日　青岛保协荣获民政部授予的"全国先进社会组织"称号。

21日　中国保监会召开防范化解满期给付与退保风险工作会议，中国保监会副主席黄洪出席会议并讲话。黄洪充分肯定并总结了人身保险业防范化解满期给付与退保风险工作的经验和成绩，深入分析了行业面临的风险形势，部署了2016年及今后一个时期的工作要求。

21日　为进一步加强责任保险监管，完善责任保险数据统计，中国保监会研究制定了《责任保险统计制度（试行）》。该制度自2016年5月1日起正式实施。

21日　在中国和埃及两国元首见证下，中国信保董事长王毅代表公司与埃及电力与可再生能源部签署了《关于电力重点项目融资保险合作的框架协议》。

21日　第五届中国公益节在北京举办，中华财险荣获"2015年度公益践行奖"；君龙人寿荣获"2015年度公益传播奖"；恒安标准人寿"心暖FAMILY"公益活动品牌被授予"2015年度公益践行奖"；鼎和保险荣获"2015年度责任品牌奖"。

22日　太平集团与中国光大集团股份公司在中国香港签署战略合作协议。双方将进一步加强企业财产保险、企业年金、员工福利保险、电子商务及网络银行、海外业务、资金融通业务以及租赁业务的合作，实现双方优势互补与资源共享。

22日　清华阳光互联网金融创新研究中心阳光集团分中心暨清华大学五道口金融学院就业实习基地揭牌仪式在北京举行。这是继阳光集团向"五道口"捐赠3 000万元打造清华大学五道口金融学院就业实习基地后，阳光集团履行校企合作和产学研究的又一举措。

22日　山东省正式上线运行意外险风险预警系统，遏制高额意外险欺诈案件频发的态势，降低意外险业务经营风险。

22日　内蒙古保协获民政部授予的"全国优秀社团组织"称号。

24日　2016年"春运"期间，平安集团联合携程网、中国青少年发展基金会发起"一路平安·让爱回家"大型公益活动，26辆大巴车从北京、上海、广州、深圳四个城市出发，前往成都、南宁、长沙、南昌、济南等全国8个主要城市，运送逾千名贫困外出务工人员和学生回家。

25日　中国保监会发布《关于调整保险业监管费收费标准等有关事项的通知》。

25日　广东省第十二届人民代表大会第四次会议公布"2016年10件民生实事"，其中包括全面实施家禽、生猪和岭南特色水果政策性农业保险，在粤东西北10个地市开展巨灾指数保险试点。3月中旬，广东政策性生猪、肉鸡、岭南特色水果保险承保公司的资格招标工作顺利完成，3个新险种业务正式启动。

25日　中国保监会召开2016年全国保险监管工作会议。会议强调，2016年保险监管工作要全面贯彻党的十八大，十八届三中、四中、五中全会以及中央经济工作会议精神，深入学习习近平总书记系列重要讲话精神，坚持稳中求进总基调，牢固树立和贯彻落实"创新、协调、绿色、开放、共享"的发展理念，适应经济发展新常态，大力推进供给侧结构性改革，深入贯彻落实保险"新国十条"，坚持抓服务、严监管、防风险、促发展，着力深化保险改革创新，着力加强和改进监管，着力防范化解风险，着力保护保险消费者权益，努力实现"十三五"时期保险业发展的良好开局。

26日　中国保监会召开2016年党风廉政建设暨纪检监察工作会议。中央纪委驻中国保监会纪检组组长、中国保监会党委委员陈新权出席会议并讲话。中国保监会党委副书记、副主席周延礼，中国保监会党委委员、副主席陈文辉、黄洪和梁涛出席会议。

26日　中国保信申报的"全国车险信息平台建设及应用"项目荣获北京市石景山区科学技术一等奖。评审专家组一致认为该项目综合运用了大数据、虚拟化、云计算等新技术，构建了保险行业所有主体共同使用的行业统一平台，为行业提供了数据共享服务，并有利于辅助社会治理，直接惠及民生，属于国内技术创新，具有良好的经济和社会效益。

26日 太保寿险天津分公司与天津市光彩事业促进会合作的"8·12"天津滨海新区爆炸事故遇难消防员遗属专项保险服务项目正式启动，总保额为3 450万元，专项用于烈士遗属保险保障。

27日 中国保监会召开老年人住房反向抵押养老保险试点工作座谈会，中国保监会副主席黄洪出席会议并讲话。黄洪充分肯定了老年人住房反向抵押养老保险试点工作取得的成效，总结了试点过程中遇到的问题和挑战，指出住房反向抵押养老保险为老年人提供了一种新的养老选择，具有较大的发展潜力，并对下一阶段工作进行部署。

27日 中保协以行业意见为基础，提出"尽快建立长期护理保险制度的建议"、"完善我国运动健康保险体系的建议"、"建设完善中小学安全与保障体系"等14件议案提案素材，提交2016年全国"两会"的保险业人大代表和政协委员。同时，积极协调中央电视台、新华网、人民网、《金融时报》、《中国保险报》、中国经济网、《21世纪经济报道》、《北京商报》、第一财经等媒体对相关委员及其提案进行采访报道，为保险业全国"两会"代表和委员积极有效参政议政创造条件，营造良好氛围。

27日 永诚保险独家承保北京汇源集团（苏州）兆丰物流有限公司国内货物水路、陆路运输险，总保额为80亿元。

27日 国元农险与安徽省阜阳市太和县城乡居民基本医保管理中心签订协议，成为全国首个商业保险机构经办城乡居民基本医疗保险的单位。

28日　中保协副秘书长苏耀辉会见中国台湾地区华南产物保险股份有限公司副总经理林适祺一行，双方就巨灾保险、旅游保险等业务进行深入交流。

28日　人保财险宁波市分公司代表宁波市公共巨灾保险共保体与宁波市民政局签订2016年度公共巨灾保险合同，为全市1 000万城乡居民（含外来人口）购买总额7亿元的公共巨灾保险。宁波市人民政府出资600万元，支持宁波巨灾保险经办机构引入现代测绘技术，建立水灾远程定损理赔系统。

28日　上海保险同业公会印发《上海市人身保险电话销售业务质检作业行业标准（试行）》，该标准为行业全国首个人身保险电话销售领域质检作业标准。

29日　经国务院同意，中国保监会发布《关于中国风险导向的偿付能力体系正式实施有关事项的通知》，正式实施中国风险导向的偿付能力体系（简称"偿二代"）。偿二代的正式实施有助于进一步增强我国保险业抵御风险的能力，促进保险公司转变发展方式，引导行业转型升级，更好地服务实体经济。

29日　公安部、中国保监会联合印发通知，部署年内在10省3市开展道路交通事故快处快赔试点工作，推动轻微交通事故快速处理机制向公路和农村地区延伸，防范由于道路交通事故现场撤除不及时引发的交通拥堵和二次事故，快速化解因道路交通事故引发的矛盾纠纷，保障当事人公正快速地化解损害赔偿纠纷。

29日　根据财政部和国家发展改革委对调整保险监管收费项目和收费标准的批复，中国保监会印发《关于调整保险业监管费收费标准等有关事项的通知》。

29日　中保协第四届理事会第三次会员大会在北京召开。中国保监会副主席周延礼出席会议并发表讲话。民政部民间组织管理局副局长安宁应邀出席会议，中保协各会员单位、相关机构、外资机构代表处等代表等近400人参加会议。

29日 中保协举行中保研汽车技术研究院有限公司揭牌仪式。该公司的成立标志着中国保险行业正式进入汽车产业链相关技术研究。此举不仅大大提升保险业在汽车产业链中的地位,更可让广大消费者获得更科学、更公平、更优质的保险金融服务。中保研汽车技术研究院是国际汽车修理研究协会(RCAR)在中国的唯一正式会员,对中国汽车保险市场与国际接轨具有重要意义。

29日 中保协发布中国保险业首个人身险核保理赔风险筛查平台,填补了我国保险行业核保理赔风险信息查询的技术空白。筛查平台由慕尼黑再保险公司提供技术支持。

29日 平安养老目标收益固定收益型养老金产品获人社部批复,该产品为行业首创阶梯式收费模式。

29日 人保健康青岛分公司正式承保青岛市城镇职工长期护理险项目,实现保费收入3.72亿元,覆盖人群243万人。

29日 经中国保监会批复,天安财险注册资本变更为1 252 961.958 6万元。

29日 安联财险广东分公司开业。

30日 福建省人民政府出台《关于落实发展新理念 建设特色现代农业 实现全面小康目标的实施意见》,推动完善福建省农业保险相关制度措施。

31日 永安保险承保西安咸阳国际机场股份有限公司机场房屋建筑及机器设备等财产一切险项目,保额为53.8亿元。

1月 山西省晋中市人民政府办公厅印发《晋中市加快发展商业健康保险实施方案》。

1月 宁夏保监局与自治区人社厅、卫计委等部门沟通协调,联合出台《关于进一步完善城乡居民大病保险制度的实施意见》。

1月 中保协人身险公司个险营销渠道KPI指标数据交流系统成功上线,实现了数据报送和交流工作的网络化、便捷化、规范化。

1月 华泰财险电商全险种自助理赔模式正式上线运行,理赔效率得到大幅提升,人均结案量明显提高,年化结案量达6 000余件/人。

1月　泰康养老取得湖北省黄冈市新农合大病保险经办资格,协议参保人数达124.42万人。

1月　诚泰保险创新型产品"大型群众性活动综合保险"荣获昆明市人民政府授予的"金融创新与发展成果奖"。

1月　北京市预防接种异常反应保险项目正式启动,该项目是全国首次在预防接种异常反应补偿中引入商业保险补偿机制。

1月　山东深入推进小额贷款保证保险试点工作,有7家财产险公司开展试点业务,涉及济南、枣庄等10个地市,支持小微贷款2.45亿元。

1月　山东省在12个市上线平安医疗费用智能审核系统,对城镇职工及城乡居民基本医疗保险医疗费用进行合规性审核,覆盖参保人员5 415.6万人。

1月　陕西保协、江苏保协荣获省民政厅组织开展的2015年度社会组织评估5A社团称号。

二月

1日 中央巡视工作领导小组办公室负责同志向中国保监会党委传达了习近平总书记关于巡视工作的重要讲话精神,中央第十四巡视组组长许传智、副组长李东序、顾勇、王贵平向中国保监会反馈了专项巡视情况。

1日 平安人寿完成12亿美元高级债券发行,成为首个在境外资本市场发行高级债券的中国保险公司。其中,3年期债券7亿美元,票面利率2.375%;5年期债券5亿美元,票面利率2.875%。

1日~15日 平安产险开展为期15天的2016年春节护航行动,在全国各大高速路开设服务站点269个,近2 000名员工提供线上线下咨询、道路指引、紧急救援等场景化服务,快速处理案件2 730余件,逾36 000名车主受惠,口袋理赔和小安智能指引等理赔新模式获得好评。

2日 中国保监会印发《深化保险标准化工作改革方案》,积极发挥标准对建设现代保险服务业的基础支撑和引领示范作用。

2日 中国保监会与甘肃省人民政府签署《中国保险监督管理委员会 甘肃省人民政府大力促进甘肃现代保险服务业发展战略合作备忘录》。

2日 安华农险吉林省分公司与吉林省农村信用社联合社签订战略合作协议。双方积极探索"银行+保险公司"的合作新模式,共同创新"信贷+保险"业务产品。

3日 由太保产险宁波分公司牵头组建的宁波市建设工程综合保险服务中心成功签出建设工程质量保证保险全市第一单,为宁波慈溪市文化商务区公共停车库(一期)工程项目提供1 592.9万元的风险保障。

3日 中华财险乌鲁木齐分公司与中国银行、正大集团三方举行保证保险合作签约仪式。三方合作将解决当地企业融资难、效率低、授信额度小等问题,实现风险共担、收益共享。

4日 广东保协印发实施《广东人身保险销售从业人员流动管理办法》。

4日 安诚财险云南分公司开业。

5日　陕西保监局、陕西省发改委联合下发《关于保险业支持全省重大项目建设的实施意见》，进一步强化保险业对促投资、稳增长、调结构的支撑作用。

6日　内蒙古保监局、内蒙古公安厅交警总队联合印发《内蒙古自治区开展公路和农村地区道路交通事故快处快赔试点工作方案》，推动快处快赔工作向农村和公路全面延伸。

15日　中国保信编印首份《全国农险平台数据分析报告（2016年第1期）》。

16日　湖北省人民政府副省长曹广晶赴湖北保监局调研，对保险监管部门为支持湖北经济社会发展所做的贡献予以充分肯定，要求进一步发挥保险防风险、促发展功能，加大保险资金对实体经济的支持力度。

16日　河南保协联合河南保监局召开保险反欺诈工作研讨会，针对消保IT系统反欺诈模块的搭建，结合产、寿险反欺诈的不同侧重点，对模板的条件设定、筛查范围等形成初步意见，并与保监局稽核系统相结合，共同开展相关准备工作。

17日　中国保监会、中国人民银行联合发布《银行保险业务人寿保险数据交换规范》两项行业标准。这两项行业标准由保标委秘书处组织制定。

17日　中保协会长朱进元、副秘书长王敏会见国务院发展研究中心金融研究所所长张承惠一行。中国保监会人身险部养老保险处副处长董炎、国际部李宏宇一同参与会面。

17日　在中国人民银行组织的"2015年金融信息化10件大事"评选活动中，"全国车险信息平台实现跨公司、跨行业全面信息共享，成为新型金融基础设施"入选，且是保险业信息化建设方面唯一入选项目。

18日　太平再保险（中国）有限公司正式开业，该公司是中国境内第二家具有再保险独立法人牌照的中资再保险公司。

18日　福建保协印发《车险业务真实性自律公约》，以规范辖内财产险公司车险销售行为，维护车险市场秩序。

18日　经中国保监会批复，信泰保险注册资本变更为35.29亿元。

18日~19日　中国保监会召开全国人身保险监管工作视频会议，研究贯彻落实党的十八届三中、四中和五中全会，以及中央经济工作会议和全国保险监管工作会议精神。会议全面总结过去3年人身保险业改革发展的情况及经验，深刻分析未来5年国内外经济形势对人身保险业的影响，系统阐述针对今后一段时期国内外复杂经济形势的应对措施，并重点部署2016年重点工作任务。中国保监会副主席黄洪出席会议，各保监局分管人身保险工作的负责人和人身保险监管处主要负责人参加会议，各人身保险公司主要负责人列席会议。

22日　陕西保协与陕西保监局、陕西省高级人民法院在省高院联合召开保险纠纷诉讼与调解对接工作会议。

23日　中国保监会党委中心组举行学习党章专题辅导报告会，邀请全国政协委员、中共中央党史研究室原副主任李忠杰作题为《深入学习〈中国共产党章程〉》的辅导报告。中国保监会党委副书记、副主席周延礼主持会议，会党委理论学习中心组成员参加会议。

23日　人保健康与瑞再北分签署新合作备忘录，正式启动电子核保专家系统建设。

24日　美国信安国际公司一行拜访中保协，双方就全球老龄化趋势下新兴市场的养老保险等退休保障发展进行了交流。

24日　中国信保董事长王毅与来访的巴西财政部部长尼尔森·巴伯萨先生举行会见，双方就加强合作事宜交换意见，共同见证中国信保与巴西石油公司签署《合作谅解备忘录》。

24日　泰山保险与京东金融签署合作协议，就互联网投资理财服务开展合作。

24日　天津保协印发《关于建立天津保险行业与法院系统信息沟通机制的通知》，建立天津市保险行业与法院系统信息沟通机制。

24日~26日　中保协举办公司治理基础及实务培训班（公司治理初级第一期）。各保险机构相关部门负责人共计98人参加培训。保险行业公司治理师系列培训班按照初、中、高三级共分为8期，各班次依序开展，本次培训为基础模块第一期。本次培训班由中国人民大学培训学院协办。

24日~27日　为全面推进我国保险业人才发展工作，加快推进保险业高级管理人才梯队建设，中保协举办首期高潜人才培养工程——保险公司战略管理高级研修班。各保险机构总公司部门级以上干部、分公司班子成员、公司高级专业技术人员及总公司重点培养对象共计22人参加培训。

25日 农业部、中国保监会在北京联合召开保险服务农业现代化座谈会，并与部分保险机构、新型农业经营主体代表、地方保监局及农业部门和有关专家学者交流座谈，共同研究探讨下一步推动完善农业保险制度的思路和举措，人保财险、中华财险、安信农保、安华农业、阳光农险、国元农险和中原农险7家保险机构在会上联合发布《保险服务农业现代化倡议书》。

25日 中国保监会印发《关于开展财产保险公司备案产品自主注册改革的通知》，进一步改革完善财产保险公司产品管理制度，推进产品市场化进程，增强产品创新能力，提高产品监管效率。

25日 中保协会长朱进元会见英国精算师协会首席执行官戴维力、亚洲首席代表李文立一行，双方将在行业培训、资讯共享、国际交流等方面开展更深入的交流合作。

25日 人保健康完成受国务院医改办委托课题《商业保险机构经办基本医疗保险可行性研究》，为国务院医改办相关政策制定提供参考。

25日 天安财险发布寨卡病毒致小头畸形保险，为国内首创。

25日 国联人寿荣获无锡市政府授予的2015年度"金融改革创新奖"。

25日 中法人寿北京分公司开业。

26日 中保协举办中国保险业金牌讲师俱乐部成立大会，中保协教育培训专委会培训讲师工作部成员、特邀嘉宾、2015年度中国保险业金牌讲师共计122人参加大会。中保协会长朱进元、秘书长助理李晓武出席会议。

26日 中保协联合麦格理资产管理举办险资境外投资研讨会。会议分享了不同类型的环球资产配置方式和欧洲保险基金资产配置的经验。来自保险公司、保险资产管理公司的资金运用相关负责人参会。

26日　中保协副秘书长王敏会见泰康在线首席执行官王道南一行，双方就登山户外运动保险合作进行洽谈。

26日　柬埔寨国家保险公司全球再保、共保框架及合作伙伴签约仪式在北京举行。柬埔寨国家保险公司分别与中华财险、平安产险、史带财险、德国汉诺威再保险公司、中嘉国泰保险经纪有限公司签订《共保业务合作伙伴谅解备忘录》。

26日　鼎宏保险销售四川分公司开业。

26日~3月4日　中国保监会副主席周延礼参加中组部金融系统党建调研。

27日　广东省人民政府与平安集团签署战略合作协议。根据该协议，广东省人民政府将与平安集团在未来5年开展投资意向金额不低于3 000亿元的全方位金融合作，涉及保险、银行、投融资、自贸试验区建设等金融及其关联业务等多个领域。

29日　为贯彻落实全国保险监管工作会议精神，部署"十三五"开局之年财产保险监管工作，中国保监会召开全国财产保险监管工作会议。中国保监会副主席陈文辉出席会议并讲话。中国保监会相关部门、各保监局、中保协、中保学以及中国保信等单位相关负责同志参加会议。

29日　中国人寿与美国花旗集团签署广发银行股份转让协议，收购花旗集团及IBM Credit计划出售的广发银行股份。本次股份转让交易完成后，中国人寿共持有6 728 756 097股广发银行股份，占广发银行已发行股份的43.686%，成为广发银行单一最大股东。

2月　北京保监局联合北京市农委指导保险公司在北京市推出全国首个设施农业寡照指数保险试点。

2月　重庆保监局及时妥善处置万州区龙沙镇非正常给付与退保风险事件。时任重庆市市委常委、常务副市长翁杰明在重庆保监局《关于万州区龙沙镇群体性非正常给付退保事件处置情况的报告》中批示：保监局处置及时妥当。

2月　中国保监会正式批复太保产险在吉林、四川和山西三省开展农业保险新技术应用试点开办政策性农险业务。这是中国保监会在行业内首次以农险新技术应用创新试点为由批准保险公司农险经营资格。

2月 太平集团与福建省人民政府签署战略合作框架协议,双方将在创新服务、养老产业和健康产业等领域开展合作探索。

2月 自1月起,幸福人寿承保幸福安鑫宝年金保险保费3 000万元以上保单4张,累计实现保费收入1.85亿元。

三月

1日　上海迪士尼度假区与太保集团正式签署战略联盟协议，太保集团成为度假区的官方保险领域赞助商。

1日　泰康养老取得江西省南昌市城镇职工大病保险经办资格，协议参保人数为17.01万人。

1日　工银安盛人寿"微信理赔服务项目"荣获2015年度最佳服务创新奖，该奖项由《中国保险报》主办的"年度影响力十大赔案暨年度服务创新项目"评选活动颁发。

2日　中国保监会公布首批获准销售的税优健康险产品目录名单。人保健康、泰康养老、阳光人寿3家保险公司获准经营个人税收优惠型健康保险业务。

2日　中保协会长朱进元会见亚洲风险与危机管理协会（AARCM）执行副会长黄丽虹一行，双方就培训与教育认证等合作进行了探讨。

2日　中保协在北京召开2016年行业形象宣传工作会议，研究商讨、部署2016年行业形象宣传片投放工作。中保协会长朱进元、中国保监会办公厅副主任施红，以及人保财险、国寿寿险等52家公司相关工作负责人参加会议。

2日　受中国保监会委托，中保协启动编写《"十二五"期间中国责任保险发展报告》。该书不仅反映"十二五"期间我国责任保险发展成果、责任保险创新做法和监管经验，而且充分体现责任保险在辅助社会治理、转变政府职能等方面起到的促进作用。

2日　中保协秘书长助理郭红会见美国伯克希尔哈撒韦公司执行副总裁大卫·菲尔兹一行，双方就中美财产险的最新发展进行了交流。

3日　根据《国务院关于第二批清理规范192项国务院部门行政审批中介服务事项的决定》要求，中国保监会取消了15项行政审批中介服务事项，要求各保监局收到本通知后，及时转发至辖区内各保险公司分支机构、保险中介机构及其分支机构、国外保险机构驻华代表机构、保险行业协会，按照要求做好行政审批有关工作。

3日　人保寿险"百万惠民无忧一生"产品客户驾车发生交通事故身故。人保寿险调查核实后，给付其受益人保险金310万元。

3日　德华安顾人寿青岛分公司开业。

4日　中央纪委驻中国保监会纪检组组长陈新权主持召开会议，研究修订党风廉政建设责任制实施办法和考核办法。

4日　上海保监局发布《关于印发〈上海市保险机构和高级管理人员备案管理办法〉的通知》，上海自贸区保险机构及高管备案管理改革经验顺利在上海全市复制推广。相关行政许可报送从20个工作日审批缩短至3个工作日备案。

4日　福建、安徽、天津、陕西个人税收优惠型健康保险试点成功出具首张保单，标志着个人税优型健康保险业务的正式开展。

4日　厦门保监局与福建保监局、福建省工商局联合印发《关于保险中介工商登记有关问题的通知》，积极推动华泰财产保险有限公司专属代理门店试点工作，探索保险个人代理人创业新模式，为保险消费者提供更为专业便捷的服务。

5日　福建保协举办"保险法司法解释三"专题培训。福建保监局、福建省高级人民法院、福州市中级人民法院、各保险公司和各设区市保险行业协会人员共200余人参加培训。

7日　中国保监会发布《关于规范中短存续期人身保险产品有关事项的通知》，进一步强化对中短存续期产品的监管力度，对不同存续期限的中短存续期产品的销售提出不同要求，对超过规模限制的公司采取严厉的监管措施，牢牢守住不发生区域性系统性风险底线。

7日　阳光集团第31所博爱学校揭牌仪式在河北省承德市平泉县党坝镇山子后中心小学举行。山子后中心小学也是阳光集团旗下"阳光之星爱心基金"成立以来捐建的第10所阳光之星博爱小学。

7日　人保资本与湖南财信金融控股集团有限公司签署《湖南（人保）中部崛起产业振兴基金合作协议》。

7日　国寿养老安徽省分公司开业。

7日　中煤保险河南分公司开业。

8日　中国保监会公示第二批经营个人税收优惠型健康险的业务资格名单，中国人寿、太保寿险、平安人寿、新华保险、太平人寿、建信人寿、中意人寿、太平养老、东吴人寿等9家公司名列其中。

8日　阳光集团采用最新的区块链技术作为底层技术架构推出了"阳光贝"积分，成为业界首家开展区块链技术应用的金融企业。

8日　阳光产险携手江泰保险经纪与广东省卫计委、医院协会、医疗调解委员会共同签署医疗责任保险统保协议。此次全省医责险统保项目共覆盖广东省19个地市，包含960个医院及4 400多个基层医疗卫生机构，预计直接受益的门诊患者近2亿元，住院患者近1 000万人，可协助调解医疗纠纷8 000起，将为构建阳光下和谐医患关系新常态提供有力的保险保障。

9日　由中保协主办、陆金所承办的第二届论道互联网保险沙龙在上海举办，活动主题为保险与互联网投资。

9日　大地保险成为上海首批直接接入央行征信查询系统的保险公司，有利于更好地识别客户信用风险，提升个人贷款保证保险业务风控水平。

9日　中华财险辽宁分公司成功中标辽宁省海洋渔船更新改造项目，并成为首席承保人，承保份额达70%。

9日　建信人寿安徽分公司开业。

9日~10日　中保协举办债券交易员培训班，各保险机构资金运用部门投资经理、交易员及相关工作人员共计95人参加培训。

10日　在中国保监会资金运用监管部的委托及指导下，中保协牵头组织的"国际保险资金运用比较研究课题"成果正式发布，得到监管部门的高度评价及各会员单位的积极反响。

10日　中保协召开资金运用专业委员会成立大会。会议选举产生了中保协第一届资金运用专业委员会主任委员、常务副主任委员、副主任委员和常务委员，平安集团总经理任汇川当选为主任委员。中保协会长朱进元、上海保监局局长裴光出席会议并致辞。专委会由来自主体保险公司、保险资产管理公司和保险相关机构的150名代表组成。

10日　中保协举办首期中国保险营销精英论坛微课堂活动。微课堂是中保协为全国精英保险营销员搭建的首个线上学习交流平台，旨在促进经验分享和相互借鉴，提升保险营销员专业水平。

10日　中保协在上海召开保险资金运用高端研讨会，国内外投资界知名专家学者就保险资金服务国家重大发展战略、提升资金运用效率等问题进行深入研讨和经验分享，来自会员公司约180名有关保险资金运用中高层负责人参加会议。

10日　大地保险冠名的10组"中国大地保险号"京沪高铁专列正式开始运营，成为首例国内保险公司冠名高铁专列。

10日　住房反向抵押养老保险政策率先在上海试点成功。

10日　阳光人寿吉林分公司售出长春市税优健康险产品第一单，吉林省个人税优健康险试点工作实现突破。

10日　富德产险河北分公司开业。

11日　中国保监会召开2016年保险消费者权益保护工作视频会议，部署当前和今后一段时期保险消费者权益保护工作，启动"3·15"保险消费者权益保护周系列活动。中国保监会副主席梁涛出席会议并讲话。

11日　中保协举办第93期中国保险大讲堂，特邀请著名经济学家吴晓求做"中国金融改革和资本市场发展"专题讲座。

11日　农银人寿上海健康管理研究中心在上海健康医学院正式挂牌。农银人寿党委书记、董事长邵建荣，中国农业银行上海市分行副行长钱虹，上海健康医学院党委书记郑沈芳等出席挂牌仪式。

11日　君康人寿与RGA美国再

保险公司签署战略合作协议。双方将围绕业务创新、市场推广、产品开发、业务再保等领域展开全面合作，共同开拓健康保险蓝海市场。

14日　中央纪委驻中国保监会纪检组组长陈新权主持召开会议，研究整治"四风"回头看检查工作方案。

14日　湖北保监局指导湖北保协建立湖北省保险消费者权益保护中心。该中心汇集保险消费维权、法律咨询、纠纷调解、风险监测、信息披露、消费者教育六大职能，对全省近70家保险公司消费投诉统一实施数据统计、分析、业内通报和业外披露，对全省行业消费投诉统一协调、督办、指导和考核。

14日　中保协面向全社会正式发布"2015年度中国保险风险典型案例"，包括财产险十大案例和人身险十大案例。典型案例基本涵盖2015年度的重大自然灾害和广受社会关注的热点事件。新华网、人民网、《金融时报》、《中国保险报》、《中国消费者报》等20余家媒体关注并报道"2015年度中国保险风险典型案例"。

14日　大连保协成立全国首个区域性保险行业标准联盟（ISAD）。大连市质量技术监督局、大连保监局、大连市消费者协会、大连市信用协会相关领导出席成立大会。

14日　甘肃省承保税优健康险第一单出单，标志着税优健康保险业务在甘肃落地。

15日　在"'3·15'国际消费者权益日"到来之际，各保监局、各保险行业协会、各保险总分支机构积极行动，广泛开展形式多样的消费者权益保护系列活动，主动宣传保险行业形象，提升公众保险意识。

15日　河北保监局与河北省综治办、省公安厅、省民政厅、省财政厅、省卫计委、省残疾人联合会联合印发《关于实施严重精神障碍患者监护人以奖代补和监护人责任险的暂行办法》，鼓励有条件的地区为录入国家严重精神障碍信息系统的患者监护人购买责任险，有效对冲社会风险。

15日　中国保信针对行业反欺诈诉求开展了2011~2014年车险人伤疑似欺诈案件数据分析、线索推送和验证工作，向保险公司推送疑似欺诈案件信息16 570笔，经核证欺诈案件367笔，涉案金额约1 601.40万元，初步追回赔款约224万元。

15日　辽宁保协联合省消协建立的辽宁省保险消费维权服务中心正式挂牌，同时双方签署合作备忘录，各市保险行业协会同步建立保险消费维权服务站。

16日　中国保监会召开党委扩大会议，传达第十二届全国人大四次会议和全国政协第十二届四次会议精神。会议要求，保险监管系统要深入学习领会"两会"精神，统一思想，提高认识，改革创新，奋发有为，加快发展现代保险服务业，加强和改进保险监管，更好地服务经济社会发展全局。

16日　全国金融标准化技术委员会保险分技术委员会制定《银行保险业务人寿保险数据交换规范》（JR/T 0031—2016）行业标准，并通过审查，按照《全国金融标准化技术委员会章程》和《全国金融标准化技术委员会保险分技术委员会章程》，予以发布。

16日　中保协会长朱进元会见诺贝尔经济学奖得主罗伯特·C. 默顿、德明信（美国）基金管理有限公司亚洲区总裁陈鹏一行，双方围绕保险资金运用、养老保险产品与服务、保险业创新发展、保险行业文化与企业文化建设进行深入探讨。

17日　鼎宏保险销售新疆分公司开业。

17日~18日　中保协举办保险机构内部审计实务专题培训班，各保险机构内控、审计相关负责人、管理人员及业务骨干共计190人参加培训。

18日　内蒙古保监局与农牧业厅、财政厅、林业厅联合印发《内蒙古自治区2016年农业保险保费补贴实施方案》和《内蒙古自治区2016年森林保险保费补贴实施方案》。

18日　浙江省民政厅、浙江省老龄工作委员会办公室印发《浙江省社区居家养老服务机构综合保险试点方案》，开展居家养老服务机构综合保险试点工作，为全省（除宁波市）10个地市22个县区的3 116家社区居家养老服务机构提供风险保障38.4

亿元，得到浙江省人民政府有关领导高度肯定。

18日　海南省人民政府印发《海南省贯彻落实质量发展纲要2016年行动计划》，提出金融服务的顾客满意率要达到96%，要求各市县政府配合保监局完善保险公司服务评价制度，建立覆盖保险销售、保单存续、理赔给付、投诉处理和客户服务等各环节的服务评价体系，开展消费者满意度测评，不断改进行业服务水平，加强12 378投诉维权热线建设，方便消费者维权投诉，保护保险消费者权益。

18日　深圳市金融办和前海管理局联合发布《关于加快前海再保险中心建设的试点意见》，针对再保险企业发展制订了包括落户奖励、税收优惠等一系列优惠措施。

18日　湖南保监局与湖南省财政厅、湖南省烟草局联合印发《关于2016年全省烟叶种植保险试点有关事项的通知》，在长沙、郴州、永州等10个地市推动开展烟叶种植保险试点。

18日　泰康养老取得井冈山市新农合贫困农民疾病医疗补充保险经办资格。该保险项目是《井冈山健康扶贫工程实施方案》的重要组成部分，解决贫困群众"看病、就医、健康"的问题，大幅度降低因病致贫、返贫比例。

18日　久隆财产保险有限公司在广东省珠海市开业，该公司是中国第一家服务于装备及装备制造业的专业财产险公司。

18日　泉州保险消费者权益保护服务中心在泉州成立。

18日　建信人寿安徽分公司开业。

19日　中保协举办中国保险营销精英论坛首场学习沙龙活动，120余位保险营销精英参加活动。

20日~21日　中国保监会副主席梁涛赴江苏参加全国春季农业生产暨森林草原防火工作会议。

21日　湖南省委经济体制改革专项小组下发《关于印发〈湖南省2016年深化经济体制改革重点工作〉的通知》。根据相关要求，湖南保监局在推进金融体制改革方面有以下几项重点工作：一是参与规范民间融资行为，建立地方金融风险（非法集资）预警平台；二是参与研究制定完善财政金融风险防范体制机制相关措施；三是发展绿色金融，设立绿色发展基金，推进信贷资源向"三农"、小微企业倾斜；四是参与出台促进全省金融业发展的政策措施；五是根据国家部署，探索开展巨灾保险试点，推进申报地方法人财产保险公司，大力支持保险资金入湘。

21日 美国寿险行销调研协会（LIMRA）高级副总裁伊恩·瓦茨、国际研究副总裁拉里·哈特肖恩一行拜访中保协，双方就寿险营销相关课题研究、信息共享及行业重要活动的参与支持等达成合作意向。

21日 国寿养老推出行业内首支自主投资运营的定期开放式个人养老保障产品——国寿嘉年月月理财。

21日 由江泰国际合作联盟主办的"2016中国企业走出去风险发布会暨'一带一路'风险管理论坛"在北京召开。全球43位法律税务金融风险管理和保险多领域领军人物和专家学者发表主旨演讲，共2 800余人出席论坛。

21日 太保寿险河北分公司与第25届中国金鸡百花电影节执委会在河北省唐山市举行商业合作框架协议签约仪式，正式成为第25届中国金鸡百花电影节（2016中国·唐山）战略合作伙伴。

22日 由河南省财政支持，兰考县启动"脱贫路上零风险"整县扶贫项目。该项目以全县贫困及脱贫不稳定人群、带动脱贫的龙头企业等为对象，提供覆盖生产生活等16类保险服务。

22日 中保协向中国保监会报送《关于开展为全国"两会"代表委员征集议案提案素材工作的报告》，总结两年开展"两会"代表委员议案提案素材征集活动情况以及取得的成果。

22日 中保协会长朱进元、副秘书长王敏会见全球保险行业协会联盟（GFIA）轮值主席、美国人寿保险协会会长兼首席执行官德柯·坎普松，副主席、墨西哥保险协会首席执行官雷卡莱多·阿里亚斯，以及欧洲保险与再保险联盟副秘书长奥拉夫·琼斯一行，双方围绕各国及地区保险业最新发展动态进行交流，就金融普惠、小微保险等展开探讨，并就加强协会间合作、共促保险业发展达成共识。

22日 经中国保监会批复，鼎宏保险销售注册资本变更为5 100万元。

22日~23日 中保协举办金融风险管理专题培训班，各保险机构有关风险管理方面主要负责人、管理人员及业务骨干共计200余人参加培训。

22日~25日 中保协会长朱进元会见中国台湾保险事业发展中心董事长曾玉琼及

台湾地区保险公司代表一行30人。

23日　中国保监会发布《关于进一步加强保险业信访工作的指导意见》，紧紧围绕保险业工作大局，坚持目标导向和问题导向相统一，不断深化信访工作制度改革，充分发挥信访工作化解保险运营风险、促进社会和谐稳定的职能作用。

23日　北京市人民政府办公厅印发《关于加快发展商业健康保险的实施意见》，提出北京市加快发展商业健康保险的总体目标、重点任务和政策措施。

23日　四川保监局印发《四川人身保险业非正常给付与退保风险应急预案》。

23日　中保协向保险行业就国家质检公益科研项目子课题"保险术语"国家标准征求意见。

23日　国寿养老获批行业内首款生命周期类养老金产品。

23日　中国人寿慈善基金会捐款300万元援建的四川雅安8所学校102个"数字化教室"正式投入使用，至此中国人寿援建雅安"4·20"地震灾后重建项目全部完成。

23日　华安保险承保贵州中烟工业有限责任公司财产一切险，保障金额为60亿元人民币。

23日~25日　中保协举办中国保险营销精英领袖论坛特训营系列培训第一期保险与财富管理专题培训班，保险营销精英领袖论坛会员，各保险公司营销人员、营销培训内勤人员等共122人参加培训。

24日　甘肃保监局、甘肃省医改办等6部门联合印发《甘肃省开展城乡居民门诊慢特病大病保险工作实施方案（试行）》，确定将门诊慢特病纳入大病保险工作，全面覆盖全省参加城镇居民医保和新农合的2 229万城乡居民。

24日　青岛保监局会同青岛市金融办等单位联合印发《2016年青岛市政策性农业保险实施方案》，首次开展政策性马铃薯目标价格保险试点工作。

24日　中保协召开第四届理事会2016年第一次理事会通讯会议，审议通过《关于出资设立上海保险交易所的提案》。

24日　阳光集团发布《中国六种常见恶性肿瘤疾病现状与趋势研究报告》，用权威基础数据与研究成果首次详解六种我国常见的恶性肿瘤的全景图，填补国内该领域研究的空白。

24日　泰康养老顺利取得湖北省天门市新农合大病保险经办资格，协议参保人数达121.97万人。

24日　中华保险旗下万联电商推出"中华好车"、"多车之家"等安全车险、儿童保险产品，通过搭载汽车主动安全系统帮助车主实现雾天透视、道路预警、超强夜视、眩光屏蔽、碰瓷取证等功能，提供实时安全保障，将车主风险从事故后理赔升级为主动防御事故发生。

24日　招商信诺人寿通过中国儿童少年基金会全额捐建儿童安全体验教室。这是无锡市首个儿童安全教育工程公益项目。

25日　中国保监会与内蒙古自治区人民政府签订《战略合作备忘录》，在自治区、盟市两级党政机关及相关部门举办《保险业的改革与发展》视频讲座。

25日　甘肃保监局、甘肃省综治办联合印发《关于保险业参与平安甘肃建设的意见》，明确保险业从7个方面参与全省平安建设。

25日　中保协召开互联网人身保险联席会第四次会议。会上独家发布《2015年互联网人身保险市场运行情况分析报告》。中保协秘书长刘琦出席会议。来自监管机构、人身保险公司的代表约100人参会。会议由中保协主办、阳光人寿承办。

25日　根据《中国保监会关于深化商业车险条款费率管理制度改革的意见》要求，中保协举办商业车险改革专题培训班，各财产险公司、地方保险行业协会参加培训。

25日　湖北保协联合武汉市交管局成立武汉市道路交通事故保险反欺诈案件办案中心。全年共受理保险欺诈案1 024起，涉及26家财产险公司，成功破获案件235起，为保险公司减损698万元，约见保险欺诈嫌疑人46名，移交行政拘留和刑事处理各4人，有力打击保险欺诈不法行为。

25日　经中国保监会批复,同方全球人寿注册资本变更为24亿元。

26日　中国保监会副主席陈文辉在上海开展保险业综合经营专题调研。

26日　永诚保险与中国科学院行政管理局科技创新研究院签署《首届健康管理产学研联盟转化合作峰会落地框架协议》,推动健康管理产学研转化和落地。

26日　利安人寿上海分公司开业。

27日　中国保信交易总线系统二期正式上线。

27日　泰康养老顺利取得重庆市城镇职工大额医疗保险经办资格,协议参保人数达62.11万人。

27日　2016年东莞松山湖国际马拉松开跑。招商信诺人寿作为此次赛事官方指定的唯一保险供应商提供价值230万元人民币的保单,为现场所有参赛选手与工作人员提供保险权益保障。

28日　太平人寿与华泰证券(上海)资产管理有限公司合作发行的"太平人寿保单质押贷款债权支持1号专项计划"获得上海证券交易所无异议函复。此项目是我国首个保单贷款ABS项目。

28日　泰康养老顺利取得安徽省当涂县城镇职工大病经办资格,协议参保人数达1.46万人。

28日　国寿养老河南省分公司开业。

28日　华泰人寿辽宁分公司开业。

28日~29日　中国保监会与海南省人民政府签署《加快发展现代保险服务业 支持海南国际旅游岛建设合作备忘录》。

29日　中国保监会副主席周延礼参加国务院金融扶贫座谈会。

29日　中国保监会保险消费者权益保护局与中保基金联合首次发布2015年中国保险消费者信心指数。中国保监会副主席梁涛出席发布会并讲话。

29日　太保产险与中国农科院签订《深化农险新技术应用合作备忘录》。双方将以"太保e农险"为牵

引，围绕太保农业保险专业服务能力建设和创新发展竞争优势培育核心，构建基于"互联网+"下的集防灾防损、客户管理、业务运营为一体的全新农业保险经营管理体系。

29日　富德生命人寿与中国联通在深圳签署全面战略合作协议。双方将在话音业务、固网数据及互联网接入业务、移动及相关增值业务，以及与富德生命人寿业务相关联的综合信息系统开发及应用、保险产品采购等领域展开广泛而深入的合作，共同打造高品质客户服务。

29日　广东保协印发《2016年广东责任保险推动方案》，着力打造广东责任保险发展新模式，规范责任保险经营行为，推动责任保险加快发展。

29日~30日　中保协举办保险理赔及伤残标准专题培训班。来自保险机构、司法鉴定协会及司法鉴定机构约160人参加培训。

30日　山西保监局协调推动山西省人民政府联合印发《关于2016年新实施强农惠农富农补贴政策的通知》，明确地方特色农业保险的"以奖代补"政策。山西省省级财政安排2 000万元资金，进一步增加补贴品种，扩大试点范围。2016年保险业全年开展包括小杂粮、设施蔬菜、红枣、黄花、旱地西红柿等16个品种的地方政策性农业保险试点。

30日　中保协向全国18个地区印发《关于在全国推广车损险代位求偿运行机制的通知》，在全国范围内推广车损险代位求偿机制。加上已完成的第一批、第二批试点地区，已形成了全国、省级、地市级三位一体的争议处理工作组专家库和处理、联系、责任机制。

30日　中国信保董事长王毅与捷克工业与贸易部部长杨·姆拉代克代表双方签署《关于投资促进及第三方市场合作的谅解备忘录》。同期，中国信保还与捷克投资局签署《关于投资促进的合作框架协议》。根据协议，中国信保将积极发挥政策性信用保险在拓宽融资渠道、降低融资成本、优化融资结构等方面的优势，为中资企业赴捷克投资兴业提供便利，推动中捷合作在中东欧地区发挥示范作用。

30日　建信人寿首次在全国银行间债券市场成功发行35亿元10年期可赎回资本补充债券，是第一家实现债券成功发行的银行系保险公司。

31日　由中国保监会及英国大使馆联合主办、中保协承办的中国健康险发展国际研讨会在北京召开。中国保监会人身保险监管部、国际部等部门有关负责人及代表、中保协相关负责人、英国大使馆一秘、国家卫计委体制改革司和有关院校专家、业内专业健康险公司和主要产寿险公司分管领导等出席会议。本次研讨会以"商业健康保险与中国医疗体系改革"为主题，发言嘉宾分别就我国医疗体系改革、"十三五"期间医疗保险制度建设、商业健康保险在我国医改中的作用等重要话题进行回顾和展望，并对英国商业健康保险业的发展挑战以及与NHS医疗系统的合作经验开展总结和借鉴。

31日　国家卫生计生委、中央综治办、公安部、司法部、中国保监会联合召开2016年维护医疗秩序、构建和谐医患关系工作推进会。中国保监会副主席陈文辉出席会议并就推动医疗责任保险发展发表讲话。

31日　中国保监会副主席周延礼会见法国安盟保险首席执行官马岱尔、国际部总经理多米尼克一行。

31日　太平集团获中国扶贫基金会颁发的"2015年度扶贫爱心奖"。

31日　首单保单质押贷款证券化项目"太平人寿保单质押贷款债权支持1号专项计划"正式成立。该项目被上海市列入上海自贸区金融创新案例。

31日　在中国保监会针对国内134家保险公司"万张保单投诉量"、"重大群体性事件"等8项指标的投诉处理工作考评中，安邦养老获满分，位列行业第一。

31日　中华人寿隆重推出守护儿童安全的"疫苗险"赠送计划，面向社会免费送出5 000份、保额为10 000元的"好苗苗"预防接种医疗保险。

31日　上海市政府公布2015年度上海金融创新奖获奖项目，幸福人寿上海分公司"反向抵押养老保险服务"获二等奖。

31日　中煤保险参与山西潞安煤基合成油有限公司的财产险项目承保，总保额为14.5亿元。

31日　上海保险同业公会开发建立的"上海水灾风险地图"获上海市政府颁发的上海金融创新提名奖。

31日　天津保协印发《天津市人身保险公司销售人员执业〈十做到〉、〈十不准〉自律准则》，加强对天津市保险销售人员管理，规范销售行为，预防销售误导行为发生。

31日　经中国保监会批复，国华人寿注册资本变更为38亿元。

31日　经中国保监会批复，上海人寿注册资本变更为60亿元。

3月　中国保监会发布2016年度1～3月保险统计数据报告。根据该报告，2016

年1~3月原保险保费收入11 979.12亿元，同比增长42.18%；赔款和给付支出2 891.33亿元，同比增长25.10%；资金运用余额119 942.74亿元，较年初增长7.29%；总资产138 535.34亿元，较年初增长12.09%；净资产16 127.99亿元，较年初增长0.24%。

3月 个人税优健康险在北京试点启动。截至2016年末，累计承保3 470件，实现保费收入664.52万元。

3月 山东省省长郭树清在山东保监局《关于2015年山东省保险资金运用情况的专题报告》上批示：同意夏耕同志批示，请发改委、经信委、商务厅等综合部门及各市负责同志阅知相关情况，做好对接准备。副省长夏耕批示：支持山东保监局引进保险资金的四点意见，努力扩大山东省的保险资金运用总量和领域。

3月 山东出台《山东省国民经济和社会发展第十三个五年规划纲要》，明确有序开展知识产权银行和专利保险试点，探索建立长期护理保险制度。

3月 中保协在中国保险网络大学开通"赏课"平台，正式启动2016年"10·23"赏课节活动，面向全行业征集优秀微课件。

3月 自1月起，中保协组织大学生开展2016年"大学生保险责任行——寒假社会实践活动"，全国31个省503所学校的8 600余名大学生和近百名大学生"村官"参与，共收集问卷31 422份，其中大病医疗保险21 086份，农业保险10 336份，形成调研报告100余篇，有利于直接服务行业和地方发展。

3月 太平人寿获得中国首个保单质押贷款ABS（资产证券化）项目。

3月 平安资产发布"平安—中债可投资级信用债指数"，填补中国信用债指数产品空白。

3月 《北京地区商业健康保险服务评价指标披露制度》正式实施，初期将在业内对保险公司个人健康险保单的平均出单时效、理赔平均时效和小额简易案件理赔平均时效3项指标进行披露。

3月　天津市保险行业人民调解委员会成立。

3月　辽宁保协印发《辽宁省保险行业推进商业车险条款费率改革工作实施方案》，组织成立商改5个专项工作小组分别协调制定专项实施方案，共召开各类协调会议26次，发文21个，有效联动推动改革工作。

四月

1日　大地保险承保谷歌信息技术（中国）有限公司团体全球医疗保险，总保额为27亿元。

1日　太平养老中标南通基本照护保险项目正式实施，109万人参保，基金总规模为1.1亿元，首批覆盖南通市所有重度失能人员。

1日　中原农险西华县支公司承保河南省黄泛区鑫欣牧业股份有限公司育肥猪达10.2万头，提供风险保障为5 100万元。

3日　澳大利亚第26任总理、国际金融论坛主席、亚洲协会政策研究院主席陆克文出任阳光大学名誉校长。

4日　由华海财险承保船舶保险全损险的"明斯克"号航母开始拖航，这是我国首次航母航次保险记录。

5日　云南省委书记李纪恒听取云南保监局党委书记、局长曹光中专题汇报，对保险工作做出重要指示："十二五"时期，全省保险系统围绕省委、省政府工作大局，积极作为，发挥保险的经济助推器和社会稳定器作用，为全省经济社会持续健康发展做出积极贡献。"十三五"时期，希望云南保监局牢固树立和贯彻落实五大发展理念，积极适应引领把握经济发展新常态，加快发展现代保险服务业，深化保险改革创新，服务供给侧结构性改革，加大保险资金支持基础设施建设力度，提高服务民生质量，防范化解风险，为云南省闯出一条跨越式发展路子、与全国同步全面建成小康社会做出新的更大贡献。

5日　吉林省农业保险工作领导小组印发《关于做好2016年全省农业保险工作的意见》，加大农业保险财政政策支持力度，全面提高吉林省种植险保障水平，取消产粮大县玉米、水稻县级财政补贴。

6日　中国保监会副主席周延礼参加中央"两学一做"学习教育工作座谈会。

6日　"创新驱动发展　改革引领未来——上海保险业'十二五'发展回顾与'十三五'展望论坛"在中国金融信息中心举行。上海市金融办主任郑杨、上海保监局局长裴光、中保学会长姚庆海、上海市发改委总经济师秦丽萍、上海航运保险协会会长降彩石、上海市保险学会会长高志缨、复旦大学保险系教授陈冬梅出席论坛并发表主题演讲。

6日　广东省国家税务局、广东省地方税务局与广东保监局在广州签署《广东省"税保合作"服务小微企业备忘录》，决定开展"税保合作"项目。根据该备忘录，税务部门将定期向广东保监局推送全省企业的纳税数据。保险机构在广东保监局的组织下，对于符合条件、守信纳税的小微企业，将为其提供贷款保证保险服务。截至2016年12月底，广东省13个地市的保险行业协会或保险机构与国税、地税部门陆续签署合作协议，实现了纳税信用评价结果及纳税数据的对接共享。

6日　平安产险向幸福家庭公益基金捐赠105万元，组建30多名国内知名心理学专家组成的公益导师团及300余人的助教团队，在江西赣州市18个县分别举行留守儿童心理护理种子师资培训。该培训项目计划培养1 800名乡村教师，覆盖1 800所学校，辐射逾30万名留守儿童。

6日　江泰保险经纪协办江西省融入"一带一路"建设暨"百家银行进千企"政银企对接会。会议签署"江泰国际合作联盟与江西'走出去'企业战略合作联盟战略合作协议"，旨在通过"政、银、企"三方联动，推进金融保险机构与对外投资合作企业密切合作，全面提升江西省"走出去"企业风险管控水平。

7日　中国保监会印发《保险集团并表监管统计制度》，在反映保险集团公司总体风险状况的基础上，重点关注风险传染、风险集中度以及集团内部交易等金融集团特有风险，进一步加强保险集团并表监管力度。

7日　根据中国保监会关于商业车险改革全国推广工作部署，中保协向行业发布《机动车综合商业保险示范产品基准费率方案（全国推广版）》，为行业商业车险改革全国推广工作提供基准费率参考。

7日　中保协举办保险业"营改增"专题研讨培训班，各保险机构财务部门负责人及相关工作人员、精算部门负责人、IT系统部门负责人共308人参训。

7日　成都九节龙枇杷农民专业合作社与中航安盟四川分公司签订保单，这是全国首张枇杷目标价格保险保单。

7日~8日　中国保监会副主席陈文辉赴河北调研保险扶贫工作。

7日~8日　中国保监会与黑龙江省人民政府签署合作备忘录。

8日　《保监会简报》刊载《甘肃保险业因地制宜精准扶贫初见成效》，获得国务院副总理汪洋批示。

8日　中保协车损险基准纯保费发布系统正式上线。该系统作为行业车型纯保费生产中心，已实现了全国范围的纯保费数据生产、推送，数据量达到4亿余条并保持每天近20万条的增长量。

8日　中保协对天津港爆炸事故估损1 000万元以上的46件未决案件进行电话回访，并形成《天津港"8·12"事故估损1 000万元以上重大未决案件回访情况报告》，上报中国保监会财产险部。

8日　由中保协主办、平安集团承办的信息技术专委会"第二届主题沙龙暨'走进中国平安'交流活动"在上海举办，活动主题为：数据的风险与价值——走进中国平安开启保险互联网金融新时代。

8日~9日　中保协在北京举办《保险法司法解释（三）》第二期培训班。起草《保险法司法解释（三）》的最高人民法院民事审判第二庭法官亲自授课，中保协副秘书长余勋盛出席开班式并致辞。来自会员单位负责法律和两核工作的220余位学员参训。

8日　宁波市鄞州区人民政府与太保产险宁波分公司签署鄞州区政策性小微企业财产保险协议，为1 291家中小微企业提供2.53亿元的企业财产风险保障。这标志着全国首个政策性小微企业财产保险试点项目正式落地。

10日　中国保信客户服务网正式上线，这标志着中国保信全力打造面向行业、统一服务的客服体系迈出坚实一步。客户服务网是中国保信为保险市场主体提供业务支持和服务的门户网站，通过专线连接140余家保险公司和34家地方保险行业协会。

10日　大地保险成功承保广船国际有限公司的极地重载甲板运输船重大技术装备首台（套）综合保险，总保额为95 875万元。

10日　华泰集团启动"小小铅笔"爱心公益计划，陆续走进辽宁、四川、山东等11省12所贫困山区小学，捐赠价值100万元的爱心物资，达成"成立20年援助20所贫困学校"目标。该活动启用了中国红十字会华泰保险博爱基金。

11日　中国保监会副主席陈文辉出席农业保险专项治理整顿工作动员部署会。

11日　山西省长治市人民政府印发《关于加快发展商业健康保险的实施意见》。

11日　泰康养老取得安徽桐城市特困人员长期医疗护理保险经办资格，协议参保人数达7 600人。

11日~12日　中国保监会与江西省人民政府签署战略合作备忘录。

11日~5月31日　陕西保协组织开展2016年陕西保险消费者满意度测评活动，形成《陕西保险消费者满意度测评报告2016》。

12日　中国保监会陈文辉副主席赴宁夏考察指导保险扶贫工作。

12日　河南保监局联合河南省财政厅、农业厅等五厅局印发《河南省2016年农业保险工作方案》，进一步加大对农业保险在财政补贴、特色产品、保险责任等方面的政策支持，着力推动农业保险规范发展。

12日　由中保协主办、华泰集团协办的"2016年中国保险行业人才发展课题研讨会暨首期中青年HR沙龙"活动在北京举行，共计100余名来自会员单位人力资源与教育培训部门共100余名负责人参会。

12日　中保协召开人身险领域核保、理赔中级专业能力制式培训教材编写研讨会。会议对专业能力制式培训工作进展情况进行通报，研讨《保险医学》等中级培训教材的编写和后续高级专业能力资格评审工作的开展模式。国寿寿险、平安人寿等16家会员公司"两核"部门负责人和中保协"千人计划""两核"专家参会。

12日　在中国和尼日利亚两国元首的共同见证下，中国信保董事长王毅代表公司与尼日利亚丹格特集团董事长阿里科·丹格特及中国工商银行董事长姜建清在人民大会堂签署《产能合作协议》。该协议旨在表明三方就中尼产能合作项目开展融资和保险合作的意愿，明确各方将充分利用各自优势推进项目进展，并为此建立全面合作关系和日常沟通交流机制。

12日　平安养老旗下"好福利App"荣获上海市政府颁发的"2015年度上海金融创新奖"三等奖，成为该奖项接受互联网新业态申报以来唯一获奖的B2B2C移动金融互联网平台项目。

12日 湖北保协组织会员公司签订《湖北省保险业参与保险纠纷调处工作自律公约》，进一步规范调处流程，强化公司在调处中的主体作用。

12日 陕西保协发布《陕西省人身险公司西安地区机构负责人交流会议制度》。

13日 中保协邀请部分天津港事故被保险人代表，组织召开关于天津港事故未决案件理赔进展座谈会，听取保险理赔工作进展和建议，形成《天津港事故部分被保险人未决案件理赔进展座谈会情况汇报》，上报中国保监会财产险部。

13日 中保协召开"营改增"专题座谈会，邀请平安人寿、新华保险、信诚人寿等保险公司相关领导和营销员代表参会，就业务一线存在和关心的问题进行座谈，听取行业意见建议。

13日 安心财险与"无忧保姆网"签署战略合作协议，双方将合作开拓家政服务市场。

13日 湖北保险中介协会组织会员单位（含专业中介机构和银邮保险代理机构）签订《湖北省保险中介机构防范风险倡议书》。

13日~15日 中保协举办公司治理法律实务培训班，各保险公司高管，董事会办公室、法律合规、内控合规、风险管理等部门负责人和相关工作人员100余人参训。

14日 由中保协主办、蚂蚁金服承办的第三届"论道互联网保险沙龙"活动在浙江杭州阿里巴巴总部举办，主题

为"互联网与普惠金融"。

14日 在"2016年'西湖之春'艺术节暨杭州市新剧（节）目会演"上，"最美保险人"原创话剧《生命密码》作为揭幕剧演出，并在评奖活动中获剧目奖、优秀表演奖等多个奖项。

14日 为响应"一带一路"国家战略的号召，帮助"走出去"的中国企业应对复杂多变的国际环境，苏黎世保险（中国）分别在北京和上海针对国际工程项目话题举办"国际工程货物运输及延迟开工利润损失风险研讨会"。

14日 国寿养老安徽省分公司成立。

15日 中国保监会副主席陈文辉会见俄罗斯中央银行第一副行长谢尔盖·舍维索夫一行。

15日 中国保监会召开国内系统重要性保险机构监管制度建设启动会，中国保监会副主席梁涛出席会议并讲话。

15日 山西保监局联合山西省财政厅、农业厅印发《关于在全省开展政策性马铃薯保险的通知》，明确马铃薯保险的保险责任、保险费率、承办机构及补贴政策。

15日 中保协在昆明召开寿险电话营销联席会第八次会议。会议独家发布《2015年寿险电话营销行业发展形势分析报告》。会议由国寿寿险承办。

15日 中保协秘书长助理郭红会见英国专业车险公司Insure the box创始人、集团总裁迈克·布罗克曼一行，双方就机动车保险的创新发展进行深入探讨。

15日 珠海保协与珠海市国税局签署《珠海市"税保合作"服务小微企业发展项目合作备忘录》。

16日　长安责任保险河南省分公司开业。

17日　阳光产险为2016年中国足协乙级联赛开幕式及联赛首场比赛提供1 000万元公众责任保险。

17日　工银安盛人寿作为唯一官方指定保险合作商为上海国际半程马拉松赛保驾护航。

18日　湖南省人民政府印发《关于加快转型升级推进现代畜牧业发展的意见》，明确运用保险机制加快推进现代畜牧业发展。

18日　为维护消费者合法权益，进一步提升保险业在汽车产业链中的话语权，中保协、中国汽车维修行业协会联合举行第五期汽车零整比发布会。在发布100款车型零整比、常用配件负担指数的基础上，建立了汽车零整比100指数体系，以综合反映汽车配件价格波动情况。当期汽车零整比100指数为329.35%，涵盖4.39万元~95.6万元价格区间的100款常见车型。

18日　大地保险签单重庆市计划生育特殊家庭住院护理保险项目，份额占比为50%，承保人数为24 847人，总保额为17.1亿元。

18日　人保寿险"百万惠民机动车驾驶人意外保险"产品客户驾车发生交通事故身故。经人保寿险调查事故属实，赔付驾乘意外保险金300万元。

18日　重庆船东互保协会正式启动，填补了我国内河无船东互保组织的空白。同时重庆船东互保协会与瑞再北分等2家国际再保险公司签署再保险合同，推出具有内河特色的保赔保险——内河承运人责任保险新产品。

19日　中国保监会党校2016年干部进修二班（春季班）在国家行政学院举办开学典礼。中国保监会党委副书记、副主席周延礼出席并以"践行'两学一做'，强化党性修养，进一步加强保险监管系统党员队伍建设"为主题进行开班授课。

19日　中国信保与中非发展基金签署《关于支持中国企业对非合作的合作框架协

议》，为中国企业"走出去"提供更多元化、个性化的金融服务，帮助企业优化投融资结构、加强风险管理，为"一带一路"和非洲"三网一化"等重大战略保驾护航。

19日　国寿集团与广东省人民政府在广州签署战略合作框架协议，进一步推进在投融资、保险保障、金融创新等领域的战略合作。

19日　铁路自保承保郑州铁路局郑州桥工段职工团体人身意外伤害保险，保障人数达4171人，总保额为7.27亿元。

19日~27日　中保协和中保研汽车技术研究院代表团联合走访日本JKC、韩国KART和英国Thatham等国际汽车维修研究理事会（RCAR组织）成员机构，了解和学习RCAR成员的运营机制、组织架构等先进工作经验，并听取各成员机构对中保研低速试验室建设、维修、培训工作等意见建议。

20日　黑龙江保监局印发《黑龙江省保险机构高级管理人员任职资格考试管理办法》。

21日　海南省人民政府印发《海南省服务贸易创新发展试点工作方案》，提出2016年实现保险服务贸易额500万美元的发展目标，以及保险服务贸易创新发展的主要任务。

21日　为发挥好农业保险是农业生产"稳定器"和"'三农'发展'助推器'"作用，黑龙江保监局印发《黑龙江保监局关于做好2016年农业保险工作的通知》，明确全省保险业要牢固树立创新、协调、绿色、开放、共享的发展理念，持续深化农业保险供给侧改革，不断优化农业保险产品和服务，依法合规经营，切实防范经营风险，开拓保险业服务"三农"发展的新篇章。

21日~22日　第十一届亚洲保险监督官论坛年会在中国台北举行。中国保监会副主席周延礼，国际保险监督官协会秘书长河合美宏，以及来自印度、新加坡、泰国、韩国、日本、澳大利亚等亚洲和大洋洲17个国家和地区的保险监管机构高级官员和国际组织代表出席论坛。

22日　上海保监局会同上海市财政局和上海市地税局联合印发《上海市个人税收优惠型商业健康保险试点操作办法》。

22日　广西保监局印发《广西保险公司保险消费投诉管理办法（试行）》。

22 日　江西保监局印发《江西省商业车险条款费率管理制度改革工作实施方案》，明确全省商车险费率改革的工作任务，细化工作职责，强化措施保障，为江西省商车险费率改革工作平稳实施提供制度保证。江西省商业车险条款费率管理制度改革正式启动。

22 日　长江财险与湖北省黄石市人民政府签订战略合作协议。长江财险将为黄石市提供优质保险服务和资金支持，积极开展在保险项目、服务创新、基础设施建设等领域合作。

22 日　工银安盛人寿安徽分公司开业。

23 日　由中国平安、腾讯企鹅媒体平台及上海看榜信息科技有限公司（新榜）联合主办的"网络原创保护计划"新闻发布会在北京召开，发布国内首款"网络原创保护险"，并向自媒体人赠送保险 5 000 份，推动建立绿色、健康的网络原创环境。

23 日　鼎宏保险销售云南省红河分公司开业。

24 日　弘康人寿江苏分公司开业。

25 日　中国保监会印发《关于银行类保险兼业代理机构行政许可有关事项的通知》，按照"简政放权、放管结合"总体原则调整银行类保险兼业代理机构行政许可及相关监管要求。

25 日　中保协量化研究零整比与费率关联关系研究取得突破，形成《车型配件价格与车险费率关系研究》课题成果，为探索零整比研究成果向定价转化的实现路径提供依据。

25 日　中华财险与民生银行在民生银行总行签署"总对总"战略合作协议。双方将在产品创新、营销模式创新、资源互补等方面进行一系列深度合作和创新探索。

26 日　中国保监会副主席梁涛会见美国特拉华州相互保险与金融保险产品局局长史蒂夫一行。

26 日　湖北首家地市级保险监管机构——宜昌监管分局挂牌成立。

26 日　泰康之家·楚园体验馆在武汉开馆。

26 日　中煤保险向"冀中能源杯·第三届感动中国的矿工"评选入围矿工捐赠为期 4 年、累计保额为 1.36 亿元的人身意外伤害保险。

26 日　工银安盛人寿安徽分公司开业。

27 日　山东保监局印发《2016 年农业保险承保理赔专项治理整顿工作实施方

案》，综合采用公司自查自纠和监管检查督导相结合手段，推动农业保险健康规范发展。

27日　建信保险资产管理有限公司成立。

27日　太平养老湖南分公司开业。

27日~28日　中保协举办国际保险资金运用比较研究课题成果分享及境外投资专题培训班，各保险机构资金运用部门主要负责人、管理人员及业务骨干共66人参训。

28日　甘肃省人民政府印发《关于加强农业保险基层服务体系建设的通知》，为全省农业保险基层服务体系建设工作提供顶层制度安排和方向性指导。

28日　山东保监局印发《山东"安宁2016"反欺诈区域专项行动方案》，并成立"安宁2016"专项行动领导小组，深入推进保险反欺诈工作。

28日　四川保监局印发《四川保监局纪检监察信访举报办理规程（试行）》。

28日　大连保监局召开23家财产保险公司座谈会，正式启动大连地区商业车险改革工作。

28日　鼎宏保险销售山东分公司开业。

29日　甘肃保监局率先完成全国第三批商业车险改革试点验收，并实现辖内12家财产保险机构商业车险系统成功切换。

29日　珠江人寿承保客户"珠江富多多"年金保险，趸交保费为5 000万元。

29日　阳光产险上海自由贸易试验区分公司开业。

29日　永安保险贵州分公司开业。

29日　交银康联人寿陕西分公司开业。

29日　鼎宏保险销售河南分公司开业。

4月　为贯彻落实党中央、国务院决策部署，促进互联网保险规范健康发展，中国保监会联合14个部门印发《互联网保险风险专项整治工作实施方案》。

4月　自3月起,中保协在南开大学、山东大学、西南财经大学、中南财经政法大学、首都经济贸易大学、河南财经政法大学等高校举行"大学生保险责任行——保险专场招聘会",70余家保险行业企业参与,对接就业岗位1 000余个。

4月　广西多地遭受暴雨冰雹恶劣天气。据统计,广西各财产保险公司共接到冰雹灾害报案2.75万件,报损金额5 125万元,在全行业共同努力下,已完成查勘1.42万件,估损金额为3 475.6万元。

五月

1日　永诚保险参与共保安得物流股份有限公司国内货物水路、陆路运输保险，总保额为56.06亿元。

1日　合众人寿启动第十届"5·15"客服节，主题为"以客为尊　合众最真，携手合众　你我共赢"。

1日　同方全球人寿启动2016年客服节，推出以"心护航"、"心尊享"、"心触动"和"心生活"为主题的四大版块，通过线上线下联动拉近与客户的距离。

1日　国联人寿成为首批获准进入无锡市区医保个人账户结余购买商业保险的公司，为无锡市民提供健康保险服务。

1日　深圳市启动重特大疾病补充医疗保险2016～2017医保年度参保缴费工作。截至2016年年底，覆盖人群超过500万人，累计赔付3万余人次。

1日　海口市正式启动夏秋季叶菜价格指数保险试点，成为海南省第二个试点市（县），市财政安排675万元资金为投保农户提供90%的保费补贴，保险标的以叶菜为主，可为2.5万亩蔬菜提供7 500万元的风险保障。

3日　上海保监局印发《上海保监局处置非保险金融产品销售风险应急预案》，建立科学合理、反应迅速的非保险金融产品销售风险应急处置体系。

3日　上海保险同业公会印发《上海市人身保险公司开展个人税收优惠型商业健康保险试点工作服务标准（试行）》。该标准为全国第一部地方性个人税优健康险工作统一服务标准。

4日　长江养老与太保寿险、太保产险正式启动在全国30个省、市、自治区设立的"太平洋—长江养老业务合作中心"。

4日~7日　中国保监会副主席陈文辉到云南昭通、大理调研保险扶贫工作，并在昆明召开保险业精准扶贫调研工作座谈会。云南省人民政府副秘书长蒋兴明主持会议，8个厅局及4家保险公司负责人汇报发言。

5日　中国保监会印发《保险公司资金运用信息披露准则第4号：大额未上市股权和大额不动产投资》，要求公司在开展大额未上市股权和大额不动产投资时，应当于规定时间内在中保协网站披露相关信息。根据文件精神，中保协及时完成"大额未上市股权和大额不动产投资信息披露"栏目相关准备工作，披露栏目于5月6日正式上线。

5日　安徽保监局阜阳监管分局成立。

5日　中银保险成功100%承接上海地铁14号线建筑工程一切险项目，实现保费收入315万元。这是中银保险首次取得地铁类工程保险独家承保资格，填补了轨道交通类项目首席承保经验的空白。

5日　湖北保协组织开展为期4个月的2016年全省人身保险"客户大走访"活动。42家人身险公司走访客户15 142人，走访客户数量同比增长18.21%。发现问题保单562件，问题件占走访总人数的3.71%，同比下降3.18%。

5日　江苏保险中介协会在江苏保险业内发起"组织线上+线下诚信宣誓，开展诚信测试、强化诚信教育"诚信文化建设活动，111家保险机构，近6万名保险从业人员参与"拒绝销售误导　诚信从我做起"线上、线下同步宣誓活动，近万名客户对活动进行监督，20万余人次参与诚信知识自学自测。

6日　中国保监会发布《关于进一步加强保险公司合规管理工作有关问题的通知》，规范和强化保险公司合规管理工作，健全保险监管制度体系，提高保险业法治水平。

6日　中保协会同新华社中国经济信息社、新华社中国金融信息中心、平安养老联合主办"2016中国养老金投资论坛"。中国保监会人身险监管部副主任王治超、中保协会长朱进元、中国社会科学院世界社保研究中心主任郑秉文、中国政法大学经济法学研究中心胡继晔、美国先

锋集团大中华区总裁林晓东等出席论坛。中保协养老险专委会委员单位 100 余位业界代表参会并就养老金资产配置等议题进行深入交流。

6 日　阳光信保正式推出面向互联网金融平台、电商平台等的分期产品"分期保"。该产品是国内首款基于"小保单"的个人消费信保产品，可为合作平台提供有效且全面的风险保障，满足平台高并发和海量交易场景下深入嵌入保险的需求。

6 日　上海保险同业公会发布《2015 年度上海市产寿险公司健康意外险高端医疗险业务年报》。

6 日　深圳市消费者委员会发起，深圳市银行业协会、深圳市银行业消费者权益保护促进会、深圳保险同业公会等 6 家金融协会共同组建深圳市消费者委员会金融专业委员会。

7 日　富德生命人寿"'小海豚计划 2016'启动大会暨首场少儿财商培训"在深圳举行。"小海豚计划"是富德生命人寿专注于关爱儿童健康快乐成长的长期公益项目，2013 年首期捐赠 100 万元用于深圳市特殊需要儿童早期干预中心设施建设和维护。

8 日　阳光集团与潍坊市政府加快建设"'健康潍坊'战略合作签约暨阳光融和医院惠民行动启动仪式"隆重举行，阳光集团董事长张维功、总裁李科，潍坊市委书记杜昌文、市长刘曙光等参加活动。同日，阳光融和医院正式对外开诊。阳光融和医院是国内首家经中国保监会批准，由保险机构与地方政府合作建设的股份制医院。

9 日　青海省人民政府办公厅印发《关于全面开展商业保险机构经办城乡居民基本医保服务的指导意见》，从 7 月起，按照"成熟一个、实施一个"的原则，在条件成熟的地区逐步推开委托商业保险机构经办城乡居民基本医保服务工作，力争 2016 年内实现青海省范围全覆盖。

9 日　山西保监局协调山西省卫计委出台《健康扶贫工程实施方案》，进一步提高扶贫对象大病保险保障水平，提出"一降一升"大病保险精准扶贫政策，即医疗保障扶贫对象大病保险起付线由10 000元降到5 000元，报销比例平均提高2%~3%。

9日　甘肃保监局、甘肃省知识产权局、甘肃省科技厅、甘肃省金融办联合出台《甘肃省关于开展专利保险工作指导意见》。

9日　中国保监会黑龙江监管局佳木斯监管分局成立。

9日　中国保监会山西保监局运城监管分局成立。

9日　中保协秘书长刘琦会见中华医学会健康管理分会常务委员王占山。刘琦秘书长表示，希望与中华医学会在健康险领域课题研究、标准化建设及行业交流等方面加强合作。

9日　国寿集团与河南省人民政府在郑州签署全面战略合作协议，双方将在城市发展基金、资金融通、养老健康设施建设与服务等方面开展合作。

9日　中邮保险与摩根士丹利投资管理公司签署战略合作框架协议。双方将在投资管理、风险管理、资产配置等领域开展深度合作。

9日　北京保协组织编写了《行业调解及法律诉讼案例集》，共收集保险合同纠纷、侵权合同纠纷案件68件。

10日　河北保监局开展以车险欺诈行为为打击重点的"安宁2016"反欺诈专项行动。

11日　中国保监会、财政部印发《建立城乡居民住宅地震巨灾保险制度实施方案》，标志着我国巨灾保险制度建设迈出关键一步。建立城乡居民住宅地震巨灾保险制度有利于促进灾害损失主要由政府承担向全社会乃至全球共同分担转变，是对我国现有灾害救助体系的有益补充。

11日　中央纪委驻中国保监会纪检组组长陈新权为中国保监会党委中心组学习专题报告会做辅导报告。

11日　平安产险风控体系通过 ISO 9001:2015 国际认证，成为中国首家在保险风控领域获得 ISO 新版国际标准认证的机构。

11日~12日　中保协在苏州举办地方保险协会办公室主任培训班，各省级、地市级保险协会办公室（综合管理部门）负责人共 192 人参训。

11日~13日　中国保监会副主席陈文辉赴广西调研保险扶贫工作。

12日　湖北省申报的"水稻气象指数保险项目"通过农业部金融支农服务创新试点立项，并获得 600 万元资金支持。该项目将在枝江、当阳、赤壁、浠水、武穴、襄州、仙桃等地开展试点。

12日　深圳市减灾救灾联合会宣布成立。这是全国首家从事防灾、减灾、救灾的联合型社会组织。在"联合会"的筹建和成立过程中，国寿财险深圳分公司、平安产险深圳分公司等保险公司主动参与、积极配合，发挥了重要作用。

12日　中保协召开团体标准专业委员会成立大会，中保协会长朱进元、中国保监会统信部副主任朱金渭、国家标准委服务业标准化部主任杨泽世出席会议并讲话。会议由中保协秘书长刘琦主持，来自 30 家团体标准专业委员会委员单位的近 60 名代表和中保协相关部门参加会议。

12日　中保协召开 2016 年中国大中城市企业员工福利保障指数项目启动研讨会。会议对 2016 年企业员工福利保障指数的研究内容、指标体系、样本数量、调研方法等情况进行研讨。中保协、全国总工会劳动关系研究中心、社科院世界社保研究中心、对外经贸大学、新华社金融信息中心、平安养老、零点咨询研究公司等有关单位领导和专家学者参会。

12日　中煤保险《杂粮（谷子）天气指数综合保险研究与实践》项目获批农业部 2016 年金融支农创新试点项目及 500 万元资金支持。

13日　中国保监会在厦门召开保险业参与深化医药卫生体制综合改革试点工作情况座谈会，上海、江苏、安徽、福建、青海、厦门保监局相关负责人参会。

13日　中保协举办第 101 期中国保险大讲堂，特邀请国家减灾委专家委副主任、国务院应急管理专家组组长闪淳昌教授就危机管理及突发事件应对做专题演讲。

13 日　内蒙古保协印发《内蒙古车险理赔查勘定损人员从业管理自律公约》（修订版），并自 2016 年 5 月 15 日起正式执行。

13 日　西藏保险业顺利完成商业车险新旧系统切换，进一步深化车险市场化改革进程，促进行业提升车险经营水平和服务能力。

13 日　吉祥人寿安徽分公司开业。

13 日　鼎宏保险销售云南安宁分公司开业。

16 日　中国保监会局级干部培训班在北京举办。培训要求，中国保监会系统要深入学习领会习近平总书记关于开展"两学一做"学习教育的重要指示精神和党中央部署要求，结合保险监管工作实际，加强保险监管系统思想政治建设，筑牢全面从严治党的坚实基础，扎实推进保险监管体系现代化和保险强国建设。

16 日　青海保监局与中国人民银行西宁中心支行联合下发《关于开展精准扶贫小额贷款保证保险业务有关事项的通知》，要求通过建立协助服务机制、保险公司独立审核机制、业务暂停机制以及奖惩激励机制等风险控制措施，鼓励保险公司向发放精准扶贫贷款的银行类机构提供保证保险保障。

16 日　美亚保险母公司美国国际集团（AIG）与中国扶贫基金会合作，为四川芦山地震受灾群众援建的美亚保险社区活动中心正式落成。2014 年 AIG 集团向四川地震灾区捐赠 30 万美元成立"AIG 爱心筑未来"公益基金，旨在为中国扶贫基金会雅安地震灾区重建工作提供持续援助。除协助灾区重建外，该基金还帮助当地超过 50 所小学建起爱心厨房。

16 日　新疆前海联合财产保险股份有限公司在新疆维吾尔自治区乌鲁木齐市开业。

17 日　中国保监会副主席陈文辉主持召开商车险改革工作座谈会。

17 日　安诚财险上海自贸试验区分公司开业。

18 日　河北保监局与河北省财政厅、河北省金融办、河北省农业厅等 7 部门联合印发《关于加强政策性农业保险工作费用管理有关问题的通知》，加强政策性农业保险工作费用规范管理，推动全省政策性农业保险工作健康发展。

18 日　中保协副秘书长余勋盛会见美国大都会集团亚洲区政府关系负责人克里斯·温希普一行。

18 日　"上海保险交易所股份有限公司创立大会暨第一次股东大会"在北京举

行。建设上海保险交易所（上海保交所）是保险业服务供给侧改革、促进普惠金融的一项重大创新，对加快发展现代保险服务业、深化经济金融体制改革、服务国家经济社会发展总体战略具有重要意义。

18日 阳光人寿完成税优健康险上市销售后的首例理赔。客户王女士因病住院治疗，通过税优健康险理赔之后，个人支付比例为5.2%。

18日 云南省大理州云龙县发生5.0级地震。诚泰保险理赔、服务人员第一时间组织开展查勘、救援及安置工作，在震后3个工作日内将总计2 800万元的地震保险赔款一次性全额转入大理州民政局指定赔款账户，有效支持云龙县抗震救灾和灾后恢复重建工作。大理州州委书记杨宁强调，此次云龙地震保险理赔工作具有典型示范效应，要总结经验，争取实现地震巨灾保险在全省推广。

18日 大都会人寿联合上海真爱梦想公益基金会发起"1起筑梦——成就未来英雄"公益活动，众筹建立"梦想中心"。已有81 851人次参与捐赠。最终将在辽宁、天津和湖北落地建成3个"梦想中心"。

18日 国寿养老河南省分公司开业。

18日 众安保险投资全资子公司——众安信息技术服务有限公司在深圳市开业。

五月
Chinese Insurance Industry Events

18日~27日　中保协赴欧开展国际交流合作工作，华安保险、平安人寿、平安养老、泰康在线等会员公司代表参加。代表团拜访了西班牙保险赔偿联合会总经理、西班牙保险行业协会会长、西班牙保险与养老基金监管总局局长以及西班牙曼福集团，深入了解西班牙巨灾保险体系、农业保险、环境责任保险、互联网保险等发展，并应邀参加了国际保险医学委员会第25届会议、第8届国际保险大会。朱进元会长在会上就"中国互联网保险发展的现实与未来"发表主旨演讲，并与多个国家及地区的保险协会、公司领导交流探讨。

19日　中国保监会副主席梁涛主持召开首台（套）重大技术装备保险发展情况座谈会。

19日　《2016年"7·8"全国保险公众宣传日暨保险文化建设推进周活动方案》印发。按照中国保监会党委安排部署，"7·8"全国保险公众宣传日活动继续由中国保监会指导，中保协主办。中保协精心研究、认真制定《2016年"7·8"全国保险公众宣传日暨保险文化建设推进周活动方案》、《"保险行业公众宣传大比武"细则》，对各项活动详细部署，明确不同责任主体在"7·8"期间的活动职责，为全国活动的开展引领方向。

19日　东吴人寿上海分公司开业。

19日　经中国保监会批复，天安财险注册资本变更为1 776 375.177万元。

19日~20日　中保协举办保险公司客户服务模式创新专题培训班，各保险机构客户服务部门主要负责人、管理人员及业务骨干共167人参训。

20日　中保协举办第102期中国保险大讲堂特别活动，特邀请宾夕法尼亚大学医疗伦理与政策学院副院长兼主席、美国白宫高级顾问以西结·伊曼纽尔做《美国商业健康保险在医疗改革中的作用》主题演讲，卫生计生委体改司司长梁万年、北京大学医学部主任助理吴明担任点评嘉宾。

20日　中保协秘书长刘琦会见宾夕法尼亚大学医疗伦理与政策学院副院长兼主

席、美国白宫高级顾问以西结·伊曼纽尔教授，双方围绕中美医疗体制改革的交流与借鉴、商业医疗保险标准体系建设等展开深入探讨。

20日　人保寿险与北京农商银行股份有限公司签署战略合作协议，双方本着优势互补的原则，在不断满足客户日益增长的保险保障、长期储蓄及金融资产管理需求等方面明确进一步合作的方向和目标。

20日　平安健康积极开拓互联网保险市场，上市销售"平安e生保医疗保险"。该产品是针对个人中端市场的第一款网销医疗保险。

20日　中原农险与河南省周口市人民政府正式签订战略合作协议，成为河南省首家与省辖市人民政府全面合作的法人机构。中原农险将充分发挥保险专业风险管理优势，与周口在"三农"发展、扶贫攻坚、民生改善、投融资等方面开展宽领域、高层次、长期稳定的战略合作。

20日　重庆保协在重庆保监局指导下，组织开展"偿二代"专题培训，共约270名保监局干部和各保险公司主要负责人、班子成员及相关部门负责人参加培训。

20日　珠峰财产保险股份有限公司开业，是西藏自治区首家法人保险机构。

20日　富德财险湖北分公司开业。

20日　交银康联人寿陕西省分公司开业。

20日、22日　浙江保协，浙江省银行业协会、浙江省证券业协会、浙江省期货业协会等在杭州共同举办第11届浙江金融博览会暨第8届浙江中小企业金融产品展示会和网上金博会上线仪式。

23日　中国保监会副主席陈文辉参加国务院特色产业精准扶贫有关会议。

23日　新疆保监局向各财产险公司印发《关于积极推动农业保险创新发展的通知》。

23日　太保产险苏州分公司推出国内首批露地蔬菜、池塘养殖气象指数保险。

24日　"'7·8'全国保险公众宣传日动员会暨2015年度保险好新闻发布会"在北京召开，中国保监会副主席周延礼出席会议并做重要讲话。周延礼副主席肯定了中保协新闻宣传工作并对做好公众宣传日工作提出具体要求，发布了开展2016年"7·8"全国保险公众宣

传日的总动员令。会议对评选出的65件2015年度保险好新闻作品进行表彰，包括2015年度（全国）保险好新闻23件、2015年度（地方）保险好新闻12件、2015年度（公司）保险好新闻30件。

24日 安徽省人民政府副省长刘莉组织召开商业保险机构经办城乡居民基本医保业务座谈会，安徽保监局及国元农险、平安养老安徽分公司参会并汇报基本医保经办试点推进情况。

24日 中保协在浙江杭州召开《国务院反垄断委员会关于垄断协议豁免一般性条件和程序的指南（征求意见稿）》专题座谈会。国家发改委反垄断局副局长李青出席会议并讲话，中保协副秘书长余勋盛出席会议并致辞。来自国家发改委反垄断局、中国保监会、中保协以及中保协合规专委会反垄断课题组的25位代表参加会议。各参会公司代表对反垄断豁免的一般性条件和程序提出意见建议，充分反映行业呼声，并与反垄断执法机构展开积极互动沟通。

24日 中保协秘书长刘琦会见葡萄牙经贸投资促进局副总裁路易斯·卡斯特罗一行。双方深入探讨未来合作机制的建立等相关事宜。

24日 华海财险和青岛市崂山区人民政府共同召开"互联网+服务+保险"新型安全管理模式暨"建安保"项目试点启动大会。"建安保"模式兼顾政府、保险机构、建设施工单位等多方利益，开创建筑施工领域"互联网+保险+服务"的新型安全管理模式。

24日 长安责任保险江苏南京中心支公司成功中标江苏国信协联燃气热电有限公司财产一切险和机损险保险项目，与人保财险、平安产险、紫金财险、阳光产险、永安保险组成共保体，共同承担该项目35亿元保额的风险管理工作。

25日 河北保监局印发《关于规范行政处罚裁量工作有关事项的通知》，明确10种常见违法行为实施罚款的裁量因素和裁量情节适用规则。

25日 西藏保监局制定《西藏保险机构高管人员任职资格考试管理暂行办法》并

向辖区各保险机构印发执行，保险专业中介机构高管人员参照执行。

25日　中国保监会陕西监管局延安监管分局成立。

25日　平安集团正式加入R3分布式分类账联盟。作为中国首家加入该联盟的金融机构，平安集团与全球40多家大的金融机构合作，共同为金融服务行业开发基于分布式共享分类账技术的开拓性商务应用。

25日　平安集团荣获深圳市人民政府颁发的2015年度"市长质量奖"，并获得200万元最高奖励基金，成为深圳市质量标杆企业。

25日　平安人寿第21届客服节正式开幕。客服节依托"平安金管家App"开展，4 000万用户通过三大主题活动享受到"家庭健康新生活"的全新体验。这也呼应了2016年国际家庭日"家庭、健康生活与可持续发展"的主题。

25日　太保产险山东分公司推出国内首款商业性鸡蛋价格指数保险，并签出国内第一单鸡蛋价格指数保险协议。

25日　四川保协印发《禁止车险并案及强制送修自律约定的通知》。

25日~26日　中保协在北京举办第三方互联网保险平台合作交流培训班，各保险机构互联网业务部门主要负责人、管理人员及业务骨干共90人参训。

25日~27日　中保协在上海举办中国保险营销精英论坛领袖特训营暨保险与财富管理专题培训班（上海站），保险营销精英领袖论坛会员、各保险公司营销管理人员共79人参训。

25日~28日　中保协举办中国保险行业高级潜质人才培养工程——公共资源管理高级研修班，各保险机构总公司部门负责人、分公司班子成员20余人参训。

26日　中国保监会与国务院扶贫办联合发布《关于做好保险业助推脱贫攻坚工作的意见》，从准确把握总体要求、精准对接脱贫攻坚多元化保险需求、充分发挥保险机构助推脱贫共建主体作用、完善精准扶贫保险支持保障措施、完善脱贫攻坚保险服务工作机制等方面，创设多向支持政策，明确具体落实措施，对深入推进保险扶贫工作进行全面安排和部署，全面加强和提升保险业助推脱贫攻坚能力。

26日　安徽省高级人民法院、安徽保监局联合印发《安徽省高级人民法院　安徽保监局关于进一步推进保险纠纷诉调对接工作的意见》，指导和推动全省各市保险行业协会成立保险纠纷调解中心，与各级人民法院的诉讼服务中心对接，并在人民法院设立保险纠纷调解工作室，实现行业调解与司法调解有效衔接。

26日　陕西保监局与陕西省高院联合印发《关于规范保险公司在民事商事案件财产保全程序中提供担保的意见（试行）》，认可保险公司作为诉讼财产保全担保主体，有效降低诉讼案件当事人的诉讼保全成本，提升法院诉讼保全时效。

26日　中保协召开《2015年中国健康保险发展研究报告》课题启动会。会议对行业健康保险发展现状及《2015年中国健康保险发展研究报告》的编写背景进行介绍，就报告的研究思路、课题纲要及近期工作安排进行充分讨论并达成共识。人保健康等9家主要产、寿险公司和再保险公司健康险业务负责人参会。

26日　中国人寿在苏州阳澄湖半岛养老养生项目所在地举办主题为"积淀·绽放"的品牌发布会，正式发布中国人寿旗下健康养老品牌"国寿嘉园"及标识。

26日　浙商保险与浙商银行签署战略合作协议。双方将依托联名信用卡，嫁接双方金融创新产品和服务，有效提高客户信息真实性，提高客户消费体验和销售员工的服务价值；整合双方机构、渠道、销售等各类资源，丰富合作内容，拓宽合作领域，创新金融服务。

26日　青岛保协平度办事处成立。办事处成立后，将更好地服务33家在平度营业的保险公司分支机构，并积极搭建与政府沟通交流的平台。

26日　北京地区"事故e处理App"成功升级为"北京交警App"。"北京交警App"由北京市交管局推出，"事故e处理"为车险消费者提供快速便捷服务，缓解道路拥堵,是"北京交警"便民服务的五大核心功能之一。

26日 国元农险贵州分公司开业。

27日 广西保监局印发《广西保监局关于加强保险行业协会消费者权益保护工作的指导意见》,全面加强保险消费者权益保护工作。

27日 河南省副省长王艳玲带领省医改办、省卫生计生委、省保监局等相关部门负责人调研人保健康承保的焦作困难群众大病补充医疗保险项目。王艳玲副省长充分肯定了人保健康对焦作市精准扶贫工作做出的贡献,要求焦作市人民政府继续探索,形成制度和经验,做好全省推广工作。

27日 中国保信全国车险信息平台反欺诈版本上线。

27日 太保集团开展"爱在你身边,情牵儿福院"主题公益活动,并捐赠20万元,连续第21年向上海儿童福利院的孩子们送去关爱。

27日 海南省推出首款商业性热带水果价格指数保险。

27日~31日 华夏人寿23家分公司携手当地政府组织、慈善机构、爱心人士等,启动2016年"未来星"客服节圆梦行动。

28日 "保险让生活更美好"宣传语亮相2016年里约奥运会男排亚洲区资格赛等重大国际赛事,充分展示行业形象,收视人群超过1.5亿人次。

28日 宁波商业车险费改平台上线,正式启用商业车险新条款新费率。宁波商业车险条款费率管理制度改革正式实施。

28日 太平养老湖南分公司开业。

28日 吉祥人寿安徽分公司开业。

28日 美臣保险公估汕头分公司开业。

29日 中国保监会副主席周延礼出席第四届金融街论坛。

30日 青岛保监局会同青岛市食药局、青岛市金融办联合发布《关于在全市生产环节实施食品安全责任保险的指导意见》,并与青岛市食药局联合推动生产环节食品安全责任保险承保试点工作,逐步扩大责任保险覆盖范围。

30日　中保协对天津港爆炸事故估损1 000万元以下的150笔未决案件进行电话回访，并向中国保监会财产险部上报《天津港"8·12"事故重大未决案件回访情况报告》。

30日　中保协成立学校教育专业委员会，来自保险企业、地方行业协会、科研院所、高校及相关社会组织的112家单位参与。该专业委员会职能是普及保险教育、助力学校保险人才培养体系建设、建立保险创新与教育发展互促机制、推动保险业与教育部门合作。

30日　广东保协举办应急管理专题培训。此次培训邀请国务院应急管理专家组组长、国家减灾委专家委副主任闪淳昌担任主讲嘉宾，为参训人员讲授"公共安全与突发事件应对"。广东保监局局长房永斌等出席培训会议。

30日　宁夏保协修订《宁夏保险销售从业人员管理自律公约》，并自2016年6月1日起执行。

31日　为总结商业车险改革试点经验，听取各方对下一阶段改革工作的意见建议，中国保监会组织部分保监局、保险公司及其分支机构召开商业车险改革工作座谈会。北京保监局等8个保监局、人保财险等8家保险公司及分支机构相关负责人做会议交流发言，中国保监会副主席陈文辉出席会议并讲话。

31日　河北保监局与河北省财政厅联合印发《关于开展特色农业保险保费财政奖补试点实施办法的通知》，将农业省级保险保费补贴范围扩大到全省，将奶牛保额标准调高至8 500元/头。

31日　英大人寿与国网电子商务有限公司签署全面战略合作协议，双方将在电子商务、互联网金融等领域全面开展合作。

31日　浙江保协召开第六次会员代表大会，会议审议并通过第五届理事会工作报告等，选举产生协会新一届领导班子。浙江保监局局长邹飞出席会议并讲话。

31日　中华财险江西分公司开业。

5月　国务院副总理汪洋对赣州市建档立卡贫困人口重大疾病商业补充保险试点

工作做出批示。2016年,赣州市建档立卡贫困人口重大疾病商业补充保险累计向3 080人次支付医疗保险补偿金4 050.48万元,个人报销比例达到90%以上,有效提高了建档立卡贫困人口保障水平。

5月 宁夏保监局、自治区公安厅与宁夏保协紧密协作,成立宁夏防范打击保险诈骗联络中心,为实现打击保险诈骗犯罪提供强有力的组织保障。

5月 宁夏保监局联合自治区财政厅、地税局研究制定《宁夏商业健康保险个人所得税政策试点工作实施细则》,明确了不同主体购买税优健康保险产品享受的税收优惠政策,规定了具体操作工作流程。

5月 新疆保监局对新疆保险业支持军队服务建设开展调研,首次走访新疆军区、武警新疆边防总队、武警新疆消防总队等单位,推动新疆军人保险业务发展。新疆保险业为阿克苏军分区396名军人和武警新疆边防总队1.5万名武警官兵提供了医疗保障。

5月 新疆保监局向自治区副主席黄卫提交《关于新疆城乡居民大病保险工作情况的报告》。

5月 山东保监局与山东省扶贫开发领导小组办公室签订《金融扶贫战略框架协议》,创新保险扶贫模式,提高贫困人口风险保障水平,共同打赢脱贫攻坚战。

5月 山东省出台《关于深入推进供给侧结构性改革的实施意见》,提出扩大保险资金运用规模,加快建立职工大病保险制度,鼓励扩大农业保险密度和深度。

5月 山东保监局被山东省人民政府评为"山东省金融生态环境建设先进单位",同时有6家保险公司被评为"山东省金融发展贡献先进单位",8家保险公司被评为"山东省金融创新先进单位"。

5月 山东保监局与山东省环保厅联合印发文件,开展第二轮环境污染责任保险试点,并将试点保险公司扩大到辖区所有财险公司。

5月 山东保监局与山东省物价局、财政厅等部门联合下发文件,将蒜薹纳入山东蔬菜目标价格保险保费补贴试点品种,加上前期已有的大蒜、马铃薯、大白菜和大葱,试点品种已达5个。该险种自开办以来累计承保蔬菜151.47万亩,保额26.98亿元。

5月 坚持"放管结合,宽进严管",河北保监局对专业中介分支机构开展随机巡查,共巡查48家分支机构,对20余家法人机构提出整改要求。

5月 四川保监局与四川省财政厅、卫计委、人社厅、民政厅等部门联合制定四川省医疗保险与医疗救助扶贫方案。

5月 "五一"期间，海南高速公路接连发生13起道路交通事故，共造成12人死亡，36人受伤。海南省省委副书记、省长刘赐贵批示要求抢救伤员，做好遇难者善后工作。海南保险业迅速响应：一是承保公司第一时间派人赶赴事故现场开展事故调查与查勘和到医院探视伤员。二是海南保监局组织行业开展事故车辆及伤亡人员的承保信息排查。三是针对涉案事故车辆多、伤亡重、善后难的特点，海南保监局召集多家承保公司与交警部门共同商讨理赔和善后方案，简化程序，对符合条款的索赔第一时间预付赔款。

5月 太平集团与吉林省人民政府签署战略合作协议。太平集团力争在债券投资、不动产投资和股权投资等领域，给予吉林省重点项目资金支持，为吉林省经济发展和人民生活提供保险保障服务。同时，太平集团将与吉林省政府积极开展在财产保险、责任保险、农业保险、职业年金和投融资等领域的合作探索。

5月 太平财险在山东省临沂市兰陵县开出国内首单蒜薹目标价格指数保险保单。

5月 上海市经济和信息化委员会下属征信管理办公室公布第二批上海市公共信用信息服务平台相关试点单位名单，太保集团成为唯一入选的保险企业。

5月 大地保险举办以"感恩有你·与爱同行"为主题的"5·20"客户服务节，向社会发布"十大服务承诺"和"四个时代"特色理赔服务举措。

5月 阳光农险在黑龙江垦区开出全省第一单杂粮杂豆价格保险。

5月 富德生命人寿引入人脸识别技术，在安全地为客户证明"你就是你"的同时，也将保全服务智能化、便捷化。

5月 华安保险正式接入中国人民银行个人、企业信用信息基础数据库系统。接入央行征信系统将大力助推保险企业风险管控能力提升，对华安保险进一步发展"助学助农、扶助小微"的信用保证保险发展战略具有深远意义。

5月 由天津港"8·12"特大火灾爆炸事故造成的天津滨海快速交通发展有限公司轻轨九号线损失赔案结案，渤海保险支付赔款1.7亿余元。

5月 南宁市金融办公室为北部湾保险颁发"2015年定点扶贫'美丽南宁·生态乡村'支持奖"，表彰北部湾保险为南宁市定点扶贫、建设美丽和谐南宁做出的贡献。

5月 信诚人寿举办"和你在一起，五月为爱跑"健身公益活动。信诚人寿将用户跑步里程转化为爱心物资,支持中国儿童福利示范项目完善试点村的"儿童之家"。该活动为安徽省及河南省 4 个县的"儿童之家"配备总价值 25 万元的"儿童资源包",并赠送总保额 5 000 万元的意外保险。

5 月　辽宁保协印发《辽宁省地市保险行业协会非法集资风险排查和督导工作实施方案》,组织各市保险行业协会加强防范和打击非法集资工作;设计"打击非法集资普遍告知材料",组织公司印刷近 140 万份,开展正面宣传;印发《辽宁省保险领域非法集资案件举报奖励办法》,充分调动保险业从业者和广大社会公众参与打击非法集资活动的积极性。

5 月　在中共甘肃省委宣传部等八部门举行"绚丽甘肃·丝绸之路经济带甘肃黄金段百张名片"活动中,大地保险甘肃分公司获评"最具影响力甘肃金融名片"。

5 月　前海人寿公益慈善基金会成立。

六月
Chinese Insurance Industry Events

1日 中保协会长朱进元会见三井住友海上（中国）董事长兼总经理伊藤幸孝一行，双方就日本在保险专业领域的管理经验和创新模式，如风险管理、承保技术、学校教育、保险研究等方面进行交流。

1日 中保协秘书长刘琦会见中国航空器拥有者及驾驶员协会张峰秘书长一行。双方愿意建立长期合作关系，并就中保协参与筹建救援联盟相关事宜初步达成共识。

1日 上海保监局联合上海市公安局召开"快处易赔"上线新闻发布会，上海市副市长白少康、中国保监会副主席周延礼出席发布会，共同宣布"快处易赔"正式上线运行。

1日 江西保监局下发紧急通知，部署汛期暴雨灾害保险业理赔服务工作，对做好保险理赔服务工作提出明确要求。江西保险业汛期暴雨灾害已决赔案1.22万件，已决赔款1.13亿元。

1日 城乡居民住宅地震巨灾风险模型（云南）项目评估会在云南昆明召开。会议就地震巨灾风险有关项目模型进行交流、评估，并实地考察地震保险工程抗震实验室。云南保监局局长曹光中出席会议并致辞。国务院减灾委专家委副主任、国务院应急管理专家组组长闪淳昌，中保学会长姚庆海以及民政部、国家地震局相关专家领导对云南省地震巨灾保险工作给予高度评价。

1日 中国保信在中国保监会的指导下推出保险兼业代理监管信息系统。该系统是保险中介云平台项目的重要组成部分，首批面向银行保险代理类机构和保险公司开放，初步具备保险中介机构信息登记、资质审批等监管功能。

1日 大地保险承保的浙江宝娜斯袜业有限公司2016年"4·19"厂房火灾案结

案，赔付金额共计3 380万元。

1日 安邦养老承办的"中国'第二支柱'年金制度全面深化改革"课题启动会在安邦保险大厦举行。人社部原副部长、中国社会保险学会会长胡晓义出席并发表讲话，中国社会保险学会秘书长赵宏和投资管理专业委员会秘书长周远航出席会议，安邦集团副总经理姚大锋和中国社科院世界社保研究中心主任郑秉文教授在启动会上致辞。人社部等政府部门、高校、科研机构、学会组织和金融机构近60名专家和代表参加会议。

1日 泰山保险中标济青高铁7个标段，提供风险保障达130.45亿元。

1日 永安保险承保四川宜宾五粮液股份有限公司固定资产及流动资产财产综合险项目，保额为69.3亿元。

1日 太保产险浙江分公司签出全国第一单乡村民宿综合保险，总保额达500万元。

1日 太保产险宁波分公司、象山农村信用社和农发啦新能源公司正式签署《太阳能光伏发电贷款（能源宝）战略合作协议》。这是保险业首次进入宁波市新能源领域。

1日~2日 中国保监会副主席陈文辉赴黔调研保险扶贫工作，组织召开保险业支持贵州脱贫攻坚座谈会。

1日~3日 中保协举办保险公司财务管理培训班，各保险公司高管、董事会办公室、法律合规部门负责人共93人参训。

1日~3日 由欧洲保险联盟（Insurope）主办，平安养老承办的欧保盟第29届全球客户大会在北京召开。会议以"合作、发展、未来"为主题，世界500强企业客户、欧保盟全球成员公司以及全球主要咨询公司等近300位来宾参加。中保协会长朱进元出席会议。

2日 泰康在线与"滴滴生态"合作的首款产品"龟速保"在重庆上线。此产品是基于阿里后互联网行业场景结合的创新型产品。

3日 中国保监会、中保协正式发布"7·8"全国保险公众宣传日标识。"7·8"全国保险公众宣传日标识是"7·8"全国保险公众宣传日的符号化，更是保险业核心价值理念、保险业先进文化内涵的符号化。标识的主体创意造型来源于"7

月8日"，整体造型简洁新颖，温暖大气，预示着蓬勃健康发展的保险业，必将给人们带来更加美好的生活。

3日　中保协健康保险专委会在昆明举办长期护理保险高层研讨会，呼吁应尽快建立起以具有社会保险性质的长期护理保险为基础、商业长期护理保险为补充、符合中国国情的长期护理保险制度体系。人社部社保研究所所长金维刚、全国老龄办原副主任鲍学全、全国政协委员孙洁、云南保监局局长曹光中和中保协秘书长刘琦及17家寿险公司相关负责人出席会议。

3日　中保协举办"中国大学生保险责任行——职不我待，礼见风采"职业礼仪大赛，通过当代高校学生风采展示，将保险文化与校园文化有机结合，是行业人才选拔与高校人才输送无缝对接的积极尝试。

3日　太保集团与云南省政府签订战略合作协议，集团党委书记、董事长高国富与云南省委书记李纪恒、省长陈豪共同见证签约仪式。双方将创新金融保险产品，撬动更多资源投入云南基础设施建设、高原特色现代农业、城市建设、医疗养老、社会服务等各项事业。

3日　经过前期周密准备，浙江省财产保险公司进行了新旧车险业务系统切换，正式实施商业车险条款费率改革。

3日　辽宁地区完成新商业车险条款费率切换工作。辽宁保协成立辽宁商业车险系统联调切换监测中心及监测专项工作组，制定各项系统突发处置预案，保障各公司新系统联调切换、平稳上线运行。

3日　山西省各财产险公司业务系统同步进行系统切换测试。21时08分，山西省商业车险改革后的首张新保单在平安产险山西分公司顺利出单。

3日　四川保协印发《关于全省大病保险系统对接情况的分析报告》。

3日　云南省商业车险新系统在同期6个省份中率先顺利切换上线，商业车险改革试点正式实施。

3日　根据中国保监会统一部署，贵州省正式启动商业车险条款费率改革。

4日　福建省（不含厦门市）全面启用新版商业车险条款费率，标志着福建商业车险条款费率管理制度改革顺利落地。

4日　贵州省17家财产险公司商车险新旧系统切换成功运行，商车险改革顺利实施。

5日　2016年全国海洋宣传日暨蔚蓝行动烟台主题活动在烟台市黄海广场举行，华海财险提供价值5 000万元的社会公众责任保险。

6日　中国保监会办公厅和财政部办公厅联合印发《建立城乡居民住宅地震巨灾保险制度实施方案任务分工的通知》。

6日　《从保险大国迈向保险强国：上海国际保险中心建设研究》在"上海国际保险中心建设暨风险管理论坛"发布。该书由上海保监局组织政、产、学、研多方力量，历时一年撰写而成，由上海人民出版社出版发行，是国内外关于国际保险中心的重大理论创新，填补了国际保险中心研究空白。

6日　重庆市委书记、市政府主要领导在重庆会见了中国信保董事长王毅。中国信保与重庆市人民政府签署《支持重庆市开放型经济建设深化合作协议》。

6日　永诚保险首次中标参与承保全球最大发电装机容量（2 250万千瓦）的三峡水利枢纽主体工程保险项目，实现承保大型水电站的历史性突破。永诚保险首席或参与承保的3个标段保额合计53.12亿元。

6日　新华资产成立10周年。

6日~7日　中国保监会副主席周延礼参加第八轮中美战略与经济对话。

7日　中保协召开意外险发生率测算工作中期论证第二次会议。会议就意外险发生率测算工作总体情况和阶段性工作成果进行介绍，从精算专业角度对分析报告的后续完善提出意见建议，并就成果的应用及发布等进行充分研讨。中保协会长朱进元、秘书长刘琦及国寿寿险、新华人寿、人保财险等公司的总精算师或分管精算高管参会。

7日　内蒙古保协与呼和浩特铁路运输法院建立保险合同纠纷诉调对接工作机制。

7日~8日　中国保监会有关负责人出席在莫斯科举行的俄罗斯保险峰会，并与俄罗斯中央银行就双方保险合作举行双边会谈。经过积极磋商，双方就《中俄保险业合作发展行动计划》达成重要共识。《中俄保险业合作发展行动计划》将成为双方合作的纲领性文件，为双方保险业合作发展带来更多实质性利好。

8日 上海保监局印发《关于开展保险公司专属代理门店试点工作的通知》，探索独立个人代理人模式，推进上海市保险中介市场的改革创新。

8日 时任云南省委副书记、省长陈豪在云南保监局上报的《关于保险业应对"5·18"大理云龙地震情况的报告》上批示：云南保监局在"5·18"大理云龙地震抗震救灾工作中，组织保险业开展地震保险理赔服务工作启动迅速、应对有力，做到了应赔尽赔、应赔快赔，工作成效显著。要全面深入总结全国巨灾保险试点经验，适时推广经验做法，适当扩大试点范围，争取实现地震保险大理模式在全省乃至全国范围内推广。要紧密结合实际，切实采取有效措施，提高地震保险保障水平，扩大地震保险覆盖面，积极探索进一步做好地震等自然灾害保险工作。要围绕中心、服务大局，切实引导保险业积极主动作为，大力支持全省供给侧结构性改革、稳增长、"五网"建设等，发挥好保险经济助推器和社会稳定器作用，为云南实现跨越发展做出新的更大贡献。

8日 中保协召开"大学生保险责任行——2016年寒假社会实践活动总结大会暨暑假社会实践活动启动仪式"。会议对2016年寒假实践活动中评选出的50个优秀组织奖、100个先进个人奖以及8个优秀调查报告奖进行表彰，同时正式启动2016年暑假社会实践活动。

8日 太平再（中国）成功完成墨西哥离岸再保人身份注册，为承接墨西哥市场业务奠定基础。

8日 大连保协获大连市民政局颁发的"5A级社团组织"称号。

9日 鼎宏保险销售曲靖分公司开业。

10日 内蒙古保监局与公安厅经侦总队联合印发《关于加强警保协作联合开展"安宁2016"打击保险欺诈专项行动的通知》，确保专项行动有序推进。

12日　由上海市人民政府和中国人民银行、中国银监会、中国证监会、中国保监会共同主办的"2016陆家嘴论坛"在上海举行。

13日　中国保监会副主席周延礼赴匈牙利参加国际保险监督官协会（IAIS）委员会会议。

13日　中国保监会印发《关于加强组合类保险资产管理产品业务监管的通知》，积极贯彻落实国务院"去杠杆、防风险"指示精神，进一步规范组合类保险资产管理产品试点业务，切实防范业务风险。

13日　上海保险交易所举行揭牌仪式。上海保交所按照"公司化、市场化、专业化"原则组建，首期注册资本22.35亿元，由91家发起人发起设立，保险业机构股权占比合计约75%。上海保交所将重点搭建国际再保险、国际航运保险、大宗保险项目招投标以及特殊风险、保险资产、非上市保险机构股权等交易平台，探索和发挥助力盘活保险存量、支持用好保险增量两方面作用。

13日　国寿集团与江苏省人民政府签订全面战略合作协议。双方将在投融资、养老养生及健康医疗、保险及企业年金、职业年金、银行业务、金融创新等领域开展多层次合作。

14日　中国保监会副主席黄洪调研北京保险市场税优健康险政策落实情况。

14日　中国保监会发布《保险资金间接投资基础设施项目管理办法》，进一步满足保险资金长期配置需求，加强投资风险管控，提升保险业服务经济社会能力。

14日　由中保协主办、人保财险承办的第四届"论道互联网保险"沙龙活动在人保财险总部举办，主题为"新技术对保险业的冲击与机遇"。

14日　永诚保险吉林分公司开业。

15日　在布达佩斯出席国际保险监督官协会执委会期间，中国保监会副主席周延礼与欧洲保险和职业养老

金管理局主席伯纳蒂诺举行会谈，双方签署《中国保险监督管理委员会与欧洲保险和职业养老金管理局谅解备忘录》。

15日　中国信保与中国银监会在浙江宁波联合召开扩大出口信用保险保单融资工作会议。会议充分肯定信用保险保单融资对于缓解外经外贸企业融资难、融资贵的积极作用，要求坚决落实好国务院提出的进一步扩大出口信用保险保单融资规模的要求。中国信保副总经理查卫民、中国银监会政策研究局巡视员叶燕斐出席会议并讲话，商务部、50多家合作银行，以及公司相关部门、各营业机构的200多位代表参加会议。

15日　中国平安"平安社保钱包"作为全国首个医保在线统一支付平台，正式启动医院医保卡移动支付试点运行。平安社保钱包采用平台模式，用户使用医院自有App或第三方就医平台，都可以在不改变医院流程的情况下接入平安社保钱包这个医保在线统一支付平台。

15日　平安人寿联合中证指数公司在上海公告发布养老投资指数系列——中证平安2025、2035和2045退休宝指数。该指数是国内首个由保险公司和指数公司共同开发编制，以退休养老投资理财为目的的指数。

15日　中华财险与长城汽车销售有限公司的品牌保险"总对总"合作签约仪式在河北保定举行。

15日　阳光信保自主研发"反欺诈智能云风控系统"顺利上线，是保险业内首家拥有的反欺诈智能云风控平台。

15日　河北省省委常委、常务副省长袁桐利前往燕赵财险视察指导工作，对燕赵财险工作给予充分肯定并做出指示。

15日　广东保协在全省实施应用道路客运承运人责任保险纯风险损失率。

15日　美臣泰平保险经纪深圳分公司开业。

15日~16日　中保协举办保险机构员工持股计划研讨培训班，各保险机构战略规划、人力资源、财务部门主要负责人共141人参训。

16日　中保协在深圳组织召开《保险法司法解释（四）》（征求意见稿）论证会。最高人民法院民事审判第二庭、中国保监会法规部、广东省高级人民法院民事审判第二庭、广东保监局，以及人保集团、平安集团、中再集团等13家公司法律部门负责人共30人参会。最高人民法院民事审判第二庭庭长杨临萍、中国保监会法规部副主任丛林、中保协会长朱进元出席会议并致辞。会议由最高人民法院民事审判第二庭副庭长杨永清主持。

16日　中国保信车辆信息管理系统正式上线，该系统整合保险行业近10年的车险业务和行业外涉车产业链有关机构的权威数据，形成 2 亿多条可唯一识别的车辆数据和我国保险业首个行业级车辆主数据，有效提升了车险平台数据价值。

16 日　新华保险第 20 期"空中课堂"——糖尿病条款解析，通过微信平台在全国同步直播。各渠道共 4 万余名销售精英参与学习。"空中课堂"是 2016 年新华保险借助互联网技术平台，整合共享资源推出的培训新模式，累计已有 40 余万人次参与。

16 日　上海迪士尼乐园开园，上海保险业整合全行业力量，为上海迪士尼乐园提供涵盖责任险、财产损失险、车险、特殊金融险 4 大类 9 个险种的保险保障，保额超过 300 亿元人民币，保障上海迪士尼乐园顺利开园运营。

16 日　众安保险与携程网联合推出国内首款游园天气险"好心晴"。

16 日　北京保险研究院与中国保险学会共同主办"2016 年'一带一路'企业海外风险管理论坛"，涵盖《"一带一路"与沿线国家风险分析》等报告，为我国企业认识和积极应对企业在"一带一路"区域投资建设面临的风险建言献策。

16 日　由江泰保险经纪发起的江泰共享合作联盟在北京成立。江泰共享合作联盟是中国保险中介行业第一个以契约形式成立的自愿、互助联盟组织。江泰保险经纪董事长沈开涛任联盟主席。

16 日　经中国保监会批复，太平财险注册资本变更为 50.7 亿元。

17 日　经国务院批复同意，宁波市成为全国首家国家级保险创新综合试验区。

17 日　中保协在深圳举办 2016 年保险合规年会，会议以"合规创造价值"为主题，中国保监会副主席梁涛出席会议并讲话。来自中国保监会、中保协，各保险公司合规部门等近 200 人参会。会议审议通过了《关于中保协合规专业委员会换届的提案》，完成合规专委会换届。

17日　泰康养老顺利取得重庆市城乡居民大病保险经办资格，协议参保人数为281.24万人。

17日　众安保险整合肠癌早筛技术、医学诊疗手段及相应保障服务，推出国内首款带有癌症预防功能的保险产品——"肠命百岁"肠癌保险产品。

17日　建信人寿完成业内税优健康保险业务首例理赔。通过投保税优健康保险，客户的自费比例从50.4%下降至4.17%，医疗费用负担大幅降低。

17日　河北省27家经营车险业务的财产险公司同步启动商业车险条款费率管理制度改革新系统切换。

17日　河北省全省车险新旧系统统一完成切换。河北省各财产保险公司统一正式使用新的商业车险条款费率，原商业车险条款费率停止使用，全省商业车险改革工作顺利实施。

17日　浙江保协召开浙江保险业"营改增"专题培训研讨会，来自80家会员单位的共130余名财务工作人员参会。会议旨在研究解决保险业营改增工作中遇到的问题，推进保险公司"营改增"工作。

17日　内蒙古保协车险信息平台组织辖区22家财产保险公司顺利完成全国车险信息平台内蒙古车船税系统切换工作。

17日　按照中国保监会统一部署，大连地区正式启动商业车险改革，辖区22家经营商业车险的财产保险公司全面启用新商业车险条款费率。

18日　在安徽省经济和信息化委员会、安徽省商务厅、安徽省工商行政管理局、安徽省科学技术厅、安徽省企业品牌促进会联合举办的安徽省第三届企业品牌峰会上，国元农险荣获"安徽省最佳品牌企业"称号，并当选"安徽省企业品牌促进会理事单位"。

18日　大地保险与和顺堂中医馆签订战略合作协议，推出业内首款中医商业保险"友和顺人身保险"。

18日　人保健康与北大医疗康复医院签订合作协议。双方将在建立康复护理服务网络、开展生活能力鉴定、专业人才队伍培训、康复护理产业投资等方面开展深入合作。

18日　众安保险联合国内领先的第三方电子合同平台"法大大"推出国内首款电子合同法律险产品。

20日 中央纪委驻中国保监会纪检组组长陈新权主持召开会议，中国保监会副主席梁涛出席会议。

20日 由中保协主办、华安保险承办的全国中小财产保险公司联席会议第二次全体成员大会在深圳召开。中国保监会财产保险监管部主任刘峰，中保协会长朱进元、副秘书长郭红，华安保险总裁童清以及业内56家中小财产保险公司代表参加会议。会议重要提案为建设车险理赔服务平台。针对商车服务能力不足等问题，中保协指导中小财产险公司共同出资筹建"中保车服公司"，以整合中小公司查勘资源，并引入"蚂蚁金服"及"滴滴出行"，搭建车险理赔服务平台。

20日 中保协期刊《中国保险市场》出版《中国保险风险案例》专刊第一辑。

20日 安徽、浙江等地遭受大暴雨恶劣天气，多地达到60年一遇标准，长江中下游降雨量比常年同期高出65%，导致新建商丘至合肥至杭州铁路全线受损严重。铁路自保全线承保了"商合杭"项目，共接到暴雨、洪水报案16件，铁路自保已全部完成查勘，累计赔付2 164.67万元。

21日 陕西保监局与陕西省民政厅、陕西省财政厅联合印发《陕西省农村住房保险理赔服务管理暂行办法》，明确农房保险理赔服务管理和组织制度保障要求。

20日 云南省辖区内所有财产保险公司完成商车费改系统升级切换。

21日 大地保险首席承保成都地铁5号线一、二期工程1标项目，总保额为41亿元。

21日 鼎宏保险销售山东潍坊分公司开业。

21日~22日 2016青岛中国PPP论坛在青岛市举行，中国保监会副主席陈文辉出席论坛。

22日 中国保监会正式批准筹建众惠财产相互保险社、汇友建工财产相互保险社和信美人寿相互保险社，标志着相互保险这一国际传统、主流的保险组织形式即将在我国开启新一轮实践探索，我国多层次保险市场体系建设迈出全新步伐。同时，这也是保险业贯彻中央决策部署，推进供给侧结构性改革和服务"大众创业、万众创新"战略的重要举措。

22日 大连保监局召开人身保险产品销售过程全程记录工作新闻发布会。自2016年7月1日起，大连地区将正式实施人身保险产品销售过程全程记录。

22日　中保协召开财产再保险专业委员会成立大会暨第一次工作会议。中国保监会财产险部副主任王思渺、中保协会长朱进元及再保险公司、保险公司等69家会员公司相关负责人参加会议，中保协秘书长助理郭红主持成立大会。

22日　瑞士再保险集团全球合作主席潘瑞康一行就黑龙江巨灾保险事宜与黑龙江保监局商洽。

22日　北部湾保险被广西保监局、广西壮族自治区公安厅经侦总队、广西保协评为"广西反保险欺诈先进单位"。

22日　上海保险同业公会印发《上海车险信息平台车险实务操作规程（2016版）》。

22日　由大连市保险行业标准联盟制定并申报的《商业保险公司柜面服务规范》和《商业保险公司车险理赔服务规范》通过辽宁省质量技术监督局专家评审并向社会发布，且于7月16日正式实施，这是辽宁省首个保险业地方标准。

23日　天津市人民政府印发《关于进一步完善医疗保险制度的意见》，扩大医保个人账户使用范围，构建大病保险精准保障制度，建立并完善招投标机制，在扩大商业保险需求、引导保险业参与基本医疗保险制度建设方面实现新突破。

23日　四川保监局召开全省保险业助推脱贫攻坚会议，推进四川省保险精准扶贫工作。

23日　《海南省见义勇为人员人身意外伤害无记名保险实施办法》开始实施。海南省见义勇为基金会出资250万元，为全省见义勇为人员投保意外险，赔偿范围包括身故和残疾赔偿金、住院补贴和医疗费用，每人可获最高67.8万元的赔偿，全年全省赔偿金额不封顶。

23日　中保协召开首届保险公司财务负责人联席会议暨中保协财务会计专委会成立大会。中保协会长朱进元、中国保监会财会部处长郭菁出席会议并讲话。

23日　国寿集团与四川省人民政府在成都签订全面战略合作协议，双方将在城市基础设施建设、健康养老、医疗卫生、农村小额保险,特别是扶贫保险等领域开展合作。

23日 太保安联健康推出互联网保险产品——全民运动意外保险产品计划。该产品针对多项运动场景,创新实现了保险保障的按需定制。

23日 长安责任保险山东省分公司中标山东高速集团有限公司龙口至莱西公路项目、潍坊至莱西公路项目和泰安至东阿公路项目建筑工程一切险及第三者责任险服务项目,共计提供风险保障达30 900万元。

23日 江泰保险经纪与天安财险签订"总对总"全面合作协议,双方达成合作意向,天安财险将作为江泰的核心合作伙伴在特殊风险承保平台上参与卫星、航空航天、新能源等领域的保险项目。

24日 河南保监局会同地方政府部门组织召开保险业投资机构河南考察对接会,积极发挥联系纽带作用,以多种方式为保险资金参与中原经济区建设搭台铺路。河南省副省长张维宁、4家省直单位、36名地市政府代表、28家全国性保险投资机构和26家地方企业代表参加会议。中国保监会资金部对保险资金运用情况进行介绍。对接会上,4家保险投资机构与河南省内5家融资方签署投资合作意向,意向协议金额为408亿元。

24日 大众汽车(中国)投资有限公司委托江泰保险经纪和平安产险向中保协送来天津港"8·12"火灾爆炸事故保险理赔处理工作感谢函,并代表大众(中国)对中保协在天津港事故发生后迅速组织行业力量,成立保险理赔领导小组和工作小组,制定保险理赔方案和各险种理赔预案等行业规范,推动保险竞合和税费等问题的前置解决,使大众(中国)的保险理赔得以快速、顺利结案致信表示感谢。

24日 上海市副市长周波一行到太保集团调研。太保集团董事长高国富、总裁霍联宏以及有关领导参加调研。周波指出,太保集团是上海本地成长起来的世界500强企业,改革发展成绩有目共睹,为上海金融中心和科创中心建设做出了积极贡献,在国内金融保险行业具有重要影响力,其良好发展增强了市委、市政府抓好国资国企改革的信心。上海市市委、市政府将支持太保集团在国资国企改革创新试点、互联网创新业务等方面进行的探索。

24日　北京、深圳、江苏地区商业车险新版条款费率系统切换工作顺利完成。

24日　宁波市宁海县首批参保食品安全责任保险的农副产品生产合作社和企业保单正式生效。通过参保该险种来保障区域农产品的食品安全风险，在全国属于首例。该险种由国寿财险宁波市分公司首席承保。

24日　经中国保监会批复同意，珠江人寿注册资本变更为67亿元。

25日　永诚保险首席承保大唐东营发电有限公司工程险、建筑工程一切险，总保额为66.38亿元。

26日　在国家主席习近平和俄罗斯总统普京的共同见证下，中国保监会与俄罗斯联邦中央银行在北京签署《关于保险领域合作的2016～2018共同行动计划》（以下简称《共同行动计划》）。《共同行动计划》的签署是中俄保险业为落实两国领导人共识，促进中俄保险合作发展的重要举措。《共同行动计划》将成为中俄双方保险领域合作的纲领性文件，为双方保险业开辟更加广阔的合作空间，带来更多的实质性利好，为中俄双边关系和经贸合作注入新的动力，对于服务中俄重点投资项目建设，支持"一带一路"战略实施具有积极意义。

26日～28日　中国保监会副主席周延礼参加在天津举办的达沃斯论坛。

27日　经国务院批准，中国保监会、浙江省人民政府正式印发《浙江省宁波市保险创新综合试验区总体方案》，在浙江省宁波市设立国家保险创新综合试验区，通过局部地区先行先试，积极探索保险业服务经济社会发展可复制、可推广的经验。

27日　江西保监局推动江西省赣州市出台《赣州市"金信保"产业扶贫贷款保证保险实施方案》，由赣州市财政出资为建档立卡贫困户提供全额保费补贴和贷款贴息，通过政府、商业银行、保险公司多方参与、风险共担，帮助申请人获取产业扶贫贷款，有效解决金融机构"不愿贷"、贫困农户"贷不到"问题。

27日　为全面深化市场准入退出机制改革，规范保险公司分支机构市场退出行为，防范和化解经营风险，中国保监会决定在广西辖区开展市场退出机制试点工作，并制定印发《广西辖区保险公司分支机构市场退出管理指引》。

27日　自2015年6月1日起，商业车险条款费率管理制度改革试点工作已在黑龙江省等18个地区实施并取得积极成效。经研究，中国保监会决定将商业车险改革试点推广到全国范围,并印发《关于商业车险条款费率管理制度改革试点全国推广有关问题的通知》。

27日　厦门顺利完成深化商业车险改革上线工作,且出具首张新商业车险保单和行业整体切换时间均刷新全国纪录。

27日　安信农保与上海森园绿化工程有限公司签订国内第一单古树名木综合保险,实现上海市古树名木及后续资源保险保障全覆盖。古树名木综合保险对促进城市绿化事业的发展,改善生态环境,美化生活环境,增进人民身心健康,完善城市绿化保障机制起着重要作用。

28日　中保协与中国灾害防御协会在河北省唐山市联合举办2016年中国风险管理峰会。峰会聚焦地震巨灾保险,中国保监会财产保险监管部主任刘峰、中国地震局震防司司长孙福梁、中保协会长朱进元、中国灾害防御协会秘书长张辉以及保险行业、防震减灾行业、高等院校、科研机构的200余名代表参会。此次峰会由阳光产险承办。

28日　人保集团与河北省阜平县人民政府在阜平县举行签约仪式,启动实施"政融保"金融扶贫项目。

28日　经中国保监会批复,华海财险注册资本变更为10.8亿元。

28日　经中国保监会批复,太平养老注册资本变更为30亿元。

28日　泛华保险安徽平台开业。

28日~29日　中保协举办保险机构多资产投资和风险管理交流培训班,各保险机构资金运用部、投资管理部、风险控制部部门主要负责同志128人参训。中保协副秘书长余勋盛出席开班式并授课。

28日~29日　中保协举办农业保险专题培训班,会员单位农险主要负责人共49人参训。

29日　中国保监会副主席陈文辉出席保险资本管理与行业发展论坛。

29日　中保协组织召开再保险法律课题研究工作组启动会。人保集团、中再集团、慕再北分、瑞再北分、劳合社（中国）等共 10 家中外资再保险公司有关工作负责人参加会议。

29 日　平安养老开发的智慧医保精算系统正式上线。智慧医保精算系统是全国首个针对医保业务的精算系统，通过商业保险公司参与政府社保基金运作，助力基金支付预测、预警水平提升。

29 日　铁路自保承保成都至昆明铁路峨米段全线工程保险项目，总保额达 206.58 亿元。

29 日　安信农保在上海市试点"葡萄降水量指数保险"，这是上海市首个创新型林果气象指数保险。

29 日　上海顺利完成商业车险新老制度切换，上海保险业在商业车险改革中率先使用交通违法系数，在有力配合上海市"道路交通违法行为大整治"行动基础上，更大程度向消费者让利，使上海广大交通守法车主真正分享改革红利。

29 日　全国车险信息平台全面完成全国 36 个地区商业车险改革综合型条款系统上线工作，为深入推进商业车险改革落地实施提供系统支撑。

29 日　中国人保资产管理股份有限公司更名为中国人保资产管理有限公司。

29 日　陕西保协编印完成保险知识系列丛书《保险法》，并向会员单位、社会公众免费发放。

29 日　海南保协制定并签署《海南省保险销售从业人员管理自律公约》。

29 日　恒大人寿河南分公司开业。

30 日　中国保监会印发《关于进一步加强保险公司关联交易信息披露工作有关问题的通知》，对关联交易的识别、报告、信息披露和法律责任等方面予以明确和规范，进一步规范保险公司关联交易行为，增强信息公开透明度，防范保险经营风险。

30 日　由深圳保险中介协会、香港一般保险代理人协会、香港人寿保险从业人员协会、澳门保险专业中介人联会共同主办，太平集团承办的"第三届深港澳银保业务交流会"隆重召开，近 300 名全国各地银行、保险业界相关人士及特邀代表参加会议，深圳市金融办、深圳保监局、香港特别行政区政府财经事务及库务局保险业咨询委员会有关领导出席会议。

30 日　大地保险承保微软（中国）有限公司团体全球医疗保险，保额为 41 亿元。

30日　大地保险承保江苏省高邮市人力资源和社会保障局医疗保险部城乡居民团体大病医疗保险，保额为221亿元。

30日　中路保险发布全国首款"加错油"责任保险，并在山东青岛地区开出第一张保单，为百余处加油站提供保险保障。

30日　中银保险"缅甸Thaketa燃气蒸汽联合循环电厂工程及货运保险项目"成功出单，承保份额100%，实现单笔保费收入人民币352万元。这是中银保险首个全程独家安排的境外"安装工程+预期利润损失"保险项目，也是中银保险能够为"走出去"客户提供国际化、专业化境外保险解决方案的极好实践与有力证明。

30日　山西保协与朔州市公安局联合召开反保险欺诈工作会议，并举行朔州市反保险欺诈工作站揭牌仪式，该站是全省首个反保险欺诈工作站。

30日　太保产险宁波分公司签发宁波市首单"中国城乡居民住宅地震巨灾保险"保单，为被保险人提供100万元的住宅地震风险保障。

30日　泰康人寿西藏分公司开业。

30日　安华农险黑龙江分公司开业。

6月　中国保监会发布2016年度1～6月保险统计数据报告。根据报告，2016年1～6月原保险保费收入18 812.82亿元，同比增长37.29%；赔款和给付支出5 262.37亿元，同比增长25.17%；资金运用余额125 629.30亿元，较年初增长12.37%；总资产142 660.75亿元，较年初增长15.42%；净资产16 725.53亿元，较年初增长3.95%。

6月　自5月起，中国保监会在北京举办两期局级领导干部"两学一做"专题培训班。中国保监会党委副书记、副主席周延礼出席第一期培训班开班式和第二期培训班结业式，并围绕"开展'两学一做'，强化五种素养，为建设现代保险强国夯实思想政治基础"进行主题授课。

6月　河北保监局配合中保投资有限责任公司、人保集团与保定阜平县商谈保险扶贫项目，取得突破性成效。中保投资有限责任公司与阜平县签署5 000万元支农融资协议；人保集团与阜平县政府签约"政融保"项目，安排1亿元专项扶贫贷款额度，缓解精准扶贫开发的资金压力。

6月　宁夏保监局协调推动宁夏保险行业协会与银川市金凤区人民法院成立银川市金凤区人民法院保险纠纷调解室。双方坚持各司其职、衔接配合，调解优先、调判结合，自愿、合法、高效、便民的基本原则，促进保险纠纷依法高效解决，充分发挥司法调解的职能作用。

6月　山东省省长郭树清在《山东保监局关于小额贷款保证保险有关情况的报告》上批示：建议金融办会同人行济南行、银监局、财政厅、中小企业局、农业厅并商业银行、农信社、供销社等单位研究改进山东省小贷保险业务模式，使之发挥更大作用，农村互助金融也可考虑与之结合，提供某种筹资、融资便利。

6月　山东省举办"新常态新理念新作为"金融风险防控专题培训班，山东保监局孙建宁局长应邀讲座。山东省17市分管负责人及市金融办主要负责人，部分县分管负责人，以及部分省直部门负责人近80人参加培训。

6月　山东省人民政府与泰康人寿签订战略合作框架协议，在保险业务、社会保障体系建设、养老医疗及基础设施领域投资、互联网产业等方面开展合作。

6月　山东省启动实施职工大病保险制度，惠及全省1 880多万名企事业单位职工，实现大病保险制度对全省城乡居民和企事业单位职工的全覆盖。

6月　四川保监局联合四川省高级人民法院印发《关于推进四川省保险纠纷诉讼与调解对接机制建设的指导意见》。

6月　自3月起，中保协组织20余家企业的69名优秀讲师，深入北京、天津、山东、四川、湖北、河南、河北7个省市的40余所高校开展励志精英宣讲活动，覆盖学生群体超过2万人，通过讲师分享自我成长经历，讲述工作成绩和个人发展，帮助学生提前了解职场、重新定位、树立正确的从业理念。

6月　太保产险独家承保国内最大不锈钢化学品船，为其提供涵盖船壳险、增值险和战争险的风险保障，总保额逾人民币8亿元。

6月　前海人寿在"广东扶贫济困日"活动中捐款1 000万元，开展精准扶贫工作。

6月　华安保险向联合国儿童基金会（中国）捐款50万元。

6月　宁夏保协荣获中共宁夏回族自治区区委组织部、中共宁夏非公经济组织和社会组织工委授予的"全区社会组织先进基层党组织"称号。

6月　阳光农险广东分公司取得广州、中山2个地级市和鹤山等5个县级市生猪家禽保险承办资格，并于6月份在雷州市分别开出政策性家禽和生猪养殖保险广东省"第一单"。

6月　太平养老与美国水印公司（Watermark Retirement Community）合资组建的太平水印（上海）养老企业管理有限公司成立。

6月　重庆市医疗责任保险理赔中心成立。

七月

1日　中国保监会召开中国城乡居民住宅地震巨灾保险制度落地新闻发布会，中国城乡居民住宅地震巨灾保险产品正式全面销售。正式销售城乡居民住宅地震巨灾保险产品，是我国巨灾保险制度由理论向实践迈出的重要一步，也是保险行业落实党中央国务院有关要求、服务经济发展和社会民生的重要举措。

1日　中央纪委驻中国保监会纪检组组长陈新权参加驻会纪检组"两学一做"党日活动。

1日　上海保监局和上海海事法院签署《关于共同促进航运保险发展——服务上海国际航运中心、国际金融中心建设合作备忘录》，双方决定在促进航运保险司法与监管联动方面开展全面合作。

1日　津蓟高速宝坻区小高庄路段发生重大交通事故，造成26人死亡，4人受伤。天津保监局立即启动天津保险业突发事件应急预案，指导行业迅速行动，积极配合市政府及有关部门做好事故处理工作。

1日　黑龙江省在国内率先启动农业财政巨灾指数保险试点，由黑龙江省级财政出资1亿元，以政府购买服务方式为全省28个贫困县投保干旱、低温、降水过多及洪水淹没范围指数保险，保障总额度为23.24亿元。试点首次将巨灾保险拓展到农业扶贫领域，并利用保险机制平滑财政年度预算，有效解决以往救灾资金"无灾小灾花不出、大灾巨灾不够花"的问题。

1日　自6月24日起，西藏保监局与西藏自治区商务厅、中国信保四川分公司组成调研组，赴吉隆边境口岸开展对西藏自治区外贸情况和出口信用保险市场需求状况的调研，协调自治区财政等相关部门制定相应财政、税收等支持政策，推动出口信用保险工作。

1日　中保协举办的"2016年'信泰杯'保险文化作品征集大赛"获奖作品公示。大赛历时近半年，得到各地方保险行业协会、保险从业机构、院校师生以及社会爱好者的踊跃参与，共征集保险文化作品近千件。经过大赛组委会三轮评选，获奖作品生动展示和解读了保险行业价值理念、保险功能属性、保险业先进人物和事迹，通过文化的力量，让全社会更加认识保险、理解保险。

1日　保标委秘书处发布《全国金融标准化技术委员会保险分技术委员会专家咨询组专家工作细则（暂行）》。

1日　国元农险党委被中共中央授予"全国先进基层党组织"荣誉称号，国元农险董事长张子良赴北京参加庆祝建党95周年暨"七一"表彰大会并接受习近平总书记的现场表彰。国元农险同时获安徽省委授予"全省先进基层党组织"称号。

1日　人保财险、平安产险、泰山保险、中航安盟、鼎和保险首份中国城乡居民住宅地震巨灾保险保单正式生效。

1日　燕赵财险与河北省扶贫开发办公室签署《支持脱贫攻坚战略合作协议》。根据该协议，燕赵保险公司将积极对接和支持以财政扶贫资金为引导的产业化扶贫开发项目，制定燕赵财险专项保费优惠政策，积极推进扶贫小额信贷保证保险，为建档立卡贫困户提供差别化服务。同时，推进特色农产品价格保险，重点支持

扶贫龙头企业、贫困村农民专业合作社等新型农业经营主体及农村致富带头人，大力发展股份合作制经济，实施产业和就业脱贫行动。

1日　中煤保险参与中国联合网络通信有限公司陕西省分公司的财产保险项目承保，总保额达203亿元。

1日　鼎和保险成功中标中国大唐集团所属电站保险项目，中标段为河南、广西、云

南、贵州等地大唐集团旗下21家企业25家电站，总保额逾150亿元。

1日　丘博保险（中国）有限公司正式更名为安达保险有限公司。

1日　百年人寿启动"乐活百年健康季"2016年客户服务节活动。

1日　联合保险经纪与教育部教育发展研究中心签署合作协议，启动"教育行业风险管理体系研究"课题。

1日　经过10个月的试点，大连地区正式实施人身保险产品销售全程记录工作，大连保协制作的手机专属App同步投入使用，在全国率先实行销售过程可回溯制度。

3日　太平人寿2016年客户服务节开幕仪式在上海、北京、四川、青岛、江苏、江西六地同步举办。此次客户服务节活动持续3个多月，以"太平与您同行"为主题，涵盖"太平家文化"、"太平名家之约"、"太平手拉手公益"、"太平绿树空间"四大系列主题活动。

4日　为进一步促进老年人住房反向抵押养老保险业务发展，深化商业养老保险供给侧改革，为老年人增加养老选择，中国保监会印发《关于延长老年人住房反向抵押养老保险试点期间并扩大试点范围的通知》。

4日　为加快推进税优型商业健康保险试点工作，确保试点成效，湖南保监局在充分调研的基础上，协调省财政厅、地税局联合出台《关于进一步推进株洲市商业健康保险个人所得税政策试点工作的通知》，着力解决当前试点工作中存在的突出问题。

4日　河南保协印发《河南保险业保险销售从业人员自律公约》、《河南省保险销售从业人员执业信息登记管理办法》和《河南省保险销售从业人员诚信信息记录管理办法》。

5日　中国保监会系统庆祝建党95周年大会在北京举行。会议要求系统各级党组织深入学习贯彻习近平总书记在庆祝建党95周年大会上的重要讲话精神，不忘初心，继续前进，进一步坚定信念、振奋精神、敬业奉献、创先争优，不断开创保险工作新局面。

5日　浙江省人力和社会保障厅、浙江省财政厅、浙江省卫生和计划生育委员会、浙江保监局联合印发《关于进一步调整完善职工基本医疗保险个人账户有关政策的通知》,明确提出"符合条件的参保人员可使用个人账户历年结余资金为其本人、近亲属购买商业健康保险",并公布第一批可购买商业健康保险产品名录。

5日 北京市海淀区居家养老失能护理互助项目(试点)正式启动。此项目在我国开创了长期护理保险以护理服务给付代替现金给付的先河。

5日 黑龙江保监局获黑龙江省2013～2015年度"金融机构促进经济发展先进单位"称号。

5日 山西保监局联合山西省扶贫办在全国率先出台《关于保险业助推脱贫攻坚工作的实施意见》,明确提出,保险业精准扶贫要对接贫困地区农业发展、健康保障、民生改善、产业脱贫和教育脱贫5个领域,构筑以农业保险、大病保险为核心,民生保险为补充的多层次、全险种保险扶贫保障网,切实解决农户"因灾返贫致贫、因病返贫致贫"问题。

5日 人保寿险与北京市海淀区人民政府举办《北京市居家养老服务条例》失能护理互助保险新闻发布会暨启动仪式。

5日 中保基金公司召开第二届保险保障基金论坛,主题为"保险业供给侧改革与行业风险管理",会上发布《中国保险业风险评估报告2016》。

5日 华安保险向江西省信丰县新龙小学捐助人民币200万元,用以援建新龙小学教学楼改造,以及塑胶跑道、读书林、教师周转房的建设等。

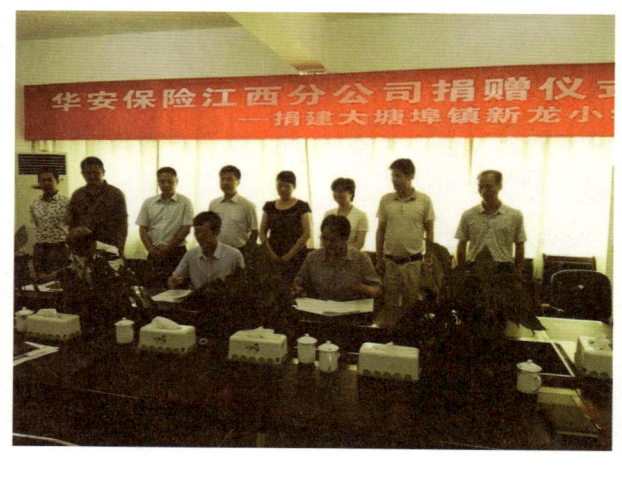

5日 东吴人寿与苏州大学举行战略合作签约仪式。东吴人寿总裁徐建平和苏州大学校长熊思东代表双方签约,并为研究生工作站和教学实习基地揭牌。

5日 安华农险吉林省分公司签订全国大豆收入保险第一单。

七月
Chinese Insurance Industry Events

5日　北京保协举办"国学智慧与保险文化大讲堂"。北京保监局局长郭左践出席并致辞。中央党校教授王杰，中国人民大学教授肖群忠，国防大学教授朱康有出席并授课，北京保险业107家公司总经理室成员及部门负责人等700余人参加活动。

5日~6日　中保协举办财产保险公司备案产品自主注册改革专题培训班，各财产险公司产品开发部门主要负责、管理人员及业务骨干共109人参训。

6日　中国保监会召开党委中心组学习扩大会议，专题传达学习习近平总书记在庆祝中国共产党成立95周年大会上的重要讲话精神。

6日　中国保监会副主席黄洪赴中国保信调研。

6日　青岛市副市长董晓莉一行到青岛保监局视察调研。青岛保监局党委书记、局长巩庆军汇报了行业发展及青岛保监局监管工作情况，并对政府运用保险机制，改善发展环境提出意见和建议；随后，又赴太保产险、太保寿险、人保财险、人保寿险、人保健康等公司就青岛保险业发展情况进行专题调研。

6日　安诚财险被重庆市人民政府授予"2015年度金融贡献优秀单位"称号。

6日　北京保险研究院主办的保险品牌大会暨北京保险研究院保险品牌研究中心成立仪式在北京举行。

6日　黑龙江保协印发《保险销售从业人员业内流动及从业记录自律公约》。

6日　众诚保险山东分公司开业。

6日~9月6日　农银人寿在北京举办第三届客户服务节。本届客服节以"拥抱农银，共绘精彩"为主题举办全国少儿绘画比赛，推出特色健康体检服务，推广"农银人寿E服务"微信平台保单信息查询、简易保全变更和理赔等服务功能系列活动。

7日　中保协《意外险发生率经验分析报告》编制情况工作汇报暨第一次评审会在北京召开。中国保监会副主席黄洪、人身保险监管部主任袁序成及相关处室负责人莅临指导。会议由中保协会长朱进元主持，太保集团、国寿寿险、人保财险等5家公司总精算师参会。会上项目组负责人中再寿险副总经理方力就发生率测算工作进展情况和阶段性成果进行汇报，黄洪副主席对发生率测算成果给予充分肯定，指出要对现有数据进行一次清理，切实提升数据质量，并从数据标准制定等方面来完善现有成果，下一步工作应深化应用研究，绘制各种发生率风险图谱，为行业和社会提供服务。

7日　江西保监局与江西省环保厅联合印发《关于在全省全面推行环境污染责任保险工作的意见》，全面推进江西省环境污染责任保险市场化，实现三个"全面放开"：一是全面放开参与环境污染责任保险的企业范围；二是全面放开参与承保环境污染责任保险的保险机构；三是全面放开各地市开展环境污染责任保险的工作方式。

7日　平安集团与四川省政府在成都签署战略合作协议。根据协议，"十三五"期间，平安集团将向四川省增加投资3 000亿元，重点支持全面创新改革、重大项目建设、保障改善民生、脱贫攻坚等。

7日~9日　中国保监会副主席梁涛出席"生态文明贵阳国际论坛"2016年年会并开展调研。

8日　由中国保监会指导、中保协主办的2016年"'7·8'全国保险公众宣传日"主题活动在北京举行，正式发布"十二五"中国保险业十大改革举措，涵盖保险业市场化改革、保险监管改革、保险业基础设施建设、保险民生保障等范围，全面反映"十二五"期间现代保险服务业促进经济转型、转变政府职能、带动扩大就业、完善社会治理、保障改善民生的重要作用。诺贝尔经济学奖得主罗伯特·C.默顿和中国当代著名学者周国平获聘成为"中国保险文化公益推广大使"。中国保监会、国务院发展研究中心主要领导及公安部、财政部、人社部、环保部、农业部、商务部、卫计委、中国人民银行、工商总局、国家食药监局等相关单位领导，行业内近200家保险机构的主要领导，40余家新闻媒体的代表出席宣传日主题活动。

8日 中国保险业扶贫志愿者团队正式组建。中保协秘书长刘琦、中国青年志愿者协会副秘书长张俊虎、信泰人寿总裁张勇在2016年"'7·8'全国保险公众宣传日"主题仪式上向来自行业组织、保险机构和大专院校的中国保险业扶贫志愿者代表授旗。志愿者团队将积极投身保险精准扶贫工作,用实际行动践行"保险让生活更美好"的誓言。

8日 中国保监会副主席陈文辉参加国务院扶贫开发领导小组会议。

8日 针对我国南方遭受多轮强降雨袭击造成的灾情,中国保监会印发《中国保监会办公厅关于做好应对暴雨洪涝灾害等极端天气气候事件的紧急通知》,积极参与防汛救灾,认真做好查勘理赔,切实保护被保险人利益。

8日 为迎接第四个"7·8全国保险公众宣传日",各保监局、各保险机构、各级保险协会积极组织开展形式多样的大型宣传活动,充分利用报纸、网站、微博、微信等媒体普及保险知识,取得良好效果。

8日 中保协发布第二期中国保险发展指数。经测算,2015年中国保险发展指数稳步提升,总指数为112.8,较2014年提高3.5%。

8日 为配合"'7·8'全国保险公众宣传日"活动,自6月24日起,中保协举办"中国保险大讲堂'名家讲保险'"系列讲座活动,邀请中国社会科学院美

国研究所所长郑秉文、国务院发展研究中心金融研究所所长张承惠、国家信息中心经济预测部副主任范剑平、中国人民银行研究局副局长王宇、中国地震局原副局长何永年5位嘉宾分别在北京、上海、天津、深圳做专题演讲。

8日 中国人寿与滴滴出行正式签约，出资3亿美元战略投资滴滴出行。未来双方将围绕"互联网+"、交通出行以及保险金融等业务展开全方位合作。

8日 平安产险与美国NSF联合召开推广汽车售后认证配件项目发布会。双方表示，将基于在汽车售后配件认证的推广经验与历史数据，结合中国市场现状，共同建立并推广一套新的联合认证标准，为广大车主在汽车售后维修服务、保险理赔等汽车后市场领域带来省心体验。

8日 泰康人寿西藏分公司开业。

8日 "尼伯特"台风在福建省石狮市登陆，造成重大经济损失和人员伤亡。福建保险业迅速开展救灾理赔工作。累计接到台风灾害报案7 000余件，报损金额3.2亿元。长安责任保险福建省分公司深入重灾区，开设"绿色理赔通道"，第一时间为客户做好理赔服务工作，赔付金额28.86万元。英大长安保险经纪迅速启动大面积自然灾害协助索赔应急预案，前往现场提供损失统计、现场查勘、准备索赔资料等服务，并组织召开多次协调会议，协调客户和保险公司达成一致赔付意见，保险公司赔付2 430万元结案。

8日 广西保协"广西人身保险失效保单信息查询平台"投入使用。

11日 中国保监会副主席梁涛参加国务院自贸区建设推进工作有关会议。

11日 《2016中国保险市场年报》正式出版发行，这是中国保监会连续第十一年发布中国保险市场运行年度报告。《2016中国保险市场年报》详细阐述了2015年中国保险市场运行状况、保险业为服务经济社会发展做出的贡献、保险业改革创新成果、保险监管以及消费者权益保护与教育工作的成效等内容。

11日 中国保监会与贵州省人民政府联合出台《关于在贵州建设"保险助推脱贫攻坚"示范区的实施方案》，结合贵州扶贫开发工作实际和精准扶贫、精准脱贫"十项行动"，有针对性地创设多项保险扶贫政策，给予贵州省更多的支持措施，创新更富活力的扶贫体制机制，为贵州脱贫攻坚提供有力保险支撑。

11日　天津保监局、天津保协联合召开新闻发布会，发布首份《天津保险业社会责任报告》。此次社会责任报告的发布，是天津保险业认真贯彻落实中国保监会《关于保险业履行社会责任的指导意见》的重要举措，有利于行业主动适应经济发展新常态，在更广领域和更深层面服务经济社会全局。

11日　安徽省遭遇自1954年以来最大暴雨洪涝灾害，国元农险与安徽保监局赴武警安徽省总队看望、慰问奋战在抗洪救灾一线的武警官兵，并赠送3 000份保额为20万元/人的人身意外保险以及大米、食用油等物品。

11日　东海航运与浙商保险签署战略合作协议，促进国内航运市场船舶险等领域的共同发展，充分运用各自的行业影响力，通过紧密合作，实现未来的市场扩张，创造更大的商业价值。

11日、13日　中国保监会副主席黄洪分别在上海、宁波主持召开税优健康保险座谈会。

12日　中国保监会副主席陈文辉参加国家减灾委员会专题会议。

12日　湖北省政府办公厅印发《关于加快发展商业健康保险的实施意见》，明确促进全省商业健康险发展的总体要求、主要任务、政策支持和组织领导，为全省商业健康保险发展打下坚实的政策基础。

12日　天津市保险业人民调解委员会成立暨诉调对接试运行启动大会顺利召开，天津保监局指导天津保协与天津市铁路法院共同制定《天津铁路法院、天津市保险行业协会关于建立保险纠纷诉讼与调解对接机制的实施方案》，标志着天津保险纠纷诉讼与调解对接机制正式运行。

12 日　人保寿险与东软熙康健康科技有限公司签署战略合作协议，其附则《健康管理服务合作细则》为个人税收优惠型健康保险产品提供专属服务。

12 日　国元农险在安徽省桐城市召开首场政策性农业保险洪涝灾害理赔现场会，首批定损 210 户、63 767 亩，支付赔款 1 600 多万元，理赔现场会共向农业专业合作社、农业企业、种植大户等 20 位受灾户支付水稻保险理赔款 386.37 万元，单笔最高赔付 73.08 万元。

12 日~14 日、27 日　湖北保监局局长王斌带队赴部分地市调研有关暴雨灾害抢险理赔情况，并督导抗灾救灾工作。全省保险业抗洪救灾工作受到省领导充分肯定，曹广晶副省长批示："感谢保险行业在今年抗洪救灾和灾后重建中做出的突出贡献，感谢保监局的大力协调。通过这次水灾，更凸显了保险工作的必要性、重要性，建议金融办、财政厅等对省里的保险工作也认真总结和筹划，更好地发挥保险的作用。呈晓东同志阅示。"王晓东代省长批示："同意广晶同志意见。"

13 日　中国保监会、贵州省人民政府联合印发《关于在贵州建设"保险助推脱贫攻坚"示范区实施方案》。

13 日　浙江保监局印发《浙江保监局关于印发〈关于"推进政保合作，补齐保险供给侧短板"的工作方案〉的通知》，组织行业成立 7 个领域 9 个险种的项目组，专项推动政保合作工作。

13 日　阳光产险与神龙汽车有限公司在湖北武汉正式签署"总对总"战略合作协议，双方将在资源共享、优势互补、合作创新等方面展开进一步合作。

13 日　新疆保协出台《新疆机动车辆保险行业自律公约（2016 版）》。

14 日　在李克强总理和蒙古总理额尔登巴特的共同见证下，中国信保董事长王毅与蒙古投资局局长嘉瓦赫兰巴特尔在乌兰巴托签署《中国出口信用保险公司与蒙古投资局框架合作协议》。协议的签署将有利于蒙古关键项目落实担保措施，保障我国企业和金融机构利益，便利融资到位。

14 日　中保协会长朱进元会见波士顿咨询公司（BCG）全球主席博克纳博士一行，双方围绕进一步加强合作，推进保险核心价值理念的弘扬和保险业良好社会形象的构建进行友好洽谈。

14 日　湛江市人民政府率先与保险机构签订巨灾指数保险合同，标志着广东巨灾保险首单落地。

14日　安邦养老四川分公司开业。

15日　中国保监会和国务院扶贫办联合召开保险业助推脱贫攻坚工作电视电话会议。宁夏、江西、河北省扶贫办，贵州、甘肃保监局，人保集团、国寿集团、国元农险等8家单位在会上交流经验。中保协和部分保险公司代表在会上签署并发布《保险业助推脱贫攻坚倡议书》。

15日　为落实《保险公司信息披露管理办法》、《保险公司股权管理办法》有关要求，进一步强化社会监督和提高审核工作透明度，规范保险公司筹建及股权变更行为，确保资金来源真实、合法、有效，中国保监会印发《关于进一步加强保险公司股权信息披露有关事项的通知》。

15日　《保监会简报》登载《甘肃"两保一孤"保险探索商业保险服务精准扶贫新模式》信息，获得国务院副总理汪洋批示。

15日　中保协以"医疗科技与数字化应用"为主题，举办"2016商业健康险高端对话暨第110期中国保险大讲堂特别活动"，各会员单位健康险主要负责人及管理干部200余人参加活动。中保协会长朱进元、秘书长助理李晓武出席活动并致辞。

15日　中保协在江西省井冈山市召开全国保险行业协会工作座谈会。江西省吉安市市委常委、副市长刘振国，中保协副秘书长余勋盛出席会议并讲话。会议对认真总结全国保险行业协会上半年工作，统一思想，提高认识，全面部署下半年工作，切实服务行业发展具有重要意义。各省级保险行业协会、部分地市级保险行业协会负责人出席会议。

15日 为进一步顺应车险市场化改革形势，服务保险公司车辆精准定型和提高承保理赔时效，中国保信与中国汽车技术研究中心合作，引入车辆生产合格证信息、款型信息和配置信息，建设VIN（车辆识别码）数据服务系统，并正式面向行业免费提供车辆信息预填服务。

15日 人保集团与国务院扶贫办在北京签署战略合作协议，成为首家与国家扶贫工作领导机构开展战略合作的保险机构。

15日 中华保险启动2016年以"中华保险、服务中华"为主题的客户服务节暨30周年庆祝活动，以"中华行、中华情、中华美、中华梦"四大系列活动为载体，充分融入"中华有家 家有中华"特色服务文化元素，进一步提升客户体验，让客户充分感受中华保险带来的温馨和亲情。

15日 阳光信保推出"保险＋资金"综合服务的"房贷保"产品，首创将抵押权落实在保险公司名下、通过信托和银行等机构放款的个人抵押贷款保险业务模式。

15日 国联人寿与无锡市体育局签订长期战略合作协议，共同推进无锡地方各类体育事业、加强运动员及群众性体育活动保障。

15日 宁波保险业联合宁波航运交易所推出全国首个航运运费保险，为在宁波航运交易所平台交易的提单提供集装箱运费保险保障。

16日 青海保监局与中国人民银行西宁中心支行签署金融监管合作备忘录。双方议定在反洗钱监管、保险业应急处置和维稳、保险消费者教育和权益保护、金融稳定监管、保险业信用体系建设等领域开展监管合作，并在两个金融监管部门之间建立紧密配合、协调联动、互补高效的监管合作工作机制。

16日 由厦门保协、厦门市保险行业工会联合会及志愿服务总队和厦门市中心血站共同主办的第二届"美丽厦门共同缔造，无偿献血爱心同行"活动启动仪式在厦门市总工会举行。来自27家保险公司的411人参加献血活动，共捐献51 800毫升爱心血液。

16日 安华农业保险河北公司开业。

七月
Chinese Insurance Industry Events

18日 中保协《财产保险公司备案类产品自主注册指引（2016版）》（以下简称《注册指引》）正式向行业发布。《注册指引》历经8轮修订，共参考行业248条反馈意见，包括总则、注册权限管理、产品注册流程、产品修订及注销、行业自律管理、信息披露、附则7部分内容。

18日 人保健康2016年客户节活动圆满落幕。本次客户节以"健康让生活更美好"为主题，大力开展"控烟"主题公益宣传活动、积极推动微信互动活动、积极开展"走出去、请进来"、"温馨服务工程"、服务品质升级等活动。

18日 泰康之家·申园在上海正式投入运营。

18日 诚泰保险与安信农险合作创新，结合普洱市扶贫状况、致贫原因和脱贫需求，引入"保险+期货"模式，研发成都首例咖啡价格指数保险产品，并积极争取沪滇帮扶资金对贫困地区、贫困人口的保费进行补贴。这是全国首例咖啡价格指数保险产品，也是云南省首个价格指数类农险产品。

18日 安心财险与"去哪儿"网合作开设民航系列保险项目。

19日 第10次中美保险会谈及中美保险监管研讨会在上海举行。中国保监会副主席周延礼、美国贸易代表办公室代理助理贸易代表温德丽以及全美保险监督官协会主席约翰·哈夫出席并致辞。中国保监会相关部门、中保协、中保学及国内保险公司代表，美国贸易代表办公室、全美保险监督官协会、美国驻华使馆及相关美资保险公司代表共计80余人参加会谈。

19日 台湾地区桃园机场游览车起火事故发生后，大连保监局第一时间启动突发事件应急预案，成立应急处置工作领导小组，紧急部署、迅速行动，组织全行业采取切实有效措施，全力做好应急处置和保险理赔相关工作。第一笔赔款13.25万元在事故发生后6小时内送至遇难者家属手中，后续累计赔付1 601万元。其中，阳光人寿对 22 名客户共计给付 1 188.99 万元，另有 2 名客户（死者为夫妻，涉及赔偿金额预估约 106.83 万元）的受益人因受益关系未明确且相关受益权未达成一致，暂时未予相关理赔申请；平安人寿有 12 名客户出险（10 名被保客户、2 名投保客户），总保额 123.75 万元，其中主险保额 105.5 万元，意外险保额 18.25 万元；平安养老险排查确认出险客户 6 人，涉及保额共 140 万元；平安产险大连分公司参与共保涉事大陆组团社旅行社责任险统保业务。

19 日 由中华、大地、阳光、太平、天安、安盛天平 6 家财产险公司共同发起的"透明修车"项目在辽宁正式启动。"透明修车"项目是保险行业、维修行业和配件供应商共同打造汽车后市场良性生态圈的一种尝试，通过网络服务平台模式，实现保险理赔、车辆维修和零配件采购等环节公开化、透明化，为客户提供强有力的保障和良好的服务体验。

19 日 我国河北、湖南、湖北、安徽、江西、四川等地遭受大面积暴雨灾害，电网资产受损严重。英大长安保险经纪启动电网大面积灾害保险协助索赔应急预案，成立协助索赔工作小组，深入一线提供损失统计、现场查勘、准备索赔资料等服务，为客户提供专业索赔意见。河北特大暴雨灾害事故保险索赔 10 821 万元，湖南、湖北、安徽、江西、四川各省共计获得保险赔款 22 523 万元。

19 日 宁夏保协与银川市金凤区人民法院联合成立的银川市金凤区人民法院保险纠纷调解室正式挂牌。

20 日 中保协举办个人税延养老保险专题研讨会。会议围绕贯彻落实中国保监会副主席黄洪关于保险业应加强个人税收递延型商业养老保险相关研究的指示，针对税延型商业养老保险相关国际经验，以及保险业在该领域不可替代的核心竞争力和技术管理优势等问题进行座谈和研讨。中保协会长朱进元、秘书长刘琦，平安养老、长江养老等 7 家养老险专委会委员公司高管，以及人社部社会保障研究所所长金维刚、中国政法大学教授胡继晔等专家学者参会。

20日 中保协举办第111期中国保险大讲堂，邀请到香港证券交易所首席经济学家巴曙松教授以《中国经济的新阶段与"十三五"规划的新布局》为题做专题演讲。

20日 幸福通用航空有限公司一架9座水陆两栖飞机在试飞时与上海沪杭大桥发生碰撞后坠毁，飞机上10人中有5人遇难，5人受伤。宁波保监局第一时间启动应急预案，督促相关保险公司启动伤亡人员预赔程序，积极配合当地政府做好理赔善后处置工作。

20日 中华财险上海分公司与储信资产管理（上海）有限公司签订战略合作协议。双方合作的主要内容包括基础金融资产获取、风险控制、资产管理、履约保证保险等方面，尤其履约保证保险方面的合作，将为投资人提供更高安全保障的互联网金融产品和服务，为国内"互联网金融+保险"的合作起到积极作用。

20日~21日 中保协在济南举办保险业综合门店经营研讨培训班，各保险公司、保险中介公司相关负责人及管理干部共144人参训。

21日 为保护保险消费者合法权益，方便群众理赔，避免出现保险公司在意外险理赔过程中要求理赔当事人提供"非打架斗殴受伤证明"等不合理证明资料的问题，中国保监会印发《关于进一步规范保险理赔服务有关事项的通知》。

21日 "十三五"保险业发展与监管专题培训班在北京举办。会议要求，"十三五"时期是全面建成小康社会的决胜阶段，经济社会发展将为保险业发展提供广阔空间，改革和政策红利的全面释放将为保险业注入强大动力，全行业要提高认识，服务国家供给侧结构性改革重大战略，构筑保险民生保障安全网，守住系统性风险底线，加快推进现代保险强国建设。

21日 陕西保监局与陕西省民政厅、陕西省财政厅联合印发《陕西省农村住房保险实施方案》，在保险责任中扩展地震责任保障。

21 日　上海保险同业公会印发《关于印发〈上海市保险公司城乡居民大病保险业务服务标准〉的通知》，配套上海地区城乡居民大病保险政府采购项目管理，并自 8 月 1 日起执行。

22 日　上海市副市长周波到上海保监局调研指导工作，对保险业为上海"四个中心"和科创中心、自贸区建设以及上海经济社会发展做出的贡献表示感谢，并对相关工作提出要求。

22 日　中保协组织召开交强险经营 10 周年课题研究工作会议。中保协成立专门工作组开展课题研究工作，由朱进元会长任组长，郭红副秘书长和天安财险程孙霖副总裁担任副组长，组员包括中国社科院保险与经济发展研究中心秘书长郭金龙，国家行政学院民商经济法研究室主任刘锐，人保财险、太保财险、华安财险等公司相关人员。本次会议研究讨论了课题实施方案以及推进事宜，初步确定工作计划及安排。

22 日　泰康养老顺利取得湖北省荆门市城镇居民大病保险和新农合大病保险经办资格，协议参保人数共计 223.97 万人。

22 日　国元农险在宣城郎溪县召开政策性农业保险理赔现场会，向郎溪县 3 个乡镇的 40 个行政村、9 530 户农户、53 位规模种植户现场赔付 1 250.28 万元，先后共计召开 4 次理赔现场会，累计赔付 2 621.21 万元。

22 日　安心财险签署 eID 产业联盟合作协议，协助公安部第三研究所促进 eID 应用。

22 日　天津保协印发《天津市商保定点医院工作委员会管理办法》。

22 日　辽宁省农委在沈阳召开了辽宁省玉米价格"保险＋期货"

创新试点部署会暨签约仪式，中华财险辽宁分公司与华信万达期货公司签订玉米价格"保险+期货"合作协议。此次签约的总保费为228.57万元，其中国家农业部专项补贴70%，农民自缴30%。

22日 阳光人寿河北分公司完成自开业以来最大理赔案。阳光人寿在6个工作日内完成对客户家属300万元的赔付。

22日 建信人寿黑龙江分公司开业。

24日~28日 中国保监会副主席陈文辉赴四川出席保险资管公司座谈会、藏区农险发展工作会并开展调研。

25日 中再集团新加坡分公司正式开业，主要负责中再集团亚太区财产再保险业务。

25日 由太平集团和英国伦敦华埠商会共同参与建造的中国城新牌楼——太平集团牌楼庆典仪式在伦敦中国城隆重举行。英国王室约克公爵安德鲁王子、中国驻英大使刘晓明、伦敦西敏市市长斯蒂夫·萨默斯参加庆典仪式。

25日 人保健康与中国中医科学院西苑医院签署战略合作协议和便捷就医合作协议。根据协议约定，双方将逐步展开多层次、多领域合作，共同推进人民健康一卡通创新项目，构建人民健康一卡通便捷服务网络。

25日 中国保监会公示许可上海人寿经营个人税收优惠型健康保险业务。

25日 中国保监会精神文明建设领导小组授予陕西保协秘书处"保险业学雷锋活动先进集体"荣誉称号。

25日 经中国保监会批复，国泰产险注册资本变更为16.3亿元，控股股东为蚂蚁金服，成为业内首家传统保险公司与互联网金融科技公司相结合的经营主体。

26日 新疆保监局联合乌鲁木齐市财政局、公安局、卫生局、农牧局等单位下发《乌鲁木齐市道路交通事故社会救助基金操作规定（暂行）》。

26 日 中保协《农业保险服务通则》等 4 项首批团体标准正式立项。

26 日 "最美保险人"原创话剧《生命密码》在国家大剧院举行第 100 场纪念演出。中保协会长朱进元，中国保监会党委宣传部副部长刘宏健，中国著名学者、"中国保险文化公益推广大使"周国平，北京市演出公司董事长张海君，太保寿险董事长徐敬惠及话剧原型"最美保险人"林萍等嘉宾与近千位观众观看演出。

26 日，中再集团袁临江董事长与新加坡副总理尚达曼举行会谈，中国驻新加坡特命全权大使陈晓东参加会谈。尚达曼副总理希望新加坡分公司利用好中国"一带一路"和"走出去"政策的机会，发挥中资企业优势，稳固再保险业领导者地位，促进中新两国在保险及金融领域合作。

26 日 中国证监会正式批准太平资产对中原英石基金管理有限公司 66% 股权的收购申请，并核准太平集团对该基金管理公司的实际控制人资格。这是我国保险业首次通过并购方式绝对控股一家公募基金公司。

26 日 "基于互联网的农业保险卫星综合应用示范"高科技项目，安华农险与吉林大学联手卫星科技新创举正式获批中央专项补助资金。

26 日 美臣保险公估山西分公司开业。

26 日~29 日 中央纪委驻中国保监会纪检组组长陈新权赴黑龙江保监局、佳木斯保监分局调研检查纪检工作和党风廉政建设工作开展情况。

27 日 中国人身保险业第三套经验生命表审定会在北京举行。来自中国保监会、国家统计局、北京大学、中国人民大学、南开大学、中国人寿、太保寿险的 7 位专家组成的审定委员会，一致通过了第三套生命表的编制结果。中国保监会副主席黄洪作为审定委员会主任委员出席会议并发表讲话。

27 日 中国保监会公布第三批获取个人税优健康险经营资格的四家保险公司名单，分别为人保寿险、合众人寿、上海人寿、利安人寿。

27 日 安徽省人民政府通报 2015 年度全省金融机构支持地方经济发展经营业绩考核结果，国元农险连续第八年获考核一等奖。

27 日 华安保险共保海南航空集团有限公司等企业飞机保险，份额内保障金额达

510亿元人民币。

27日 泰山保险与山东省财政厅、中国建设银行山东省分行等多家银行业金融机构签订山东省"政银保"贷款保证保险业务合作协议,且是参与本次签约的唯一地方保险法人机构。泰山保险党委书记、董事长郭永利出席签约仪式。

27日~28日 中保协举办保险机构公文联系人专题培训班,各保险公司、保险中介机构、资产管理公司及地方协会等会员单位公文联系人共148人参训。

27日~29日 中保协举办保险业营改增专题培训班(第一期),各保险机构财务管理人员共110人参训。

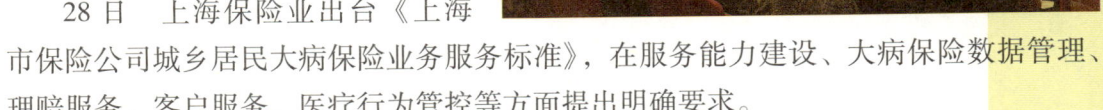

28日 藏区农险工作会在四川省红原县召开,中国保监会副主席陈文辉出席会议,并对四川省开展牦牛保险情况进行调研。

28日 上海保险业出台《上海市保险公司城乡居民大病保险业务服务标准》,在服务能力建设、大病保险数据管理、理赔服务、客户服务、医疗行为管控等方面提出明确要求。

28日 浙江保监局联合浙江省金融办召开全省政保合作推进会,贯彻落实《中共省委关于补短板的若干意见》和"省十条"精神,总结交流全省开展政保合作、服务地方经济社会发展的经验和做法,研究部署下一步工作任务。浙江省副省长朱从玖出席会议并作讲话,浙江保监局党委书记、局长邹飞参加会议并做交流

发言。在推进会上，温州永嘉农村小额人身保险成为全省推广示范项目。

28日 中保协组织开展保险行业优秀内部刊物评选活动，旨在推动保险行业内部信息交流共享，扩大行业信息的社会影响力，提升保险企业品牌建设能力和水平，丰富和积淀保险文化内涵。该活动得到包括保险公司、地方保险行业协会及其他相关机构在内的共74家会员单位的踊跃参与和大力支持，共收到参评内刊101件。

28日 以"互联互动 阳光与您零距离"为主题的阳光产险、阳光人寿第七届客服节圆满结束。客服节期间，阳光产险33家分公司的260余家机构共计开展近300项客服活动；阳光人寿共举办了近400场客户服务活动回馈、感谢客户，并推出"阳光自由PAY"理赔模式提升结案时效。

28日 山西保协第四届理事会反保险欺诈专业委员会成立。

28日 和谐健康陕西分公司开业。

28日 安达保险广东分公司开业。

28日~29日 公安部交通管理局、中国保监会财险部联合在云南保山召开公路和农村地区道路交通事故快处快赔改革试点推进会，观摩学习云南保山经验做法，总结公路和农村地区道路交通事故快处快赔改革试点工作。

29日 为全面掌握保险业资产配置和资产负债管理工作情况，引导和推动行业加强资产负债管理，防范保险资产错配风险，中国保监会印发《关于开展保险业资产配置和资产负债管理调研工作的通知》，要求各保险机构以及相关投资管理机构填报《2016年度保险业资产配置与资产负债管理调研问卷》。

29日 河北保协第五届会员代表大会暨第一次理事会议在石家庄召开。会议选举产生新一届理事会。

29日 和谐健康陕西分公司开业。

30日 陕西保监局与陕西省财政厅、省扶贫办等7部门联合印发《陕西省金融精准扶贫二十条措施》，明确保险在脱贫攻坚中的定位和作用。

31日 广西梧州市苍梧县发生5.4级地震，是广西陆地自1970年有地震记录以来震级最高的一次。地震发生后不到24小时，首批地震出险农户已收到理赔款，这也是2016年广西将地震风险纳入农房保险责任范围以来的首笔地震赔款。

7月 宁夏保监局向宁夏回族自治区发改委报送行政许可和行政处罚事项目录，推动"双公示"工作按阶段、按计划完成。开通"中国·宁夏门户网站管理系统"、

"宁夏政府部门信用信息应用系统"用户端,完成行政许可、行政处罚存量信息的上报和公示,个人行政处罚信息的归集,全面实现宁夏保监局行政许可、行政处罚信息7天上网公示。

7月 山东省新型农村合作金融试点工作经验交流会召开,山东省省长郭树清要求:保险机构要发挥农业风险识别优势和转移分散功能,针对农村信用互助设计专门的保险产品,通过政策性农业保险、小额贷款保证保险、人身意外伤害保险等,形成与托管银行的有效衔接。

7月 广东省财政厅经过瑞再北分和人保财险数年的设计研究和方案建议,启动"广东省财政风险巨灾指数保险"试点项目,并在汕头、韶关等10个地市落地,以台风风速指数和降雨指数作为保险赔付触发,获取约23.5亿元人民币的保险额度作为或有财政资金。该项目作为2016年最大的巨灾保险项目,凝聚了保险业和政府相关部门在巨灾保险理论研究、政策探索、试点实践等领域的重大贡献。

7月 黑龙江省财政厅启动"黑龙江省农业财政巨灾指数保险"试点项目,瑞再北分作为该项目唯一的再保险公司提供了设计研究和方案建议,由阳光农险承保。该项目覆盖黑龙江省28个贫困县,以流域洪水范围指数、降雨指数、干旱蒸发指数、积温指数作为保险赔付触发,保额约23.2亿元人民币。该项目重大意义在于是巨灾保险制度样板,涉及财政涉灾预算改革、破解灾害致贫返贫、农业保险创新。

7月 中保协出版《中国保险行业大事记(2015)》。该书由中国保监会副主席周延礼作序,系统展示当下保险业发展的主要脉络和成长轨迹,全面、客观记载了行业发展的重大事件、重要成果。

7月 由中保协与北京市演出有限责任公司共同出品创制的最美保险人原创话剧《生命密码》成功入选国家艺术基金2016年度资助项目。在此项目资助下,《生命密码》将于2017年进行第三轮全国巡演,完成50场演出。

7月 自6月起,中保协走访人保集团、国寿集团、中再集团、平安集团、阳光集团等14家团体标准专委会成员单位,以及深圳保险中介协会、深圳标准化研究院。各方交流了行业标准化建设需求、各单位标准化组织架构及工作模式、团体标准定位及发展方向,探讨专委会下一步工作重点,并对首批申报团体标准的项目征求意见。

7月 山东省明确省级建档立卡贫困户农业保险保费补贴政策,引导贫困户投保农业保险,推进全省扶贫开发。

7月 山东省出台《关于金融支持实体经济发展的意见》,在全国率先明确保险类机构办理不动产抵押登记政策。

7月 山东省建立大病保险和商业保险数据共享机制,在全省范围内统一建立起医疗服务信息化监管体系。

7月 山东省出台《知识产权服务业转型升级实施方案》,鼓励保险机构创新运营模式,开发设计符合企业需求的专利保险险种。

7月 山东省出台对贫困人口执行大病保险起付标准减半、医疗费用每段补偿比例提高5%、年度大病保险最高支付限额提高到50万元的优惠政策。

7月 太平财险独家承保2016年20国集团民间社会会议参会志愿者团体意外伤害保险,提供3 498万元的风险保障。

7月 太平财险在山东推出扇贝风力指数保险,为养殖户提供1.4亿元的风险保障,助力山东省建设海上粮仓。

7月 招商信诺人寿举办以"健康多一分"为主题的第二届客户服务节。

7月 阳光资产荣获中国保监会"保险业学雷锋活动先进集体"称号。

7月 北京地区商业车险交通违法系数正式启用。自7月1日起发生且处理的闯红灯、超速等严重交通违法行为将计入交通违法系数上浮次数,系数的使用维护了公众交通参与者的共同利益,有助于通过经济杠杆降低因严重交通违法行为而诱发的道路交通事故。

八月

1日　江西省人民政府出台《江西省健康扶贫工程实施方案》，在全省全面推行精准扶贫医疗保险。

1日　宁波市质监局批准发布《人身保险服务规范》地方标准规范，这是首个人身保险地方标准。

1日　《保险智库特供文稿》第一辑出刊，内容是《"一带一路"的风险幽灵》。这是北京保险研究院出品的直供中央相关部门、中国保监会、保险企业高层的研究和信息的内部刊物。

1日　武汉市公安局交通管理局与湖北保协，按照"利民利企、整合增效、先易后难、稳步推进"四项基本原则，正式启动警保联动江岸、江汉、硚口3个片区试点工作。

1日　陕西保协联合陕西省保险学会、陕西省消费者协会与腾讯大秦网向行业发布《陕西保险消费者满意度测评报告2016》。

2日　中国保监会主办，四川保监局承办的保险公司合规管理制度调研座谈会在成都召开。会议就进一步完善保险机构合规管理制度，提高保险合规监管工作的科学性和有效性展开讨论。

2日　中保协会长朱进元会见麦肯锡公司全球资深董事吴子一行，双方就投资风险防范、养老保险当前的发展机遇等进行深入探讨。

2日　超强台风"妮妲"在深圳市大鹏半岛登陆。在其登陆前48小时，平安产险利用鹰眼系统（DRS）筛选出潜在重度影响的19 030个企业客户并及时发送预警信息及救援指

引，预先安排 20 名水淹车处理专家及 50 辆救援拖车赶往各受灾地区进行现场支援。

2 日　平安养老"好福利 App"平台正式推出"极速赔"创新服务模式，赔付手续再次简化，客户只需在 App 上对医疗数据授权和确认，即可享受理赔服务，实现了最快 20 秒，平均 60 秒的人身险赔付。

2 日　中原农险许昌市分公司、漯河市分公司、周口市分公司开业。

3 日　大地保险独家中标北京市海淀区人民政府信访办公室"海淀区公共管理综合保险"政府采购项目，在政府公共管理领域的创新产品上取得重大突破。

3 日　2016 年里约残奥会中国体育代表团新闻发布会在中国残联召开，中国残联副理事长、代表团副团长贾勇、王梅梅等出席新闻发布会。中邮保险作为爱心支持单位之一助力中国体育代表团。

3 日　长江财险与湖北省潜江市政府签订战略合作协议。双方决定就保险项目、保险创新、保险宣传、社会服务等方面开展多层次、多领域的全面合作，充分发挥双方优势，促进区域经济社会发展。

3 日~6 日　中保协举办第二期高潜工程（第一模块）——宏观经济金融形势分析高级研修班，部分保险机构总公司部门负责人、分公司班子成员参训。

4 日　中保协副秘书长余勋盛在北京出席民政部民间组织管理局召开的社会组织对外合作座谈会并发言。

4 日　中保协副秘书长王敏会见韩国寿险协会高级执行董事金基成、人口老龄化部总经理蔡宗伦一行。双
方围绕寿险指数体系架构、中保协组织召开的寿险前海十月峰会等进行交流。

4 日　安华农业保险辽宁分公司与禾丰牧业集团农大禾丰饲料有限公司签订蛋鸡养殖险合作协议。

5 日　大连保监局与大连市公安局联合召开大连市反保险欺诈工作会议，成立了全市金融业首个反欺诈专职常设机构——大连市反保险欺诈中心。

5 日　国寿集团与浙江蚂蚁小微金融服务集团签署战略合作协议，双方将在产品开发及营销业务、数据及技术、资本领域、支付业务、保险业务等领域开展深入合作。

5 日　新疆生产建设兵团社会保险事业管理局分别与国寿寿险新疆分公司和中华

财险新疆分公司签订兵团大病保险合同。其中,中华财险新疆分公司承办兵团居民大病保险,签单保费达3 000余万元,国寿寿险新疆分公司签单保费达3 200余万元。

7日 为推进宁波市建设工程项目工伤保险工作,发挥商业保险机构的功能作用,宁波市人力资源和社会保障局、宁波市财政局和宁波保监局联合印发《关于开展商业保险机构协助经办建设工程项目工伤保险业务工作的通知》。

8日 广东保监局印发《广东保险业助推脱贫攻坚工作实施方案》。该方案对广东保险业精准扶贫工作进行部署,明确了工作目标、重点任务分工、保障措施及总结考评机制等内容。

8日 人保健康与史带战略控股集团签署深入合作备忘录。双方将在境外医疗合作、产品研发、健康管理服务、战略投资等方面开展积极的合作探索。

8日 幸福人寿与青岛市北区签署"幸福市北"战略合作协议,双方在社会保障体系建设、保险资金运用及投融资合作、养老医疗产业等领域建立战略合作关系。

8日~12日 太平人寿"点亮微心愿"公益活动在官方微信平台开展,吸引近13万人关注,直接参与客户近4万人,共为1万余名贫困儿童实现"微心愿"。

9日 宁夏回族自治区金融工作局、宁夏保监局与宁夏保协和保险学会联合举办宁夏金融改革创新高层讲座。自治区财政厅、环保厅、质检局等18个相关厅局,中国人民银行、宁夏银监局、证监局、保监局、保险机构、区内部分高校领导及企业负责人共200多人参加。

9日 中保协会长朱进元出席"中国汽研—中保研"联合试验中心揭牌仪式,并与中国汽车工程研究院董事长任晓常共同揭牌。双方签署联合试验室合作协议。

9日 黑龙江省保险业助推脱贫攻坚工作领导小组成立,负责统筹协调全省保险业助推脱贫攻坚工作,研究制定全省保险业助推脱贫攻坚总体规划、政策措施、规章制度,督促检查相关政策落实和任务完成情况,协调解决工作中遇到的重点难点问题。

9日 信达财险云南分公司开业。

10日 中国保监会印发《关于保险公司在全国中小企业股份转让系统挂牌有关事项的通知》,积极支持中小保险公司对接全国中小企业股份转让系统。

10 日　中国保监会发布《保险公司参与社会医疗保险服务数据交换规范》。

10 日　四川保监局对辖内 8 家经办政策性农业保险业务的保险公司开展为期 4 个月的现场检查。检查工作覆盖 21 个地市、99 家中支机构,检查保单达 34 802 份,赔案达 143 299 件。

10 日　甘肃保监局与嘉峪关市政府联合印发《关于创建嘉峪关保险创新试验区的意见》,这是在甘肃建立的首个保险创新试验区,保险业将与嘉峪关市政府在多个领域开展合作互动。

10 日　太平人寿与广西壮族自治区北海市卫计委签订 2016 年北海市城乡居民大病保险合同,在自治区首推"建档立卡贫困人口城乡居民大病方案",助力广西精准扶贫工作。

10 日　上海保险同业公会印发《人员流动自律公约(2016 年修订版)》。

10 日~11 日　中保协举办保险公司教育培训模式创新专题培训班,各保险机构教育培训部门主要负责人、管理人员及业务骨干共 75 人参训。

10 日~12 日　中保协举办保险公司治理实务培训班,各保险公司高管、董事会办公室及法律合规部门负责人及管理干部共 62 人参训。

11 日　湖北当阳市马店矸石发电有限责任公司高压蒸汽管道发生爆管事故,造成 21 人死亡、5 人受伤。事故发生后,湖北保监局立即启动应急响应,第一时间组织相关保险机构做好应急处置和保险理赔工作。相关保险公司迅速开通理赔绿色通道,共计赔付 400.4 万元。

11 日　湖北保监局召开全省保险行业协会工作会议。辖内 16 家保险协会、保险学会、中介协会的会长和秘书长,72 家省级保险分公司主要负责人及湖北保监局各处室负责人参加会议。湖北保监局局长王斌出席会议并讲话。

11 日　阳光集团与内蒙古自治区赤峰市政府举行战略合作框架协议签约仪式,旨在为搭建较完善的健康服务产业链,打造一流大型医疗集团,建设"健康赤峰"做出积极贡献。

11日　中国平安·中国足协中国之队合作升级发布会在北京举行。中国足球协会宣布同平安集团达成新的合作协议，平安集团升级成为中国足协中国之队金融领域的首家官方赞助商。平安集团将为中国各级国家队提供14.2亿元保额的"黄金腿"保险。该产品可为国足健儿提供高额保障、快速理赔及便捷医疗的"一站式"专业保险服务。

11日　英大财险重庆分公司开业。

11日　国元农险贵州分公司开业。

11日　华农保险广西分公司开业。

12日　为改革完善财产保险公司产品管理制度，增强产品创新能力，提高产品监管效率，切实保护保险消费者合法权益，中国保监会印发《关于启用财产保险公司备案产品自主注册平台的通知》，明确自2016年8月15日起财产险公司备案产品自主注册平台正式启用。

12日　吉林保监局组织全行业召开全面贯彻落实《吉林省推进现代保险服务业跨越式发展实施方案》暨落实保险业扶贫攻坚任务会议。

12日　中保协在青岛召开全国责任保险联席会第二次会议。会议围绕责任险发展中存在的问题进行充分讨论和沟通。中国保监会财产险部副主任何浩参加会议。

12日　中华财险与蚂蚁金服、蒙羊集团达成合作，打造"互联网信贷+保险+龙头企业+电商"金融模式。

12日　中银三星人寿2016年"集善工程—（爱之翼）助残行动"第五期项目捐赠仪式在北京中国残疾人福利基金会举行。2016年是"爱之翼"助残行动开展的第5年，中银三星人寿将继续联合其韩方股东"三星生命"共同向中国残疾人福利基金会捐赠总价值511万元人民币的优质电动轮椅720台。

12日　众诚保险在全国中小企业股份转让系统举行新三板挂牌敲钟仪式，成为国内首家登陆新三板的专业汽车保险公司。

12日　由北京保险研究院和吉林省珲春市人民政府联合主办的"首届东北亚经济发展与保险国际论坛"在珲春市举行。中国保监会、中保协、中保学、中国保信、中保投资有限责任公司等单位领导，珲春市委市政府主要领导，瑞士、韩国、日本等国家保险行业领军企业相关负责人，部分国内保险公司主要负责人参加论坛。

12日　中华财险广东分公司与广东省林业厅举行广东省属国有林场2016～2018年政策性森林保险协议签约仪式。

13日　平安集团发布2016年上半年度用户NPS（净推荐值）数据，这是国内金融行业首次发布针对用户NPS的相关数据。数据显示，自NPS工作开展以来，平安集团整体的NPS提升了11%，客户体验与满意度大幅提升。

15日　中保协正式启用财产保险公司备案产品自主注册平台。

15日　平安产险凭借专业的团体车险承保实力和领先的理赔服务水平，成为G20峰会"官方指定车险服务商"及"指定保险赞助商"，为2 390辆峰会政府指定车辆提供车险及承运人责任险保险服务。

15日　阳光集团"会计核算众包平台"上线，这是会计领域的第一款"互联网＋会计"产品，也是对共享经济在会计行业的初步尝试。

15日　东海航运与宁波市中小航运企业联合会签署战略合作协议，双方就保险项目、风险管控、数据保密、客户服务、社会宣传等方面开展多层次、多领域的全面合作。

15日　四川省保协印发《四川省保险行业禁止车险销售赠礼自律约定》。

15日　经中国保监会批准，安信农保资本金由5亿元增至7亿元人民币。

15日　长安责任保险山东省分公司再次成功中标山东高速集团有限公司建工一切险及第三者责任险服务项目，累计提供风险保障17 552万元。

16日　中国保监会印发《中国保险业标准化"十三五"规划》，深入推进保险业标准化改革，确保"十三五"期间各项标准化工作有序开展。

16日　受"电母"台风影响，海南全省各地普降大雨，降雨时间长、强度大，中西部的局部地区72小时最大雨量超过600毫米，多地市县爆发严重洪涝灾害，直接经济损失6.08亿元。灾情发生后，海南保监局迅速启动应急预案，部署全省保险业开展抗洪救灾工作，督促各保险公司做好各项保险理赔工作。

16日　泰康资产成功报备泰康资产聚能股权型养老金产品，这是业内首只股权型养老金产品。

16日　长生人寿四川分公司开业。

17日　内蒙古保监局与自治区卫计委等8个厅局联合印发《内蒙古自治区严厉打击涉医违法犯罪专项行动实施方案》。

17日　青海省普惠金融综合示范区试点工作推进大会召开，张光荣副省长对保险业参与普惠金融综合示范区试点工作提出四点要求：一是优化绿色保险产品设计，实行绿色保险差别化费率，深化环境污染强制责任保险试点；二是要持续推进农业保险"扩面、提标、增品"；三是要发挥保险社会管理功能，建立基本医保、大病保险、医疗救助、疾病应急救助、商业健康保险及慈善救助一体化保险机制；四是研究建立防止因灾致贫、因病返贫长效机制。

17日　中保协印发《关于加强保险消费者信息安全管理的风险提示函》，要求各公司在工作中高度重视不法人员利用客户理赔信息、冒充保险公司工作人员致电保险消费者实施多起诈骗行为等风险，应采取有效措施，加强保险消费者个人信息安全管理，各省级保险行业协会应做好风险预警工作，有效指导行业防范化解电信诈骗风险。

17日　中保协副秘书长余勋盛会见英国保险人协会（ABI）政策法规负责人休·萨维尔，双方深入交流了中英保险法律与合规等方面问题。

17日　"上海创业投资母基金"与中国保险投资基金合作成立"城市发展基金"。该基金规模为150亿元，服务上海科创中心建设。

17日　华夏人寿与共青团北京市委战略合作暨社区青年汇公益基金捐赠仪式在北京举行。双方签署战略合作协议，共同推进保险公益走进社区。

17日~19日　中保协在深圳举办中国保险营销精英论坛领袖特训营暨保险与财富管理专题培训班（深圳站），保险营销精英领袖论坛会员，各保险公司营销管理人员等共90人参训。

18日　中保协召开2016年中国保险业发展年会。年会聚焦"十三五"时期保险业发展面临的机遇与挑战,关注行业转型,力促科学发展。会议成立中国保险行业首席专家团及国际智库,年会课题"转型与发展:迈入'十三五'的中国保险业"形成专题报告,上报中央决策层。中国保监会相关部门、国内外保险公司、研究机构、互联网公司、高等院校以及各大媒体等共计260余人参会。

18日　泰康人寿保险股份有限公司更名设立为泰康保险集团股份有限公司。

18日　由泰康人寿主办、泰康在线承办的"泰康20周年庆典系列活动之'健康医疗＋互联网保险创新'论坛"在北京举行。同期,泰康在线推出的国内首款保险智能机器人TKer首次正式对外亮相。

18日　由泰康养老主办的"首届中国医养保险高峰论坛"在北京举行。论坛为期两天,重点研讨我国养老、医疗保险发展前景,长期护理保险制度的建立,国际健康保险与健康管理的发展趋势等时下备受关注的民生保障热点。原人社部副部长、中国社会保险学会会长胡晓义,泰康人寿董事长兼CEO陈东升,人社部养

老司副司长贾江,人社部社会保障研究所所长金维刚,社科院世界社会保障中心主任郑秉文,中保协副秘书长余勋盛等来自全国各省(市)人社、卫计委、民政领域的60余位专家学者共计400余名嘉宾出席论坛。

18日　华海财险与山东三迪时空三维科技有限公司共同签署战略合作框架协议,

双方将共同探索 3D 打印全产业链上的保险合作新模式。

18 日　在中国第四届玉米产品博览会上，江泰保险经纪与吉林省公主岭市共同签署《风险管理顾问服务委托协议》，江泰保险经纪正式成为公主岭市人民政府风险及保险管理顾问，将全程参与市政府组织开展的经济发展与社会管理活动。

19 日　中国保监会领导在云南保监局上报的《建议关注平安人寿"续期宝"产品销售风险》上批示，要高度关注，认真研究，务必将风险消除在前端。

19 日　根据中国保监会《关于深化商业车险条款费率管理制度改革的意见》要求，中保协正式发布《中保协机动车损失保险示范条款（全面型）》。该全面型示范条款的制定得到人保财险、平安产险、太保产险、国寿财险、中华财险、大地保险、阳光产险、天安财险等公司大力支持。

19 日　中保协举办中国保险大讲堂 3 周年纪念系列活动第四场专题讲座，特邀请波士顿咨询公司全球主席博克纳博士发表题为《洞悉趋势，提升能力，实现保险行业深刻变革》的演讲。中保协首席专家团及国际智库秘书长、首席金融市场专家俞平康担任活动主持人。

19 日　华泰财险与北京首都旅游集团有限责任公司在北京签订战略合作协议。根据协议，2016～2018 年期间，双方将在更深层次、更多领域开展全方位合作，逐步实现跨行业的优势互补，达成共赢。

19 日　经宁夏回族自治区政府批准，宁夏回族自治区金融改革专项小组对"2015 年度自治区金融支持经济社会发展先进单位"进行通报表彰，江泰保险经纪银川分公司申报的"创新发展医疗责任保险项目"荣获"金融服务创新一等奖"。

19 日　英大长安保险经纪与中建资本控股有限公司完成发起设立中建英大保险经纪有限公司。

20 日　中华财险浙江分公司与浙江大华保安服务有限公司签订杭州 G20 峰会安保人员人身保障服务协议，承保浙江大华保安服务有限公司在此次杭州 G20 峰会期间 2 000 余名安保人员的团体意外保险项目。

21日 泰康商学院和泰康生命体验馆在北京正式落成。

21日 由中保学、保险报业、永达理保险经纪、天安人寿、北京天有教育集团股份有限公司共同发起成立的"善行天下·保险扶贫"爱心基金在湖北省武穴市正式启动。天安人寿及永达理保险经纪分别为其注入启动资金50万元，总计100万元。

21日~23日 中国保监会副主席黄洪带领"两个加强、两个遏制"回头看督导组赴黑龙江省哈尔滨市、伊春市检查指导工作。

23日 中国保监会印发《中国保险业发展"十三五"规划纲要》，明确了"十三五"时期保险业发展的指导思想，提出了优化供给、创新发展，深化改革、协调发展，提质增效、科学发展，融入全球、开放发展，以人为本、共享发展，依法监督、健康发展等"十三五"时期保险业发展必须遵循的基本要求。

23日 四川保监局召开大病保险扶贫政策讨论座谈会，收集整理辖内保险公司利用商业保险机制参与医疗扶贫工作情况。

23日 中保协秘书长助理郭红会见柏瑞投资（PineBridge Investment）全球保险资产管理主管史蒂芬·弗利特一行，双方围绕保险资金运用发展趋势、中国保险市场与行业需求，以及本土化的资产管理产品与解决方案等展开探讨。

23日 海峡金桥财产保险股份有限公司开业，该公司是福建首家国有法人全国性保险公司，总部设在中国（福建）自由贸易试验区福州片区。

23日 利安人寿在南京举办第五届公益节（客服节）启动仪式。

24日 中国保监会在北京召开中国保险产业扶贫投资基金成立大会。成立中国保险产业扶贫投资基金，是保险业落实党中央国务院决策部署、服务脱贫攻坚的重大举措。中国保监会副主席陈文辉出席会议并讲话，80余家保险公司、保险资产管理公司参加会议。

24日 中保协会长朱进元会见美国安泰保险金融集团（Aetna）高级副总裁凯伦·维茵塞斯一行，探讨开展相关交流与合作工作。

24日~25日 中保协举办保险营销新技术应用与创新专题培训班，各保险机构营销管理部门主要负责人、管理人员及业务骨干共 96 人参训。

25 日　大连保监局与大连市气象局联合防灾减灾合作协议签约仪式在大连市气象局举行。

25 日　上海航运保险协会海事诉讼保全责任保险在航运保险产品注册管理平台完成注册。同日，全国首张海事诉讼保全责任保险保单面世。保单采用上海航运保险协会海事诉讼保全责任保险标准格式，由太保产险航运保险事业营运中心出单。

25 日　长安责任保险云南省分公司开业。

25 日～26 日　中保协举办保险公司风险管理与内控合规实务专题培训班，各保险机构风险管控、内控、法律、合规部门主要负责同志，管理人员及业务骨干共 163 人参训。

26 日　由中国保监会指导、中保协主办的互联网时代下的车险理赔研讨会在北京召开。中国保监会财产险部主任刘峰、中保协会长朱进元出席会议并讲话。公安部交通管理局副局长王强，交通运输部副司长俞卫江、最高人民法院法官姜强应邀出席研讨会并围绕交通事故快速处理、汽车行业发展趋势与保险的合作发展、道路交通事故司法实践等议题做政策解读。各保险公司理赔工作负责人、国内外知名车险研究机构和新闻媒体代表 170 余人参加会议。研讨会由平安产险承办。

26 日　江西保监局与江西省扶贫和移民办联合印发《关于保险业助力脱贫攻坚战的实施意见》，明确江西保险业精准扶贫措施，要求到 2018 年基本建立与全省脱贫攻坚战相适应的保险服务体制机制。

26 日　中保协公示"2015 年度个人营销渠道保额销售前十名"名单，公示人员分别来自人保寿险、国寿寿险、中意人寿、平安人寿、太保寿险 5 家公司。

26 日　中国保信测试管理平台正式上线，初步形成测试"一站式"服务流程雏形，提升了测试工作流转效率，增加了测试服务信息的透明度。

26日 由太保集团主办、太保安联健康承办的"长期护理保险研讨会"在上海成功举办。来自上海市发改委、民政局、卫计委、金融办、法制办、财政局、保监局、医保办、中保协、德国安联集团以及太保集团等50余家机构的领导和专家参加会议。会议围绕如何应对老龄化社会,积极探索长期护理保险

展开深入交流和热烈讨论,并邀请德国前联邦卫生部部长 Daniel Bahr 先生分享德国推动长期护理立法经验。

26日 新华保险北京分公司完成单笔260万元的疾病身故保险理赔,赔付险种为递增养老年金保险、重大疾病还本保险、重大疾病保险。

26日 永安保险向中国水产舟山海洋渔业公司赔付1 917.22万元,用于被保险人装载工具"明洋"轮在行驶至日本那霸岛附近海域时机舱发生火灾产生的共同海损。

26日 湖北保协组织全省29家产险省级分公司签订新版《湖北省机动车辆保险自律公约》。公约旨在明确商业车险费率改革后车险经营新规则,保障消费者权益,夯实自律基础,规范市场竞争秩序。

26日 在湖南省贫困县精准扶贫新型农业经营主体贷款保证保险试点工作启动会上,湖南省洞口县士山农业发展有限公司等5家新型农业经营主体成功获得总计200万元扶贫"财银保"贷款。

28日 和谐健康黑龙江分公司独家赞助哈尔滨首届国际马拉松赛事的保险保障,总保额342亿元。

29日 中国保监会陈文辉副主席赴新疆阿勒泰、克拉玛依等地市开展农业保险调研工作。

29日 宁夏保监局与自治区科技厅、财政厅联合印发《宁夏回族自治区科技保险试点工作方案》,标志着科技保险的试点工作在全辖区范围内正式开展。

29日 黑龙江保监局与黑龙江省扶贫开发领导小组办公室联合印发《关于做好黑龙江省保险业助推脱贫攻坚工作的实施意见》。

29日 中路保险和山东航禹能源有限公司联合推出国内第一份针对光伏扶贫电站

项目的综合运营保险，有效应对光伏电站运营期间的设备毁损、盗抢和第三者公众责任等潜在风险。

29 日　华泰集团成立 20 周年。

29 日　合众人寿与阿里云达成合作，将引入阿里云的人工智能技术，大大缩短服务接入等待时长，优化客户体验。该技术将改变客户服务重度依赖人力的情况，由阿里云人工智能小 Ai 回答大部分用户疑问。此外，小 Ai 还将把电话客服语音转化成文本，把服务质量检测率从 3% 大幅提高至 100%。

29 日　史带财险重庆分公司开业。

30 日　内蒙古保监局印发《内蒙古保监局 内蒙古自治区扶贫办关于内蒙古保险业助推脱贫攻坚工作的实施意见》。

30 日　新疆保监局与兵团卫生局联合发文《兵团执业医师多点执业管理办法》，推动医师职业责任保险发展。

30 日　新疆保监局与自治区高院兵团分院联合印发《关于保险机构诉讼保全担保若干问题的意见》。

30 日　中保协召开财产再保险"营改增"工作座谈会。会议就再保险计税基础，营改增对开票模式的影响，代收代缴境内、境外税收问题进行讨论，为财产再保险营改增落地提供有力指导。

30 日　泰康养老承保江西省新余市市本级城镇职工大病保险项目，协议参保人数达 7.8 万人。

30 日　北京保险研究院承担的《京津冀保险服务京津冀一体化路径》、《保险费率市场化改革：理论、沿革与国际经验》研究课题结项。

30日　国寿资产成功中标宁波市"五路四桥PPP存量项目",投资总额达117.04亿元,是截至2016年8月中国人寿在全国范围内体量最大的PPP存量项目,也是宁波市第一个存量资产转化项目。

30日　大连保协普兰店区专职办事处举行成立揭牌仪式。大连市人民政府副市长洪登金,市金融发展局局长张兵,大连保监局局长蔡兴旭,普兰店区区委书记李长顺、区长申守勃等出席仪式。

31日　河南保监局与省扶贫办联合印发《河南保险业助推脱贫攻坚工作实施方案》,找准保险扶贫开发工作的切入点,探索形成一揽子保险综合服务、参与特殊救助、推进产业扶持、农业保险支农惠农等多种精准扶贫模式。

31日　亚夏集团、中华保险、车捷保延长保修服务项目战略合作签约仪式在宁国亚夏集团举行。根据协议内容,中华保险与亚夏集团将依托车捷保产品加强合作,亚夏集团下属门店将全面开展车捷保产品销售,将通过汽车延保责任险深挖协同业务发展潜力,促进价值业务快速增长。

31日　全国首例"保险+服务"模式电梯安全综合保险试点在宁波启动,首批共为26个住宅小区业主委员会、9家物业单位及6家电梯维保单位的近700部住宅电梯提供风险保障近136亿元。

31日　在河南保监局指导下,河南保协与高新区人民法院、郑州市保险协会协作,成立河南省保险消费者权益保护服务中心。该中心依托河南省保险社会法庭开展工作,积极构建多渠道受理、多元化化解、多方协同共建的工作格局。

31日　山东保协印发《山东省人身保险销售从业人员防止销售误导自律公约》。

31日　大连保协与大连市新闻工作者协会联合举办媒体沙龙活动,向全市131名一线记者赠送总保额为1.48亿元的意外保险,用以表达大连保险业对全市新闻媒体及记者长期以来支持行业健康发展的感谢,此项活动已持续开展11年。

8月　山东省省长郭树清在山东保监局上报的《关于山东省保险公司法人机构有关情况的报告》上做出批示:请夏耕同志并文涛同志阅示。在济南新设一家保险公司,机遇难得,一定要从各方面配合其筹建工作,同时做好风险防范工作,支持保监局依法监管，创新服务。山东省委常委、济南市委书记王文涛在山东保监局《关于山东省保险公司法人机构有关情况的报告》上就和泰人寿等保险法人筹建工作做出批示：主动积极做好服务，争取尽早完成筹建工作并早日开业营业。落实总部落户济南，并推动功能中心设在济南。落实相关扶持政策。风险防范尤其是互联网金融要在控风险中良性发展。

8月　山东省人民政府印发《关于完善居民大病保险制度有关事项的通知》，就居民大病保险制度提出完善居民大病保险筹资机制、建立明确的盈亏动态调整机制、建立居民大病保险评估机制、完善居民大病保险结算管理4项创新规范。

8月　山东保监局引导行业探索补位扶贫农村贫困留守儿童，累计承保贫困留守儿童27 616名，保险金额达20.71亿元。

8月　山东保监局联合农业厅等6部门下发《关于做好现代种业发展金融服务的实施意见》，积极推进种业骨干企业开展制种保险试点工作，创新开发保险责任宽、保障水平高、理赔程序简的制种保险专属产品，服务制种企业发展。

8月　山东省作为首个在省级层面推进长期护理保险试点的省份，被人社部列为全国长期护理保险制度试点重点联系省份。

8月　山东省发展改革委员会与山东保监局等40家省直机关、中央驻鲁单位联合下发《失信企业协同监管和联合惩戒合作备忘录》，建立和完善市场监管领域内跨部门协同监管和联合惩戒机制。

8月　山东省小额贷款保证保险发展取得积极成效，前7个月帮助261家企业或个人获得贷款1.7亿元。

8月　山东省济南市入选首批国家专利保险示范城市，示范时间自2016年8月起，为期3年。

8月　青岛市由财政出资226万元，为全市23.26万名幼儿园学龄前儿童购买意外伤害保险，保费标准为每人每年9.72元，保险金额为意外身故5万元、意外残疾5万元、意外住院医疗2万元、意外门诊医疗2 000元和意外住院津贴30元/天。该项目是青岛市人民政府2016年实施的民生工程之一，能够最大限度减少学龄前儿童因意外伤害造成的医疗负担，为全市学龄前儿童提供较好的风险保障。

8月　自6月起，陕西保监局积极应对暴雨冰雹灾害，组织辖内农险经营机构启动大灾应急预案，第一时间在受灾地区开展农业保险查勘工作，开通极端天气农业保险理赔绿色通道，并加强与农业、气象等部门沟通联系，及时掌握气象信息，协助农户做好灾害防御工作。

8月　自6月起，新疆保监局多次与自治区高院、乌鲁木齐市中院、铁路运输中院及基层法院就保险合同纠纷诉调对接工作进行沟通，并于8月31日召开座谈会，推动完善诉调对接工作对接模式。

8月　四川保监局开展保险公司专属代理门店调研，形成相关报告，中国保监会《参阅件》予以刊载。

8月　四川保监局宜宾监管分局成立。

8月　中保协在中国保险网络大学开通"营销学院"学习专区，为营销员群体打造一站式学习和交流平台。

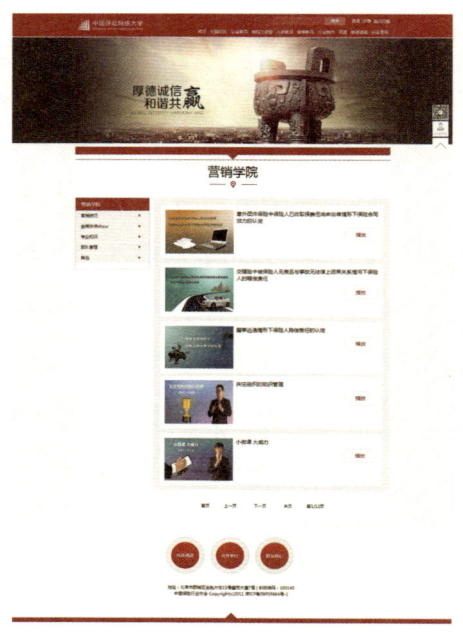

8月　太平集团与广东省人民政府签署战略合作协议。根据协议，太平集团将为广东省的经济发展和人民生活提供保险保障服务，并充分发挥保险资金运用渠道，力争为广东省的基础建设、民生工程及省内企业提供资金支持。同时，双方积极开展在创新型保险服务、金融租赁、养老产业及健康产业等领域的合作探索。

8月　信诚人寿、太平财险、安诚财险、北部湾保险等公司积极认购中国保险业产业扶贫投资基金，助推保险业产业扶贫工作。其中，信诚人寿认购6 000万元，太平财险认购3 000万元，安诚财险、北部湾保险分别认购1 000万元。

8月　太平人寿与广西壮族自治区北海市卫计委签订2016年北海市城乡居民大病保险合同，在自治区首推"建档立卡贫困人口城乡居民大病方案"。

8月　新华保险在业内首创远程鉴定服务系统，符合条件的伤残客户可由新华保险法医鉴定专家通过视频连线实施鉴定，实现快易理赔。现已完成黑龙江、吉林、辽宁、河南、江苏、河北、浙江等省份共10例客户的远程鉴定服务，涉及伤残保险金额53万元。

8月　浙商保险浙江分公司"蒲公英"志愿者服务队获中国保监会"保险业学雷锋活动先进集体"称号。

8月　友邦保险江苏分公司携手江苏省儿童少年福利基金会，共同打造"友邦中国青少年足球发展项目"，向江苏省儿童少年福利基金会捐献爱心善款50万元，用于苏州、南京两地青少年足球相关体育运动。

8月　北京保险研究院完成《我国农业保险顶层设计研究》、《互相保险在农业保险中的地位和作用研究》课题。

8月　上海保险同业公会与上海市公安局嘉定分局建立"区域打击保险欺诈"协作机制。

8月　为加强对扶贫专项资金的管理，切实做好深圳保险业新时期精准扶贫精准脱贫工作，深圳同业公会制定《深圳保险业新时期精准扶贫精准脱贫专项资金管理办法》。

8月　为维护保险业社会形象，保护保险消费者合法权益，河北保协组织全省28家财产保险公司开展了为期1个月的车险理赔电信诈骗案件清查工作。据不完全统计，不法分子在河北省冒充保险公司工作人员对交通事故当事人累计实施诈骗264起。其中，诈骗成功19起，诈骗金额16万余元。

九月

1日 中保协期刊《中国保险市场》出版《2016中国保险业发展年会》特刊,汇聚业内外智慧,充分展示保险行业协会工作,为会员单位搭建交流沟通平台。

1日 大地保险成功承保云南省教育厅九年义务教育学校在校生校方责任险项目,总保额9 376亿元。

1日 中华财险与比亚迪有关车商业务的"总对总"框架合作协议在辽宁省沈阳市正式签署。双方将以信用险、车险业务为切入点,逐步探讨新领域、全方位战略长期合作。

1日 北京保险研究院组织的《中国农业风险防范机制研究》课题结题。

1日 新华养老保险股份有限公司在北京开业。

1日 中煤保险参与民生金融租赁股份有限公司财产保险项目承保,总保额达136亿元。

1日 东吴人寿与苏州银行举行战略联盟签约仪式。该合作将实现双方客户管理平台的对接,在线实现积分管理、通用和交叉销售,实现消费金融产品的联合化服务,通过多场景的支付,满足双方客户多样化、多层次的金融服务需求。

1日 海南保险业向见义勇为英雄家属支付保险给付金60万元。这是海南省见义勇为人员人身意外伤害无记名保险制度实施以来支付的首笔身故保险金。

1日 陕西保协发布《陕西省人身保险公司访后付费制度(试行)》。

九月
Chinese Insurance Industry Events

1日　安华农险河北分公司成功签出全国扇贝养殖气象指数保险第一单。

1日　北部湾保险广东省分公司开业。

1日　新疆前海联合财险新疆分公司开业。

1日~7日　浙江保险业全力服务保障G20杭州峰会，部分保险公司组织员工担任峰会志愿者，为有关设施、服务车辆及工作人员捐赠意外保险和责任保险，制定微信理赔、减免单证、赔款预付等绿色理赔政策。

2日　中国保监会印发《中国保监会关于进一步完善人身保险精算制度有关事项的通知》，再次提高人身保险产品的风险保障水平，推动全行业进一步调整和优化业务结构，为资本市场、实体经济和国家重点基础设施建设提供长期、稳定的资金支持。

2日　中国保监会印发《中国保监会关于强化人身保险产品监管工作的通知》，进一步规范人身保险产品开发和设计，深化人身保险市场供给侧结构性改革。

2日　湖北省人民政府研究决定，从2017年起，新增省本级财政预算1.5亿~1.6亿元开展农业保险提标扩面工作：一是提高水稻保险保障标准。将水稻保险每亩保额由200元提至400元，费率由7%降至6%。二是扩大油菜、棉花试点范围。将油菜种植面积20万亩以上的35个县，棉花种植面积10万亩以上的15个县，纳入扩面范围，扩面后全省油菜保险、棉花保险的覆盖率将达到75%~77%。

2日　加拿大总理贾斯廷·特鲁多在上海出席中宏人寿创新保险理念MOVE计划启动仪式。该计划鼓励消费者投入健康积极的生活方式，通过完成运动目标享受免费保险保障。

2日　太平集团与云南省人民政府在昆明签署战略合作协议。太平集团将充分发挥金融对实体经济的支持作用，以及保险的经济助推器、社会稳定器作用，进一步加大对云南经济转型升级、生态环境保护、基础设施建设和脱贫攻坚等方面的投入，助推云南经济社会加快发展。

2日　泰康养老承保厦门市补充工伤保险项目，协议参保人数达135万人。

2日　新疆车险信息平台车船税上线切换，新疆地区手工代收代缴车船税的历史结束。

2日　经中国保监会批复，中再寿险注册资本变更为81.70亿元。

2日　经中国保监会批复，华海财险注册资本变更为12亿元。

2日　经中国保监会批复，永安保险注册资本变更为30.09416亿元。

2日　经中国保监会批复，君龙人寿注册资本变更为7亿元。

4日　"保险让生活更美好"的行业形象和保险业发展成果亮相G20杭州峰会会刊《CHINA DAILY》及其英文网站和英文App手机客户端，海内外曝光量超过260万次，受到各国读者和峰会嘉宾及外媒的广泛关注。

5日　大地保险承保的中钢钢铁有限公司"2014年拖欠货款系列信用险案件"顺利结案，赔付金额共计5 660万元。

5日　校园安全风险研讨会在北京举办，平安产险在会上发布业内首份《校园安全风险白皮书》。经过理赔数据分析，校园意外伤害已成为校园风险的最主要来源。

5日　自6月起，作为G20峰会官方指定车险服务商，平安产险为G20峰会及相关会议提供政府指定用车的车险服务，累计投入103辆查勘车及151名查勘员，为2 390辆政府指定用车提供全面专业的车险服务，向来自世界各国的政要、嘉宾展示中国车险服务标准。

5日　众诚保险首次在新三板成交，均价为8.75元/股，成交2 000股，众诚保险成为国内首家产生成交的新三板挂牌保险公司。

6日　中保协向中国保监会报送《关于"保险让生活更美好"G20杭州峰会情况的报告》，系统汇报中保协2016年紧紧抓住"国际盛会年"、"奥运年"等契机，整合资源，超前谋划，以最小的投入达成最大效果，将行业形象宣传从行业推向社会，从国内推向国际等相关工作情况。

6日 太保集团和安联集团双方信用险合资销售公司——太平洋裕利安怡保险销售有限责任公司成立。

6日 太保产险与华风象辑公司签订战略合作协议。双方将开展保险行业气象信息服务产品的设计、开发、推广及运营，提高双方运营服务水平和经营效益。

6日 安邦财险启用卫星遥感高科技查勘理赔模式，通过"科技＋技术"的引入，开启农业保险技术创新之路，提高农业保险的经营管理水平。

6日 新华保险成立20周年。

6日~7日 太平集团和农业部签订《共同推进"互联网＋"现代农业合作协议》。

7日 中国保监会召开农业保险专项治理整顿督导现场会议，中国保监会副主席陈文辉出席会议并讲话。会议总结自查整改阶段工作，分析问题，查找不足，要求推进专项治理整顿工作进一步深入开展，确保取得实效。

7日 中央国家机关纪工委第三专项检查组向中国保监会反馈巡视整改专项检查情况。第三专项检查组组长通报了专项检查反馈意见，并对整改落实提出要求。中国保监会党委委员、副主席黄洪主持会议并表态发言。

7日 中保协在北京组织召开2014年意外伤害保险承保理赔数据清理工作宣导部署会议。中国保监会人身保险监管部相关负责人出席会议，中国人寿、人保财险等15家公司运营或业务部门负责人及工作联系人共30余人参会。会议就意外险数据清理工作要求及方案进行宣导，对各公司提出的有关数据字段标准等问题进行现场答疑。

7日 国家标准委授权保标委组织开展保险电子商务2项国家标准工作，并确认标准计划号。

7日 安诚财险广东分公司开业。

7日 华海财险与"7贷·金融"在深圳共同签署战略合作框架协议。双方将共同探索保险产业链上的保险合作新模式。这是"7贷·金融"首次和国内保险主体公司签署全面战略合作协议，也是国内保险主体公司首次涉足"保费分期"消费金融，标志着保险金融行业创新发展中一次质的飞跃。

7日　泰山保险推出政策性冬枣种植保险，是山东省内唯一承保主体。

7日　山西省吕梁市保险行业协会成立。

7日　中原农险漯河市分公司开业。

7日~9日　中保协举办保险业营改增专题培训班（第二期），各保险机构财务部门主要负责人，管理人员及业务骨干共130人参训。

8日　中国保监会发布《关于保险资金参与沪港通试点的监管口径》，标志着保险资金可参与沪港通试点业务。

8日　中保协首次发布保险公司法人机构经营评价结果。64家参评的产险公司中，A级13家，B级44家，C级7家；69家参评的寿险公司中，A级12家，B级47家，C级10家。总体来看，保险公司运营情况良好，大多数公司评级在B级及以上。

8日　中保协、麦格理资产管理联合举办保险资金境外投资趋势研讨会。来自保险公司、保险资管公司的资金运用相关负责人及业务骨干90余人参会。

8日　由大连保协承办的大连市交通事故快速处理理赔中心旅顺向阳街、旅顺南路高新汽车城分中心成立。至此，大连地区已有8家快处分中心，实现了市内轻微事故网点全覆盖。

8日　长安责任保险浙江金华中心支公司成功承保安装二维码标识瓶装液化气用户用气安全险，并完成全国首单1 270只钢瓶安全险业务，对于该险种的发展具有重要意义。

8日　太保安联健康广东分公司开业。

8日　安诚保险销售重庆分公司开业。

9日　中国保信与中保投资有限责任公司就提供云服务事项签署合作协议。"保信云"将全面承载中保投资的办公类系统，标志着中国保信在信息技术服务价值输出方面迈出新步伐。

9日　太平集团与湖南省长沙市政府签署合作框架协议。根据协议，双方将主要在保险服务、资金运用、金融创新等领域开展合作。太平集团将为长沙市的基础建设、民生工程及市内企业提供中长期资金支持。

9日 中再集团与招商局集团签署战略合作协议。中再集团董事长袁临江和招商局集团董事长李建红出席签约仪式。双方将加强保险业务、金融业务、创新交流合作领域的深度合作。作为战略合作协议的落地实施,中再资产与招商资本就发起设立产业基金、华泰经纪与招商海达就保险经纪业务合作分别签署合作备忘录。

9日 阳光集团第34所博爱学校揭牌仪式暨阳光集团青年志愿者协会北京分会成立仪式在北京市朝阳区金盏乡皮村同心实验学校举行。

10日 云南省扶贫开发领导小组办公室举行驻村扶贫工作队百亿保障计划捐赠保险仪式。在时任云南省委副书记钟勉等省委、省政府领导及11个厅局负责人的见证下,保险业共为云南省建档立卡贫困村24 745名驻村扶贫工作队员(含2 494个非建档立卡贫困村驻村扶贫工作队长)每人捐赠保额50万元的意外伤害保险,捐赠总保额达136.83亿元。时任云南省委副书记钟勉对捐赠仪式做出批示:这件事很有意义,要向省保监局、保协和相关保险企业表示感谢。省扶贫办就应做好这些组织、协调工作,有了好的开端。赞成开会,宣传正能量。

12日 内蒙古保监局与自治区扶贫办联合召开保险业助推脱贫攻坚工作全区电视电话会议,全面部署保险精准扶贫工作。

12日 四川保监局、省扶贫移民局、省政府金融办、省财政厅、省民政厅、省卫计委、省人社厅联合印发《关于做好保险业助推脱贫攻坚工作的实施意见》。

12日 中国信保在北京举办"2016年《国家风险分析报告》和《全球投资风险分析报告》发布会暨国家风险管理论坛"。2016年《国家风险分析报告》根据中国信保自主研发的评级体系,发布全球192个主

权国家的国家风险参考评级、主权信用风险评级以及相关评级报告，其中主权信用风险评级为中国信保首次对外发布。

12日　人保寿险"百万惠民意外伤害保险"产品客户因驾驶不当导致车辆失控发生事故，当场身故。经公司核实，赔付受益人意外身故保险金290万元。

12日　平安人寿发布全国首份聚焦"家庭团聚质量"的《中国家庭团聚质量白皮书》。白皮书显示，国内家庭团聚质量普遍不佳，表现为超过1/3的国人5年中秋未与家人团聚，家庭普遍团聚次数少、时间短、质量低，严重影响个体幸福感。白皮书同时提出改善建议，如制定"家庭网聚日"等。

12日　天安互联网金融资产交易中心股份有限公司在贵州省遵义市开业。

12日　北京保险业非现场数据管理系统正式启用。数据涵盖了财产险、人身险公司保费收入和理赔支出，以及分险种、分渠道的保费收入和各会员公司的基本经营情况。系统具有数据网上填报、自动校验、统计汇总、分析查询和数据共享等功能，为北京保险业发展提供数据支持。

12日　上海保险同业公会发布《上海市道路交通事故保险理赔服务中心管理办法（2016版）》。

12日　陕西保协向在陕各保险机构发出《陕西保险业助推脱贫攻坚倡议书》，号召各会员单位充分发挥保险功能，助力全面建成小康社会总目标的实现。

12日　经中国保监会批复，长城人寿注册资本变更为28.14252605亿元。

12日~13日　中国保监会系统新闻发布工作培训班在北京举办。中国保监会副主席梁涛出席开班式并讲话。梁涛指出，近年来，保险监管系统新闻舆论工作取得了一定的成绩，新闻发布机制进一步健全，政策解读效果不断提高、公众宣传形式持续创新、舆论引导成效明显，为保险行业改革发展创造了有利条件。全系统要认真学习习近平总书记有关党的新闻舆论工作的讲话精神和国务院有关文件要求，切实提高认识，胸怀全局、把握大势、着眼大事，站在意识形态工作的高度，站在维护金融稳定、促进改革发展的高度，适应社会和媒体关注度提高、新媒体快速发展的新形势，进一步树立新理念、增强主动性，提高和媒体打交道的能力，更好地服务于保险市场改革和监管改革。

13日　中保协举办第一期养老保险研究沙龙活动。中保协会长朱进元、副秘书长余勋盛，人社部社保研究所所长金维刚，社科院美国研究所所长兼世界社保研究中心主任郑秉文，以及养老险专委会主任、副主任委员等30余人参加沙龙。沙龙由平安养老承办。

13日　中保协会长朱进元会见罗兰贝格管理咨询公司（Roland Berger）全球首席执行官、亚洲区总裁兼大中华区主席常博逸、金融行业亚洲区负责人雷启迪一行，双方就行业标准化工作、文化建设、保险宣传、人才培养等方面合作展开探讨。

13日　太平集团与中国中车股份有限公司签署战略合作框架协议。与中国中车强强联合，共同探索产业与保险业融合发展的新模式，实现各板块联动、全方位协同发展。同时，太平集团积极落实国家"一带一路"战略，为中国中车"走出去"提供优质的保险保障服务。

13日　太保产险与瑞再北分签署业务合作备忘录。合作备忘录确定了双方在农险新产品开发、新技术运用，在非水险重大客户服务、重要项目支持，以及再保险等方面的合作内容。

13日　经中国保监会批复，信泰保险注册资本变更为50亿元。

13日　前海财险深圳分公司开业。

14日　中国人民银行宁波中心支行、宁波市发改委、宁波保监局等9部门联合印发《关于金融支持工业发展的意见》，支持宁波市工业去产能、去库存、去杠杆、降成本和补短板，加强宁波市建设"中国制造2025"试点示范城市金融服务，促进工业经济转型升级和持续健康发展。

14 日　广东省潮州市人民政府正式印发《关于加快发展现代保险服务业的实施意见》。

14 日　德国安顾保险集团股份公司与山东省人民政府签订战略合作协议，双方确定通过德华安顾人寿加强在全民医疗保障体系、社会安全体系、养老保险体系建设，保险人才培养，互联网和数字化产业等方面的合作。

14 日　德华安顾人寿与山东省农信社签订战略合作协议，决定在保险兼业代理、融资业务、现金管理业务、电子商务等方面进行更广泛的交流合作，服务山东省经济社会发展及新农村建设。

14 日　华泰财险成功中标"一带一路"标杆项目"巴基斯坦 PKM 高速公路（苏库尔—木尔坦段）"工程险及施工机具保险，获首席承保资格，保费超千万元。

15 日　鼎和保险成功承保广东省首个海上风电试点工程"珠海桂山海上风电示范项目"工程保险，总保额 20.49 亿元，为南方电网公司首个海上风电项目提供全面保险保障服务。

15 日　云南保协印发《云南省保险销售从业人员诚信管理办法》。

17 日　云南元谋县突发泥石流。中国人寿元谋县支公司及时成立专项工作小组，在迅速开展查勘理赔工作的同时，为抢险救灾人员提供 4.2 亿元的人身意外保障。

18 日　永诚保险首席承保华能澜沧江水电股份有限公司糯扎渡水电厂财产一切险，总保额 137.34 亿元；机器损坏险，总保额 30.50 亿元。

18 日　弘康人寿上海分公司开业。

19 日　中国保监会和中国广西壮族自治区政府在广西南宁举办第 2 届中国—东盟保险合作与发展论坛。论坛主题是"开拓创新，探索中国与东盟保险监管合作新思路"。中国保监会副主席陈文辉、广西壮族自治区常务副主席蓝天立，以及新加坡、缅甸、老挝、柬埔寨、泰国、斯里兰卡、巴基斯坦、中国香港 8 个国家和地区的保险监管机构负责人出席论坛。

19 日　太平养老与国家安全生产监督管理总局职业安全卫生研究中心在北京举办创新社会管理改善民生保障长期战略合作签约仪式，将围绕职业病危害防治工作，分

阶段、分批次做好我国职业病防治工作新机制的研究和探索。

19日 国际奥委会执委暨国际拳联主席吴经国一行专程到访都邦财险。双方就目前体育产业与保险产业融合发展相关问题进行深入探讨与广泛交流。

19日 2016年广西机动车辆保险查勘定损持证人员后续教育第一期培训班开班，截至2016年年底，共组织培训10期，培训约1 500人。

19日 重庆市道路交通事故保险快速理赔服务中心（万州点）正式开业，这是重庆市主城区之外开设的第二家快赔中心。各在渝产险公司均在万州快赔中心设点集中办公，可根据车主需要提供事故车辆的查勘、定损、拆检等服务。

20日 中保协召开《人身保险伤残评定标准及代码》申报国标修订工作专家座谈会。与会专家对新残标实施两年来取得的成效给予充分肯定，并从新残标在国际国内伤残标准体系中的定位、法律适用及内容完善等方面提出意见建议。最高人民法院、中国法医学会、世界卫生组织国际分类家族中心等相关专家及项目组成员公司代表参会。

20日 中保协期刊《中国保险市场》出版《中国保险风险案例》专刊第二辑。随着风险案例库建设工作深入推进，中保协相关项目组的研究领域从理赔案例向承保、再保险、风险控制等方向延展。

20日 泛华保险广西平台开业。

20日~21日 中保协举办保险机构行政物控管理专题培训班，各保险机构行政物控部门主要负责人、管理人员及业务骨干共64人参训。

20日~21日 中保协举办呼叫中心运营管理专题培训班，各保险机构呼叫中心部门主要负责人、管理人员及业务骨干共124人参训。

21日 中保协组织召开财会专委会第二次常务委员会议暨"营改增"专题座谈会。财政部税政司司长王建凡、中国保监会财会部副主任赵宇龙出席会议，中保协副秘书长余勋盛出席会议并致辞。人保集团、国寿集团、平安集团等集团公司的代表围绕本公司实施营改增后的运行情况及态势、营改增实施过程中遇到的问题及困惑、对营改增的意见及建议等问题进行专题发言。

21日　太平集团与英皇集团在中国香港签署战略合作协议。双方将本着"自愿、平等、互利"的基本原则，在各自的业务领域积极寻求合作机会，共享客户关系和资源，务实开展合作。

21日　阳光集团与英国精算师协会在北京通州阳光金融城举行战略合作签约仪式，成为英国精算师协会在中国的首家战略合作企业。签约仪式上，阳光集团、英国精算师协会还与中央财经大学、对外经贸大学分别签订三方合作协议，成立教学实践基地，为中国保险业及阳光集团输送大量高水平人才。

21日　合众财险产品、服务发布会暨"保险让生活更幸福"互联网精英保险论坛隆重举行，并与易到用车、高尔夫管家等多家知名互联网公司达成战略合作关系。

21日　中银三星人寿积极履行扶贫开发社会责任，向陕西省咸阳市下辖的永寿县、长武县、旬邑县、淳化县（以下简称"北四县"）贫困残疾人捐赠100台优质电动轮椅，价值人民币65万元。此外，中银三星人寿自2016年起，还将连续5年向"北四县"生源的在校贫困大学生及研究生捐赠累积总保额10亿元的保险。

21日　新华保险公益基金会成立。

22日　由中国保监会指导、中保协主办，中国汽车工程研究院和中保研汽车技术研究院联合承办的"2016中国汽车保险与安全研讨会"在重庆顺利召开。本次研讨会邀请国内外相关汽车工程、汽车保险等方面的专家学者，增进产业链各方相互了解及研究合作，共同就如何让汽车更安全、更经济、更环保展开多维度互动交流。中保协会长朱进元代表本次会议主办单位致辞。中国保监会财产险监管部副主任王思渺出席研讨会并致辞。同济大学校长钟志华院士总结发言，强调汽车保险和汽车安全的交叉研究是汽车行业和保险行业健康发展的共同需求。

22日　中保协召开互联网财产保险合作与发展工作座谈会。蚂蚁金服、携程旅行

网、去哪儿网、最惠保等12家专业中介机构和第三方网络平台代表参会，会议研讨并提出互联网财产保险跨界合作与发展的相关建议。

22日　中保协正式开通"保险大观察"、"中国保险营销经理人"、"中国保险业金牌讲师俱乐部"微信公众号。

22日　太保产险发布市场首款药品上市许可持有人制度配套责任险系列产品"太有责·药安心"。

22日　新华保险宁夏分公司完成单笔450万元的驾乘车意外身故保险赔付，赔付险种为畅行无忧两全保险。

22日～23日　中保协举办消费金融与信用保证保险专题培训班，各保险机构相关部门负责人及业务骨干共81人参训。

23日　吉林省老龄工作委员会办公室、吉林保监局等部门联合印发《关于开展老年人意外伤害保险工作的实施意见》。

23日　中保协向中国保监会报送《关于"2016年'7·8'全国保险公众宣传日暨第五届中国保险文化建设推进会"的情况报告》。2016年的"7·8"期间，各地方保险行业协会和保险公司举办了形式多样、内容丰富的活动，增强了保险行业的自豪感、自信心和凝聚力。据不完全统计，全国共有近4万家保险机构超过170万从业者参加活动。开展"五进入"超过14 000场，150万从业者深入全国各地3万余个社区，覆盖公众1 500余万人次。

23日　人保财险与生猪活体交易互联网平台"国家生猪市场"合作的国内首个生猪货物运输保险项目在重庆市荣昌区国家生猪交易市场交易大厅正式上线。

23日　国联人寿与无锡灵山慈善基金会合作开展"为爱行走"活动，并为上海、西安、成都、南京、张家港、长沙、无锡7个城市的2万名参与者提供总保额4.4亿元的保险保障。

23日　河北省车船税联网征收系统完成上线切换，依托中国保信车险信息平台和德润公司税源系统，地税部门车船税信息和保险公司交强险信息实现了实时交互共享。

23日~24日　第17届中国精算年会在上海召开。年会主题是"服务供给改革，提升专业价值"。上海市副市长周波、中国保监会副主席陈文辉出席年会并讲话。

24日（古巴当地时间）　在中古两国领导人的见证下，中国信保董事长王毅代表公司与古巴财政与物价部、古巴国民银行签署了框架合作协议。此次签署的框架合作协议旨在明确双方合作机制，为中资企业对古出口、在古承建工程项目等提供融资保险解决方案。

24日　阳光集团为第五届"慈展会"40多家中国民间志愿服务联盟会员单位捐赠2万份阳光"志愿者关爱计划"保险卡，提供总保额100亿元的意外伤害、意外医疗等保险保障。

25日　2016年上海首届低碳环保公益跑拉开序幕。上海人寿作为活动的官方支持商，积极发动员工参与赛事，并为所有参赛选手、工作人员及志愿者提供团体意外伤害及医疗保险，保额共计6.98亿元。

26日　中国保监会副主席周延礼、中保学会长姚庆海一行，赴江西省赣州市调研指导保险扶贫工作。

26日　上海保监局指导上海航运保险协会组织会员单位自主研发的上海航运保险指数（SHANGHAI MARINE INSURANCE INDEX）正式发布。

26日　山西省晋城市人民政府印发《关于加快发展商业健康保险的实施意见》。

26日　阳光集团第35所博爱学校山东德州赵虎镇郭庵小学和第36所博爱学校内蒙古赤峰市翁牛特旗亿合公镇中心小学举行揭牌仪式。著名田径运动员史冬鹏、体操世界冠军莫慧兰参加揭牌仪式。

26日　为推动行业持续、深入学习"新国十条"有关精神，根据湖北保监局《关于认真组织学习"'新国十条'一百问"视频课程的通知》要求，湖北保协历时近5

个月，督导、检验各保险省级分公司高管人员视频课程学习情况，组织开展学习情况书面测试，提升行业对"新国十条"的理解认识。

26日~27日　中保协召开车险专业委员会成立大会暨第一次工作会议。中保协会长朱进元出席会议并讲话，来自65家车险经营公司的110名代表参加会议。会议决定启动汽车维修企业综合评价平台、新能源车示范条款、车险数据共享等项目研究。会议由人保财险承办。

26日~28日　中央纪委驻中国保监会纪检组组长陈新权赴山东保监局、烟台保监分局检查了解"两个责任"落实、党风廉政建设等有关工作开展情况。

27日　中国保监会与青海省人民政府签署战略合作备忘录。

27日　重庆保监局与中国人民银行重庆营管部联合举办重庆保险业反洗钱知识竞赛，人保财险荣获一等奖，中国人寿、平安人寿荣获二等奖，利宝保险、泰康人寿、中邮保险荣获三等奖。

27日　中保协会长朱进元会见瑞再集团全球首席经济学家高旷楷博士，并为其颁发中国保险大讲堂客座教授聘书。

27日　浙商保险在浙江广电集团举办的"彼·此——八大主播爱朋友"公益诗会上，为杭州18 000名环卫工人投保总保障金额9亿元的意外伤害险。

27日　中路保险与青建集团股份有限公司签订战略合作协议，青建集团主营业务相关的建筑工程一切险、建筑施工人员团体意外伤害保险、境外工作人员团体意外伤害保险等保险由中路保险承保。

27日　新华保险黑龙江分公司承保七台河市卫生和计划生育委员会城乡居民大病团体医疗（A）款保险业务，保费468.95万元，保额4.6亿元。

27日~28日　中国保监会副主席梁涛赴上海主持召开保险行政复议和行政诉讼专题会议。

27日~28日　广东佛山保协、云浮保协分别与当地国税局、地税局签署《佛山市"税保合作"服务项目合作意向书》和《云浮市"税保合作"服务小微企业发展项目合作备忘录》。

27日~29日 中保协举办中国保险行业领军人才培养工程（原高潜工程）——寿险公司业务转型与创新，各保险机构总公司部门级管理人员、分公司班子成员、公司高级专业技术人员及总公司重点培养对象共27人参训。

28日 受连续台风影响，丽水遂昌北界镇苏村发生山体滑坡，20余幢房屋被埋，27人失联。事故发生后，浙江保监局及时指导温州保监分局和行业全力支持当地抢险救灾和灾后重建工作。截至2016年年底，保险估损1 061.4万元，保险已赔付999万元。浙江保险业在灾害发生后的及时、妥善应对得到时任浙江省代省长车俊的充分肯定。

28日 中保协举办首届保险标准化沙龙，20余家保险公司、罗兰贝格管理咨询公司、意时网等机构30余名嘉宾参会。会议围绕"创新与发展——保险标准化的实践与探索"主题开展研讨，与会嘉宾对保险业标准化建设特别是对团体标准建设进行深入探讨。

28日 太平集团与浙江省人民政府签署浙江省交通基础设施投资建设合作协议，联合设立"浙江省交通基础设施（太平）投资基金"。此次签约基金总规模1 000亿元，是迄今为止我国单只最大规模基础设施投资基金。

28日 平安健康上线国内首款管理式医疗产品"平安宝贝"并开展"平安宝妈8小时安心睡"体验活动，该产品直击当前儿科看病难、费用贵的就医痛点，改善儿科就诊客户体验。

28日 大地保险携手徽商银行在上海举办网贷项目启动仪式，共同探索"个人贷款线上放款"新模式。

28日 中再产险举办2016年度中国财产再保险市场研讨会，围绕国内财产险市场现状评估及趋势展望、再保险"营改增"实施进展情况、通航定价系统及其在承保管理中的应用、太阳能辐射发电指数保险、天津港"8·12"特大火灾爆炸事故回顾与思考、城市内涝风险评估与管理、保险创新与风险管理等主题开展交流。中国保险行业协会、上海保险交易所及70多家保险机构代表参加研讨会。

28日　泰康之家·蜀园在成都正式对外开放，蜀园养老社区落地实践泰康"医养融合"模式。

28日　泰山保险荣获山东省金融发展贡献奖励资金。

28日　由釜山广域市政府和江泰保险经纪主办，CNK株式会社、现代财产保险（中国）有限公司协办的中国公民赴韩医疗美容观光项目发布会在北京召开。此次赴韩医美观光保险项目是江泰保险经纪和韩国釜山政府成功跨界合作的首个项目，也是将釜山医疗美容、旅游观光、保险资源有效整合，设计出的国内首款跨界保险产品。

28日　经中国保监会批复，天安人寿注册资本变更为145亿元。

28日　华夏人寿全资全国性中介公司华夏在线保险代理服务有限公司在北京市开业。

28日~29日　中国保信和中国汽车技术研究中心共同主办"2016汽车与保险大数据产业高峰论坛"。来自国家部委、行业机构、整车企业、保险公司、零部件厂商、原材料供应商的高层领导，互联网公司、IT企业、高校等相关行业的专家学者以及国内主流媒体代表共计500余人参加论坛。论坛上，两家主办单位共同发起的"汽车与保险大数据产业联盟"正式成立，目前已有上海汽车集团股份有限公司、中国人民财产保险股份有限公司、吉林大学汽车学院、第一汽车网、阿里巴巴网络技术有限公司、甲骨文软件系统有限公司等51家单位加入联盟。

29 日　中国保监会印发《关于做好保险专业中介业务许可工作的通知》，从股东出资自有真实合法、注册资本实施托管、职业责任保险足额有效、商业模式合理可行、公司治理完善到位、风险测试符合要求6个方面对保险专业中介业务许可申请的审查提出明确要求。

29 日　大连保监局与大连市扶贫办联合召开大连保险业助推脱贫攻坚工作会议，局长蔡兴旭、市扶贫办副主任邢芳出席会议并讲话，区、市、县扶贫办负责人、保监局各处室负责人、保险行业协会学会秘书长、大连辖内各保险公司主要负责人及扶贫工作部门负责人参加会议。

29 日　海南省扶贫办、海南保监局联合印发《海南保险精准扶贫工作实施方案（试行）》。结合海南省精准扶贫工作实际，以海南省2015年年底建档立卡确定的47.7万贫困人口为脱贫攻坚对象，以满足贫困地区保险需求为出发点，有针对性地创设多项保险扶贫政策，创新更富活力的扶贫体制机制，为海南脱贫攻坚提供有力的保险支撑。

29 日　按照中国保监会部级课题领导小组工作安排，中保基金公司完成了部级课题"关于巨灾保险基金筹集管理问题研究"的课题研究和编写工作。

29 日　人保健康新疆分公司新承保新疆维吾尔自治区区本级职工基本医保经办项目，受托基金4.45亿元，覆盖人群23万人。

29 日　永安财险安徽分公司开业。

29 日　安诚财险甘肃分公司开业。

29 日　百年人寿重庆分公司开业。

29 日~30 日　中国保监会副主席黄洪赴浙江主持召开"'两个加强、两个遏制'回头看"工作会议，参加部分保险公司总公司座谈会，并督导调研。

30 日　江西保监局与江西省财政厅、江西省扶贫和移民办联合印发《关于在部分贫困县开展特色农业保险试点的意见》，在全省25个贫困县开展"一县一品"特色农业保险试点，由省财政从2016年开始每年安排2 000万元资金，连续3年采取"以奖代补"的方式对试点县（市、区）参与特色农业保险给予保费补贴，重点对区域优势明显、特色突出、辐射带动力强并具有一定产业规模的特色农业和全国名优特色农业产品给予保险扶持。

30日　中保协保单验真管理系统上线试运行，140余家保险机构完成系统对接工作。

30日　中保协印发《关于表彰保险行业优秀内部刊物及获奖单位的决定》。经过认真严谨的初评、二次评选以及专家评审，"保险行业优秀内部刊物评选活动"评选出最佳杂志、最佳报纸、最佳电子刊物、最佳主编等9项大奖，共52家会员单位的59件内刊获得奖励。该评选活动有利于促进全行业文化建设及形象宣传工作推向深入，使行业内刊内容更加丰富，影响更加广泛，效果更加凸显，更好地向读者展示保险行业的良好形象。

30日　众安保险与深圳市大疆创新有限公司、南京农分期电子商务有限公司合作，在国内首次针对农业无人机推出综合金融服务方案。

30日　平安养老与厦门市卫计委签署《分级诊疗与慢病管理战略合作协议》，双方将在慢病管理科学决策、高品质慢病服务和保障、慢病药品个性化服务体系等方面开展合作，建立围绕患者需求、防治结合为导向、具有厦门特色的分级诊疗和慢病管理模式。

30日　福建海水养殖风灾指数保险完成首批赔款，共计赔付23家受灾养殖户176.45万元，约占估损金额的97%，其中最高单笔金额96万元，有效帮助受灾养殖户第一时间恢复生产。

9月　中国保监会发布2016年度1~9月保险统计数据报告。根据报告，1~9月原保险保费收入25 168.26亿元，同比增长32.18%；赔款和给付支出7 750.70亿元，同比增长23.80%；资金运用余额128 286.19亿元，较年初增长14.75%；总资产146 319.02亿元，较年初增长18.38%；净资产17 313.09亿元，较年初增长7.60%。

9月　自6月起，浙江保监局联合浙江省公安厅等部门做好浙江保险业G20峰会网络安保工作，向各单位发出《关于做好G20峰会期间维稳安保工作的通知》，研究建立浙江保险业G20峰会网络安保工作值班值守制度，并两次对值班值守情况进行抽查，对抽查结果进行全行业通报。整个峰会期间，浙江保险业未发生一起网络安保事件。

9月　新疆保监局推动自治区人民政府出台《关于全面实施城乡居民大病保险工作的意见》。

9月　自4月起,吉林保监局与吉林省公安厅经侦总队、吉林保协通力协作,开展"安宁2016"反欺诈专项行动,打击保险诈骗犯罪行为,共向经侦部门移送可疑线索254条,经侦部门立案并破案3起,涉案金额21.35万元,打掉犯罪团伙2个,抓获犯罪嫌疑人5名。

9月　山东保监局指导大病保险承办公司与社保经办机构联动,扩大医疗巡查覆盖面,共对9.1万人次患者开展医疗巡查,占基本医保补偿人次近50%。

9月　山东省发改委与山东保监局等31家单位联合印发《关于对环境保护领域失信生产经营单位及有关人员开展联合惩戒的合作备忘录》。

9月　山东省印发《关于促进民间投资稳定增长若干政策措施的意见》,将小额贷款保证保险保费财政补贴比例由30%提高到50%。

9月　四川保监局与四川省科技厅等9厅局联合印发《四川省促进科技和金融结合试点方案》,开展科技保险试点工作。

9月　自7月起,中保协组织全国500余所高校的4万余名大学生参与"大学生保险责任行——2016年暑期社会实践活动"。活动范围遍及31个省(市、自治区),收集有效调研问卷15万余份,宣传覆盖50多万人,完成全国首个《中国长期护理调研报告》。

9月　太平集团与深圳市人民政府签署战略合作协议。双方将在综合金融、资金运用、创新业务等多个方面开展合作。

9月　太保寿险《寿险精算模型实务》一书出版发行。该书由中国保监会副主席陈文辉作序,太保寿险董事长徐敬惠作跋。

9月　华泰人寿推行"新福佑双鑫"保险保障计划,率先在业内推出轻症和重疾双赔付双豁免的保险保障,并将医疗增值服务引入该产品的整个保险期间,开创了"风险全保障+服务全周期"模式。

9月　信诚人寿积极响应国家关于网约车合法化的号召,率先推出业内第一款网约车出行保障"信诚人寿金悦行交通意外保障计划"。

9月　福建保协与福建省公安厅交警总队福州高速公路支队、福建省交通综合执法总队福州高速公路支队联合印发《福州高速公路涉及财产损失适用简易程序处理的道路交通事故快速处理工作方案(试行)》。该方案自9月1日开始试行。

9月　前海人寿山东分公司开业。

十月

1日　广西保监局和广西高级人民法院联合开发的保单保函管理系统正式上线，通过信息化管理手段推动诉讼财产保全保险业务规范发展。

1日　人保寿险金鼎富贵（E款）产品客户突发疾病，抢救无效身故。该公司接到报案后，快速赔付疾病身故保险金318.67万元。

1日　平安健康推出国内首款可赴海外就医的互联网抗癌险"抗癌卫士海外版"。该产品系列汇聚平安健康险海外医疗网络优势，为消费者打通海外就医通道。

1日　辽宁保协正式上线人身险业务分析系统、人身险从业人员管理系统、反欺诈数据筛查系统。

1日~5日　中原农险出资60万元，资助兰考70名少年儿童参加"梦想最强音·第二届兰考儿童北京语言文化之旅"活动。

1日~7日　平安产险连续第六年推出"国庆护航"行动，通过平安"好车主App"全天24小时为广大车主提供贴心保障。"国庆护航"期间，平安产险出动2 300多位查勘员，在全国314个高峰路段设置"中国平安护航服务站"，提供现场援助及急用物资，帮助车主平安出行。

8日　河北省人民政府印发《关于加快发展现代保险服务业助力京津冀协同发展的实施意见》。

8日　中保协印发《关于表彰2016保险公众宣传"大比武"获奖单位的决定》，授予平安集团、太保集团、上海同业公会、广东保协等15家单位"大比武"金牌优胜单位称号，表彰活动特别贡献奖9名、单项奖81名，通过表彰先进，广泛动员各方力量参与保险宣传活动，树立

行业良好社会形象。

8日 《广东车险查勘定损人员诚信信息记录管理办法》开始实施，其配套系统正式上线。该配套系统记录了车险查勘定损人员的诚信信息，在行业内部实现数据共享。

9日 在中国国务院总理李克强和葡萄牙总理科斯塔的共同见证下，中国保监会与葡萄牙保险和养老金监管局在北京签署《中国保险监督管理委员会（CIRC）与葡萄牙保险和养老金监管局（ASF）合作与技术协助协议》（以下简称《协议》）。《协议》的签署是中葡保险业为落实两国领导人共识，促进中葡保险合作发展的重要举措。《协议》进一步深化了中葡双方保险监管合作，为双方保险机构的商业交流建立了良好的制度基础。

9日 为贯彻落实《国务院办公厅关于全面实施城乡居民大病保险的意见》精神，促进城乡居民大病保险业务健康开展，规范大病保险市场秩序，保护参保城乡居民的合法权益，中国保监会研究制定《保险公司城乡居民大病保险投标管理暂行办法》、《保险公司城乡居民大病保险业务服务基本规范（试行）》、《保险公司城乡居民大病保险财务管理暂行办法》、《保险公司城乡居民大病保险风险调节管理暂行办法》、《保险公司城乡居民大病保险市场退出管理暂行办法》等监管制度。

9日 中保协文化建设与传播专业委员会成立。中国保监会办公厅、中国保监会党委宣传部等相关领导出席会议，中保协会长朱进元出席会议并总结讲话。来自保险公司、地方保险行业协会和新闻媒体的相关负责人共170余人参加会议。

9日 保险行业文化建设与宣传中心成立。中保协会长朱进元，中保协文化传播专委会主任委员、中华保险常务副总经理、中华财险董事长罗海平为保险行业文化建设与宣传中心揭牌。

9日~10日　宁夏保协联合中国保险精英圆桌大会组委会举办"宁夏第一届保险精英圆桌大会暨宁夏十大保险明星颁奖盛典"，2 000余名来自宁夏各地市及周边省份的学员参加会议。

10日　第十届保险公司董事会秘书联席会议暨中保协公司治理专委会2016年年会召开，中国保监会副主席梁涛出席会议并发表讲话。中保协会长朱进元、副秘书长余勋盛出席会议，中国保监会、各地方保监局和保险公司270余位代表参会。

10日　前海财险广东分公司开业。

11日　太保集团及太保产、寿险总公司对太保资产同比例增资人民币8亿元，增资后太保资产注册资本达到13亿元。

11日　经中国保监会批复，东吴人寿注册资本变更为40亿元。

11日　经中国保监会批复，中邮保险注册资本变更为80亿元。

11日　永安保险安徽分公司开业。

12日　由中国保监会指导，北京保险研究院、法国安盟保险集团、《中国保险报》联合主办的"中国农村保险保障国际论坛暨第六届中国农业保险国际论坛"在北京成功举办。中国保监会副主席陈文辉参加会议并发表重要讲话。来自中央

国家机关、地方各级政府、大专院校代表，专家学者，农民代表及国际相互保险组织机构代表等近500人出席这次盛会。

12日　广东保险业灾害预警管理系统正式上线。该系统的启用将为广东省财产险公司开展防灾减损、灾后处理和查勘理赔提供有力的数据支持。

12日~13日　中保协举办保险公司全面预算管理专题培训班，各保险机构财务部门主要负责人、管理人员及业务骨干共139人参训。

12日~14日　由北京保险研究院主办的第三届北京保险国际论坛在北京举行，论坛以"新常态下保险与经济社会发展"为主题。

12日~11月3日　甘肃保协开展对兰州市榆中县、皋兰县，定西市通渭县，临夏市辖内人保财险和中华财险开办的农业保险服务的质量测评。

13日　上海保监局、上海海事法院联合召开新闻发布会，宣布双方为进一步推动航运保险法治环境的优化和审判实务、行业实践与国际惯例接轨，建立全方位深入合作机制，共同促进航运保险健康发展，服务上海国际航运中心、国际金融中心建设。

13日　泰山保险与山东省滨州市政府签署股权基金合作协议，助力当地优质中小微企业、战略新兴产业发展以及地方基础设施建设。

13日　广东保协与广州市国税局签署《广州市"税保合作"服务小微企业发展项目合作备忘录》。

十月
Chinese Insurance Industry Events

13日~14日 由中保协和深圳市前海深港现代服务业合作区管理局联合主办的2016中国寿险业十月前海峰会在深圳召开。会议以"复杂利率环境的挑战与应对"为主题，就中国寿险业在复杂利率环境中面临的挑战和路径选择这一前瞻性话题进行高端对话与交流。中国保监会副主席黄洪出席并发表讲话。诺贝尔经济学奖得主、中国著名经济学家、世界500强保险企业和国际著名咨询机构负责人、国内经济金融领域专家、行业高管出席会议。

14日 陕西保监局与铜川市政府联合印发《铜川建设"保险助推脱贫攻坚示范区"实施方案》，共同建设铜川保险助推脱贫攻坚示范区，以保险扶贫为特色，通过体制机制、产品服务等创新，在陕西保险扶贫方面积累经验，起到引领示范作用。

14日 中保协在深圳举办中国保险大讲堂"寿险十月前海峰会特别讲座"，中保协首席长期利率专家、阿尔法智库首席经济学家王家春、摩根大通中国投资银行主席龚方雄、北京加华伟业资本管理有限公司董事长宋向前分别以"复杂利率时代下保险业资金运用"为主题发表演讲。

14日 由中保协主办、腾讯公司承办的第五届"论道互联网保险"沙龙活动在深圳腾讯总部举办，主题为"全连接时代的互联网保险"。

14日 阳光集团第37所博爱学校揭牌仪式在广西玉林市陆川县沙坡镇大连小学举行。

14日 重庆客户签下总保费6 000

万元，年交保费 1 200 万元的光大永明人寿"金生富贵"年金保险。

14 日　珠峰财险西藏分公司开业。

14 日　恒大人寿广东分公司开业。

14 日　新华保险北京分公司为客户赔付疾病身故保险金 300 万元，涉及险种为华锐团体定期寿险。

15 日　陕西省副省长冯新柱在全省脱贫攻坚座谈会上对保险参与全省脱贫攻坚工作做出指示。他指出，要在贫困地区广泛宣传保险扶贫的好处，提升贫困人口的保险意识，提高贫困地区保险密度和深度，要通过保险的途径解决脱贫人口因病、因灾返贫的风险，积极开展保险业精准扶贫。

15 日　四川保监局与四川省安监局、煤监局联合印发《关于在全省重点行业领域开展安全生产责任保险试点工作的指导意见》。

15 日　国寿集团与甘肃省人民政府在兰州举行战略合作框架协议签约仪式，双方将在基础设施投融资业务、保险及企业年金和职业年金业务、养老养生及健康医疗、银行业务、保险创新领域开展多层次合作。

16 日　中国保监会副主席陈文辉参加全国脱贫攻坚奖表彰大会和金融扶贫平行论坛。

16 日　海南省扶贫办、海南保监局在海口联合召开"海南省保险业助推脱贫攻坚签约仪式暨新闻发布会"。海南省扶贫办分别与人保财险海南省分公司、国寿寿险海南省分公司签订战略合作协议。

16 日　安信农保总裁石践赴京参加国务院扶贫领导小组"全国脱贫攻坚奖"表彰会。石践总裁获得"全国脱贫攻坚创新奖"。

16 日　2016 年南京马拉松正式拉开帷幕。平安产险作为唯一保险赞助商，为 23 000 名选手提供包括参赛猝死赔付在内的保险保障。

16 日　永诚保险首席承保华能澜沧江水电股份有限公司小湾水电厂财产一切险，总保额 111.25 亿元；机器损坏险，总保额 35.53 亿元。

16 日　辽宁保协印发《辽宁地区机动车辆保险理赔服务时效行业指引》。

17日　中保协举办第二期养老保险研究沙龙活动。中保协会长朱进元、副秘书长余勋盛，国务院发展研究中心金融所所长张承惠，人社部社保研究所所长金维刚，北京大学经济学院风险管理与保险学系主任郑伟，中国保监会人身保险监管部养老保险处相关领导，以及养老险专委会主任、副主任委员等30余人参加沙龙。沙龙由长江养老承办。

17日　英大财险宁波分公司成功中标宁波市人民政府首批电动汽车保险业务项目，承保金额达4 380.76万元。

18日　中国保监会召开重大决策专家咨询委员会成立大会暨第一次全体会议。

18日　"莎莉嘉"台风导致海南农林牧渔业受损严重，农业保险估损3亿多元。海南保险业采取开通理赔绿色通道、预付赔款等多种举措提高理赔效率，及时将保险赔款送到企业和农户手中，帮助其尽快恢复生产生活。

18日　四川保监局召开保险业助推脱贫攻坚工作座谈会，通过开发"扶贫保"、"大病保"、"产业保"、"增信保"一揽子产品的工作方案。

18日　太平集团向四川雅安太平实验小学捐建的科技体验馆举行启用仪式。该科技体验馆于9月底落成。

18日　安徽省人民政府主办召开"2016中国国际徽商大会·徽商论坛"，国元农险董事长张子良入选"2016中国国际徽商大会'十大创新力徽商'"，被大会评审团专家评价为"勇于创新，先行先试，使安徽成为全国第一个大宗农作物保险基本全覆盖，承保面积超过一亿亩的试点省份，种植业承保率全国第一，是全国农业保险业的旗帜性人物"。

18日　瑞再企商联合瑞士再保险经济研究和咨询部共同发布研究报告《中国"一带一路"规划，及其对商业保险的影响》。该报告深入研究"一带一路"战略面临的风险和机遇，以及可能为中国商业保险领域带来的长远发展。

18日　建信财产保险有限公司成立，该公司是宁夏首家全国性法人保险机构。

18日　陆家嘴国泰人寿第六届感恩季客户活动拉开帷幕。本次客户活动以"服务连接你我，健康成就未来"为主题，以"关爱老客户，惠聚新客户"为目标开展了八大系列活动。

18日　内蒙古保协第七届会员代表大会暨理事会第一次会议在呼和浩特召开。会议选举产生新一届理事会、监事会组成人员；内蒙古保监局余利民局长、自治区民政厅民间组织管理局陆鸿雁副局长出席会议并讲话。

18日　华安保险成立20周年。

18日　泰康养老宁夏分公司开业。

18日～19日　中保协在青岛举办《中国保险行业大事记》编纂人员实务培训班，各保险机构编纂主要负责人、管理人员及业务骨干共120人参训。

19日　中国保监会副主席黄洪出席国务院新闻办公室新闻发布会，向中外记者介绍中国保监会《保险公司城乡居民大病保险投标管理暂行

十月
Chinese Insurance Industry Events

办法》等制度和我国大病保险的相关情况，并就大病保险相关问题回答记者提问。

19日　人保财险获中国保监会同意，在河北、内蒙古、山东、广东（含广州市）、广西、四川、青岛7个保监局辖区内开展专属保险代理门店试点工作。

19日　中再产险与中国地震局地球物理研究所就支持中国地震风险与保险实验室建设的合作备忘录签订仪式在北京举行。双方将以地震保险实验室建设为纽带，在风险评估、模型量化及数据共享、保险产品开发、再保险服务等方面开展全面合作，整合资源、发挥优势，共同推动地震保险实验室建设。

19日　平安健康与南方医科大学深圳医院签署战略协议。为参保人提供医疗服务、专家服务、健康管理服务、增值服务4项核心服务。此外，双方合作实现支付、服务、风险控制三大模式创新。

19日　河北保协与石家庄市铁路运输法院合作举办了人民陪审员暨法务联络员培训班。自2014年石家

庄铁路运输法院建立人民陪审制度以来，保险行业陪审员参与陪审18件诉讼案件；2015年法官联系人制度建立以来，已进行法律咨询1 790次，旁听庭审43次，诉前调解218件。

19日　太平洋裕利安怡保险销售有限责任公司在上海市开业。

19日~20日　陕西保协联合陕西保监局、陕西省公安厅在宝鸡市召开全省反保险欺诈工作总结表彰暨培训交流会议。陕西保协被授予2015~2016年度全省警保协作工作"先进集体"奖。

19日~25日　由国家民委副主任罗黎明任组长、中国保监会副主席陈文辉任副组长的督查组赴广西壮族自治区开展脱贫攻坚工作专项督查。

20日　广州市住房和城乡建设委员会、广州市财政局联合印发《广州市物业专项维修资金管理办法》，规定物业专项维修资金可用于投保物业共同部位、共同设施设备的专项财产保险，属全国首创。

20日　辽宁保监局与建昌县玲珑塔镇签订脱贫帮扶项目协议书，实施精准扶贫。

20日　中保协召开首次商业车险创新型条款评估会议。来自业内外10个专业领域的9位专家，对人保财险、中华财险申报的两项创新条款进行审核。经过认真评审，中华财险申报的机动车钥匙损坏或丢失费用补偿险通过审核，成为行业首个创新条款。

20日　中再集团在北京举办以"中再集团再保险主业技术与数据实力"为主题的资本市场开放日，向资本市场展现了财产再保险与人身再保险两方面的重大技术成果。来自高盛、美银美林、摩根士丹利及国泰君安等境内外重要机构的20余位分析师、投资者参加此次活动。

20日　人保金融服务有限公司成立，人保集团正式进入互联网金融领域。

20日　海峡保险成功承保开业后第一单建工险业务——福建永泰抽水蓄能电站建工一切险，提供风险保障39.8亿元，总保费1 074.6万元。海峡保险注重风险的过程管控，在福建省率先动用无人机航拍勘测，参与被保险人安全管理，取得良好效果。

20日　上海保险同业公会与美国华人保险理财协会合作举办创新发展研讨会，交流沪美两地保险领域探索实践和经验，并签署合作备忘录。

20日　天津保协与北京、河北保险中介协会研究通过《保险中介行业助力京津冀一体化指导意见》，进一步推动保险中介行业更好服务京津冀协同发展。

20日~21日　中保协举办保险业"营改增"专题培训班（第三期），各保险机构精算、产品部门主要负责人，管理人员及业务骨干共72人参训。

21日　中国保监会副主席黄洪参加纪念红军长征胜利80周年大会。

21日　上海市委书记韩正主持召开市委常委会议，审议通过允许职工医保个人账户资金自愿购买商业健康保险政策。

21日　福建保监局出台《关于做好福建保险业助推脱贫攻坚工作的实施意见》，从3个领域16个方面细化工作措施，助力福建省脱贫攻坚工作。

21日　四川省首届军民融合保险业务对接会在绵阳召开，全国首家军民融合保险支公司人保财险绵阳军民融合支公司成立，首次推出"军融宝"系列保险产品。

21日　中保协印发《保险公司董事会办公室职责手册》、《保险公司监事会工作实务指南》和《保险公司信息披露工作手册》，供行业各会员单位参照执行。以上自律性文件是中保协公司治理专委会组织工作组研究制定，工作组分别由人保集团、人保财险、中华保险担任组长。

21日　中保协副秘书长王敏会见联合国责任投资机构（UNPRI）董事总经理菲奥纳·雷诺兹女士一行，双方就推进"绿色保险"、加强绿色金融项目合作进行交流。

21日　由浙江省卫计委及浙江保监局主办，浙江保协协办的省健康保险和健康管理融合发展高峰论坛在杭州举行。该论坛是第二届浙江国际健康产业博览会的主要论坛项目之一。50多家健康管理企业与保险企业、300多位听众参加论坛。

21日　大都会人寿四川分公司温暖行动圆满结束，员工和客户捐献的12包200多千克爱心过冬衣物送达西藏自治区日喀则市定结县琼孜乡居民，此项温暖行动已经连续开展4年。

21 日　信诚人寿安徽省分公司开业。

21 日　陆家嘴国泰人寿四川分公司开业。

21 日　鼎宏保险销售烟台分公司开业。

22 日　中国人寿与全球顶级私募地产投资管理机构喜达屋资本集团（Starwood Capital Group）签署协议，收购美国优质精选型酒店资产包，标的资产总价值近35亿美元，是目前美国市场上最大的精选型酒店资产包。中国人寿是本次交易领投人及最大持股比例投资人。

22 日　在贵州贵安举行的第九届中国保险文化与品牌创新论坛上，中韩人寿签约加入中国保险养老社区联盟。中国保险养老社区联盟的建立旨在为保险公司和地产企业打造一个资源整合平台，建立资产池，助力保险公司发展养老社区，助力地产企业去库存和转型发展，双方跨界合作，实现互惠互利，合作共赢。

23 日　2016年重庆国际女子半程马拉松赛开跑。中华财险作为该赛事唯一保险合作伙伴，为赛事8 500余名女性参赛选手提供了全程公众责任保险保障。

24 日　中国保监会印发《关于京津冀保险公司分支机构高级管理人员任职资格备案管理试点办法》，在北京、天津和河北三地开展区域保险市场保险公司分支机构高级管理人员任职资格备案管理试点，积极推动保险业服务京津冀协同发展。

24 日　台风"海马"触发巨灾保险赔付阈值，汕尾市政府获得台风巨灾赔款1 000万元，这是广东巨灾指数保险试点以来的首笔赔款，也是全国巨灾保险赔付最快的一例。之后，汕头、梅州、河源3个地市政府分别获得强降雨巨灾赔款200万元、500万元和400万元。

24 日　中保协会长朱进元会见卢森堡保险与再保险协会主席玛丽—伊莲·马萨尔一行。中保协副秘书长王敏女士、卢森堡保险行业协会副主席马克·劳尔和首席执行官马克·亨根一同参与会见。双方就互联网保险的发展、保险回归保障、公众保险教育等行业重点话题进行深入讨论，并就进一步加强合作达成共识。

24 日　中华保险党校和中华保险学院成立。

24 日　中再产险与诚泰保险签订协作创新战略合作协议。双方就"地震保险"、

"特色农业保险"、"旅游服务保险"、"建筑全产业链保险"等创新业务合作进行讨论。

24日~27日 中保协举办金融风险管理师（FRM）培训班，各保险公司从事金融风险管理及相关工作的员工共60人参训。

24日 海南槟榔价格指数保险在槟榔之乡万宁市签发首单，共承保350亩，为种植户提供风险保障90.65万元。

25日 中国保监会完成2016年第二季度"偿二代"风险综合评级工作，这是"偿二代"体系下风险综合评级制度的首次运行，标志着"偿二代"三个支柱所有监管标准全面实施。自2016年1月"偿二代"正式实施以来，中国保监会全面推进"偿二代"实施工作，持续强化偿付能力监管，行业整体偿付能力保持充足稳定，"偿二代"实施达到良好效果。

25日 全国首个政府统一出资的创客风险保障项目"创客保"责任保险在宁波高新区落地。

25日 人保健康江苏分公司新承保靖江市城镇职工基本医保经办项目，受托基金4.20亿元，覆盖人群23万人。

25日 泰山保险河南分公司开业。

25日 长安责任保险江苏无锡中心支公司独家承保京沪铁路无锡北至无锡段改造工程项目建筑工程一切险，提供风险保障3.9亿元。

26日 西藏自治区政府印发《关于印发西藏自治区开展城乡居民大病保险工作实施方案的通知》。西藏自治区将自2017年实现全自治区城乡居民大病保险全覆盖。

26日 中保研汽车技术研究院与中国质量认证中心战略合作签约暨后市场配件认证项目签约仪式在北京启动。双方发挥自身业务特长，本着服务社会服务行业的理念，规范汽车零配件市场、降低消

费者维修成本、促进保险行业进一步提升对车险市场的服务能力和服务质量。建立汽车后市场配件认证和可追溯制度，是规范汽车后市场的重要方面，也是落实国家部委相关文件的具体行动。

26日　中国信保正式承保由中国交通建设股份有限公司承建的肯尼亚内罗毕—马拉巴铁路一期项目。该项目将为肯尼亚创造5万个工作岗位，建成后将与蒙巴萨—内罗毕铁路和乌干达境内铁路接轨，将降低跨境物流运输成本，推动东非次区域的互联互通和一体化进程。这是在非洲"三网一化"建设中，由保险带动融资、以融资促进出口的又一成功案例。

26日　永诚保险与中国妇女发展基金会携手开展"母亲健康护航行动"，走进国家重点扶贫地区河南范县、台前县，为当地贫困妇女提供60万元的宫颈癌、乳腺癌筛查和40万元的意外安全保障。

27日　中国保监会副主席陈文辉会见劳合社主席约翰·纳尔逊一行。

27日　安徽保监局召开全省税优健康险座谈会，就推进税优健康险试点工作做出部署，全省开展税优健康险业务的保险公司主要负责人及部门负责人参加会议。

27日　在云南保监局推动下，巧家县人民政府和安盛天平财险共同出资为全县43 926户建档立卡贫困户购买扶贫保险，共计承担风险保障7.57亿元。

27日　阳光集团在武汉亚洲心脏病医院承保"护心保"心脏介入

手术意外保险第一单。该产品是国内首款"保险+健康管理+PBM"产品，患者除能获得有效的手术意外风险保障，还可以术后获得综合性健康管理保障。

27日　国元农险与中国移动签署车险车联网战略合作框架协议。通过合作，国元农险将可借助中国移动车联网系统及车险大数据分析系统实现公司车险业务的精准营销。

27日　众安保险推出国内首款全网电商通用的网络购物退货运费损失保险服务"任性退"，为全网用户提供购物保障。

27日~28日　中保协举办区块链技术下保险创新发展专题培训班，各保险机构信息技术、电子商务、营销创新部门主要负责人，管理人员及业务骨干共115人参训。

28日　中国保监会召开党委扩大会议，传达党的十八届六中全会会议精神，要求保险监管系统坚决拥护、坚决服从、坚决捍卫以习近平同志为核心的党中央，坚决落实全面从严治党各项要求，推动保险业更好地服务经济社会发展全局。

28日　永诚保险与华风象辑（北京）气象科技有限公司签署《气象保险战略合作协议》。双方将充分发挥各自资源优势，共同推动保险行业气象信息化服务模式创新及业务发展。

28日　由劳合社（中国）主办的第五届"劳合社日"（Lloyd's Day）活动在北京举行，包括劳合社辛迪加和海内外保险公司及经纪公司代表在内的500余位嘉宾参加活动。

28日　锦泰保险开出四川省内建设工程合同履约保证保险单笔最大保单，为四川公路桥梁建设集团有限公司"叙镇铁路（川滇段）站前标段"项目提供施工合同履约保证保险，保险金额达1.35亿元。

28日　新华保险青岛分公司为客户赔付因车祸导致身体全残保险金223.4万元。涉及险种为福家伴侣保险、至尊双利终身寿险、吉祥至尊两全保险和畅行无忧保险。

30日　2016年度"中国保险汽车安全指数"16款车型测评工作在联合试验室（重庆）全面完成，2017年度测评工作有序开展。

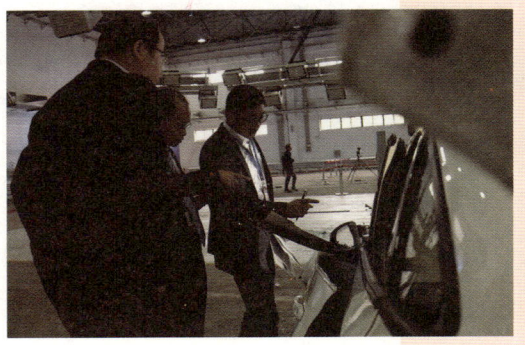

30日　安邦人寿云核心系统正式上线，该系统支持7×24小时不间断服务，是一个采用互联网技术部署在云上的新一代保险核

心业务系统。它能够灵活定义各种业务场景，支持业务快速扩展，并解决系统并发量的业务痛点。它具备高可用、高可靠的性能特点，能够支持不间断服务的情况下随时发布上线；它采用弹性计算技术，能支持系统按需扩充或减少硬件服务资源数量；它设计了统一监控管理平台，能在客户无感知的情况下提升系统整体服务能力，解决了传统架构下的运营难题。云核心系统上线标志着保险行业在云计算创新应用方面迈出了重要一步。

31日　陕西保监局与陕西省扶贫办联合印发《陕西保险业助推脱贫攻坚工作实施意见》，布局陕西保险业全面对接精准扶贫，明确实施范围、保险配套方案和资金政策支持。

31日　中保协、中国汽车维修行业协会联合举行第六期汽车零整比发布会，在更新发布100款车型零整比、常用配件负担指数的基础上，形成了汽车零整比系数、消费者常用配件负担指数、消费者养护负担指数三位一体指数体系，以反映消费者在购车、用车、养车过程中的成本变化。当期汽车零整比100指数为330.02%，消费者常用配件负担100指数为14.45，两项指数同比2016年4月均呈小幅上涨态势。

31日　首届中国—比利时经济论坛在安邦金融中心成功举办。此次活动是比利时首相查尔斯·米歇尔访华的首站正式活动。查尔斯·米歇尔首相称，"安邦为投资比利时的中国企业典范"。安邦集团于此次论坛宣布"百万欧元计划"，即安邦集团将通过旗下成都农商银行和比利时Nagelmackers银行，帮助中国创客进入欧洲，为其分别提供100万欧元内的贷款融资。

31日　人保寿险为团体定期寿险客户快速赔付疾病身故保险金300万元。

10月　北京保监局探索运用大数据技术提升保险中介监管效能。北京地区保险中介大数据风险监测平台正式上线。

10月　山东省人民政府印发《山东省自然灾害救助应急预案》，明确进一步发挥商业保险在自然灾害救助中的作用。

10月　自9月起，河北保监局开展中介领域互联网保险业务及与其他金融业态交叉传递风险重点抽查，选取4家有互联网保险经营资质的中介机构，3家股东名称含有"投资"字样、可能涉足互联网金融的中介机构进行现场检查。

10月　自4月起，山西保监局与山西省公安厅组织全省保险业开展"安宁2016"反欺诈专项行动。行动期间，全行业累计向公安机关移送保险欺诈案件线索102条，公安机关立案13起，涉案金额550万元，已侦破9起，其中包括2起专业化犯罪团伙案。通过反欺诈专项排查和日常预防，辖内保险公司合计减损金额达 11 483.41 万元。

10月　山东省印发《关于加快山东半岛国家自主创新示范区建设发展的实施意见》，明确支持保险机构在区内建立科技保险专营机构等措施。

10月　山东省旅游发展委员会与江泰保险经纪公司签订战略合作框架协议。

10月　中保协会长朱进元与卢森堡保险与再保险协会主席玛丽—伊莲·马萨尔签署合作备忘录。两协会将着眼于消费者教育、互联网保险等议题，深入开展培训、研讨、信息共享等合作。

10月　太平财险独家承保成昆铁路峨眉至米易段扩能改造工程保险项目，保额达 12.12 亿元。

10月　太平财险与蚂蚁金服联手推出的"父母防电信诈骗险"在支付宝上线。

10月　太保产险与北京爱义行汽车服务有限责任公司签署机动车辆保险合作框架协议，实现保险与汽车服务后市场双领域的有机融合、互联互动。

10月　太保产险与中国邮政电子商务有限公司签订《全面业务合作协议》。双方将建立全面合作伙伴关系，加强在保险代理、同业市场、公司金融、资金业务、电子商务、托管业务等多领域的合作。

10月　自4月起，唐山世界园艺博览会（简称"世园会"）成功举办，保险业积极参与，提供大力支持。平安养老投资 31 亿元用于世园会及配套重点项目建设；燕赵财险出资 2 000 万元为世园会提供财产险、责任险、意外险等"一揽子"保险保障服务。

10月　上海保险同业公会对上海保险业 1 800 余名车险理赔人员（查勘定损）按其品质及能力完成挂牌。

10月　上海保险同业公会发布《上海车险反欺诈数据质量评价办法》。

10月　河北保协印发自律检查报告，对 470 家保险公司二级和三级机构开展 2016 年度服务自律检查工作，就其存在问题提出整改意见，确保检查效果落到实处。

10月　湖南保险业发挥自身优势和产业特色，积极开展精准扶贫工作，提高服务保障三农能力，共为 2 219.46 万户次农户提供了 829.35 亿元的风险保障，向 40.11 万户次农户支付赔款 7.23 亿元。

10 月　宁波国家高新区（新材料科技城）推出全国首创的由政府投保的创客风险保障类保险产品"创客保"。

10 月　云南保协组织召开《云南省机动车辆保险合规经营自律公约（2016 版）》签订会。云南保监局副局长黄德强、云南保险行业协会主要领导以及在滇 23 家经营机动车辆保险业务的财产险公司主要负责人或代表参加会议。

10 月　经中国保监会批复，招商信诺人寿注册基本金变更为 28 亿元。

十一月

1日　山东保监局建设的全国首个区域性保险资金与地方项目对接信息平台正式上线。

1日　中保协期刊《中国保险市场》出版《2016中国寿险业十月前海峰会》特刊。特刊总结了海外市场经验，对我国寿险业在低利率环境下的发展提出建议。

1日　《中国出口信用保险公司政策性职能履行评估报告》发布会在北京召开。2015年度的评估结果显示，在全球经济增长放缓的大背景下，中国信保积极落实国家政策，服务国家重大战略，较好地履行了政策性职能。出口信用保险直接和间接拉动出口金额超过5 700亿美元，占同期我国出口总额的比重达到25.11%；信用保险对国内生产总值（GDP）的贡献率达到5.48%；出口信用保险促进和保障就业超过1 500万人。

1日　按照中国保监会的统一部署，全国农业保险信息管理平台（简称农险平台）二期全险种数据汇集系统全面上线。农险平台二期已对接经营农业保险业务的全部25家保险公司，实现对全国范围内全部政策性和商业性险种（种植业、养殖业、林业）业务数据的集中管理，并将有序归集2007年开展政策性农业保险试点以来的历史数据，为我国农业保险事业的规范经营、科学发展建立坚实的数据基础。

1日　在宁波举办的国家保险创新综合试验区建设推进大会上，国寿集团、太平集团、太保集团、平安集团、中华保险、大地保险、上海保交所、浙商财险、永诚保险、天安财险等20多家公司与宁波市政府签署战略合作协议，参与和支持宁波国家保险创新产业园的建设与发展。中保学、中国金融博物馆集团就建设中国保险博物馆与宁波市政府签署三方合作协议。

1日　太保寿险联合上海质子重离子医院共同推出"心安·质重防癌医疗保险（H2016）"保险产品。该产品结合中高端客群的保障需求，保障范围覆盖世界领先的质子重离子治疗，为客户提供国内外高端防癌医疗保障。

1日　河南保协组织19名符合要求的保险专业人士在河南省保险社会法庭、郑州高新区人民法院涉保险纠纷诉调对接中心分批进驻展开工作。

1日 湖北保协警保联动信息管理平台与武汉市公安局交通管理局事故快速处理平台正式对接，保险公司可通过警保联动信息管理平台查询、下载交警线上电子定责书，据以办理理赔手续，从而提高车险理赔服务时效，简化理赔手续，提升客户满意度。

2日 人保集团宁波产品创新中心正式揭牌。中保学会长姚庆海，宁波市政府副秘书长、金融办主任姚蓓军共同为中心揭牌。人保财险监事会主席、党委副书记、纪委书记王乐枢致辞。

3日 内蒙古保监局与自治区扶贫办联合印发《内蒙古自治区建设保险助推脱贫攻坚示范旗县实施方案》，积极探索创新保险助推脱贫攻坚的思路和途径，通过集中资源、突出重点建设保险助推脱贫攻坚示范旗县，发挥其典型带动作用。

3日 中保协秘书长助理李晓武会见纽约金融学院院长李·阿瑟与中国区董事总经理孙玮一行，双方深入探讨了在线教育培训等合作事宜。

3日 人保健康"农民工团体护理保险（万能型）"产品上市销售。该产品将政府部门农民工工资保障金制度引入保险机制，依托与合同履约保证保险形成产品组合，在保障工资保障金安全的同时放大资金的使用效能。

3日 由太平资产发起的"太平—北京城建基础设施股权投资计划"成功落地。该计划总规模30亿元，这是太平资产首单基础设施股权投资计划。

3日 大连保协组织召开落实助推脱贫攻坚工作协调会，宣读大连保监局及大连保协贯彻落实助推脱贫攻坚会议精神工作方案，介绍行业15个助推脱贫攻坚工作进展情况，成立180人的行业助推脱贫攻坚志愿服务联队。大连保协会长杨万武、秘书长李杰及45家会员单位负责人近100人参会。

4日 最高人民法院与中国保监会联合发布《关于全面推进保险纠纷诉讼与调解对接机制建设的意见》，深入贯彻落实党中央国务院关于完善社会矛盾纠纷多元化解机制的有关部署和要求，推进建立和完善保险纠纷多元化解决机制，更好地发挥保险纠纷诉讼与调解对接机制的功能与作用。

4日 湖北保监局与省扶贫办联合印发《关于做好保险业助推脱贫攻坚工作的实施意见》，助力全省"十三五"精准扶贫工作。

4日 华海财险推出针对玻尿酸注射微整形的保险产品——华海安妍玻尿酸注射意外险。此款产品是国内保险业首创，专门针对整形美容设计。

4日 平安养老同荷兰医疗福利与保健机构（NIHW）、北京伊康广济科技有限公司签署合作协议，平安养老成为国内独家引进interRAI长期照护评估工具的保险公司。interRAI评估工具将突破照护险评估流程长、评估成本高等局限，也可用于大病保险、重疾保险等参保人失能评定。

4日 泰康资产沪、港、深精选资产管理产品发行，这是业内首批参与港股通交易的保险资产管理产品。

4日 经中国保监会批复，英大财险注册资本变更为31亿元。

5日 由中国保监会、农业部和中国证监会联合主办的第五届风险管理与农业发展论坛在云南省昆明市召开。作为第十四届中国国际农产品交易会的重要组成部分，论坛以"农业供给侧改革中的风险管理"为主题，探讨农业供给侧改革中如何更好地发挥期货市场、保险市场的作用，有效管理农业市场风险，助推现代农业如何发展。全国政协常委、经济委员会副主任，中央农村工作领导小组原副组长兼办公室主任陈锡文出席论坛并做主题演讲，中国保监会副主席陈文辉，农业部副部长屈冬玉，中国证监会副主席方星海出席论坛并致辞。

6日　大地保险作为保险赞助商，为杭州2016年马拉松赛事提供团体意外险，包括美国、日本等50个国家和地区的32 000余名参赛选手及工作人员共4万余人提供公众责任险保障，保额共200亿元。

6日　中华财险湖北分公司孝感中支被孝感市委、市人民政府授予"抗洪抢险集体二等功"。

7日　上海保监局联合市金融办、市住建委、市政府新闻办举办新闻通气会暨签约仪式，通报上海市住宅建筑工程质量潜在缺陷保险（IDI）制度有关情况，在全国率先开展IDI项目。

7日　浙江保监局与浙江省住房和城乡建设厅、浙江省人力资源和社会保障厅联合下发《关于进一步完善工程担保制度推行建设工程综合保险工作的通知》，自2017年1月1日起在全省范围推广建设工程综合保险。

7日　平安集团与广西壮族自治区政府签署战略合作协议，双方将在投融资业务、基础建设、医保系统、财政云平台、完善社会保障体系、糖交易平台以及综合金融等领域展开合作。

7日　泰康人寿新单价值首次跨越100亿元。

7日　华海财险与近报融媒在济南签署战略合作协议。作为"金融+互联网+媒体"跨界融合模式，双方致力于开展全方位的战略合作，通过发挥各自在专业技术、受众范围、产品渠道等方面的优势实现共赢发展。

7日　长江养老"受托参与股指期货交易能力"获得中国保监会批准备案，成为首家获得该业务资格的养老保险公司。

7日~11日　太平洋保险第九次"责任照亮未来"支教活动在云南腾冲滇滩太平洋保险希望小学举行。全国各地分支机构的员工志愿者为孩子们带来安全知识、绘本阅读、美术、音乐、折纸、体育等丰富多彩的课程，并组织运动会、文艺会演等活动，让孩子们领略多姿多彩的生活。

十一月
Chinese Insurance Industry Events

8日 由中国保监会举办的亚洲偿付能力监管与合作研修班开班仪式在北京举行。此次偿付能力专题研修班为期3周，来自包括中国在内的10个亚洲国家和地区的保险监管机构负责偿付能力监管的技术骨干参加。中国保监会副主席陈文辉出席开班仪式并致辞。

8日 内蒙古保监局制定《内蒙古保监局行政处罚案件合议制度》，实现合议小组、处罚委办公室、处罚委员会逐级审核案件，避免裁量偏差。

8日 重庆保监局联合重庆市金融办、中国人民银行重庆营管部等8部门印发《关于金融精准扶贫的实施意见》。

8日 中保协、平安道远投资管理（上海）联合举办中小保险公司资产配置专题研讨会。来自各中小保险公司、保险资管公司的资金运用相关负责人及业务骨干约70人参会。

8日 安邦集团第五届客户节在北京开幕，主题为"安心相伴 邦服同行"。

8日 人保寿险与中国电信股份有限公司宣布达成战略合作。双方携手合作，基于各自领域的丰富经验及资源，将"移动展业"作为首个主攻方向，以实际行动推动保险互联网化。

8日 泰康资产宣布与国际先进养老社区管理者北星地产金融公司签订合作协议，进军国际医养市场。双方在美国成立合资公司，共同投资逾450处、遍布美国和英国的优质医疗、养老物业资产组合业务。

8日 福州市政府与海峡保险签署战略合作协议。双方将在保险服务项目、保险金融创新、投融资项目以及教育公益事业等领域加强合作。

8日 海峡保险与中再产险、兴业银行、中海石油福建新能源、福建永泰闽投抽水蓄能、福建吉诺集团分别签署战

略合作协议。

8日 海峡保险举行"海峡保险情系灾区教育"爱心公益捐赠仪式，为闽清受灾学校捐款50万元。

8日~9日 中保协在上海举办保险业资产证券化专题培训班，各保险机构资金等相关业务部门主要负责人、管理人员及业务骨干共114人参训。

8日~12日 中再集团总裁张泓作为中国保险业赴英国考察团一员，代表中再集团参加第八次中英经济财金对话有关活动。在劳合社中英保险业圆桌对话上，张泓总裁代表中国保险业赴英考察团发表致辞，表示希望中英两国能在保险投资、保险产品服务以及搭建多层面专项合作平台等领域继续深化合作。

9日 中保协会长朱进元会见麦肯锡公司全球资深董事吴子一行，双方基于"保险回归保障"，围绕寿险产品创新与营销模式变革面临的机遇与挑战进行深入探讨。

9日 中保协会长朱进元会见波士顿咨询公司（BCG）全球常务董事、全球价值导向型医疗保健（VBHC）课题专家詹斯·蒂尔伯格—维特拉姆博士一行，双方围绕健康与风险管理、运动保险、术后康复、医疗机构服务评级等领域进行深入交流。

9日 中保协参加由中国证监会举办的保险事项座谈会，研究讨论"上市公司退市保险附加险"和"健全证券中介机构职业保险制度"工作进展情况及下一步的工作举措。

9日 中保协面向行业征集保险扶贫宣传语，动员各方力量，凝聚行业共识，全面打赢脱贫攻坚战。

9日 信诚人寿发布《2016年人际关系亲密指数报告》。该报告是中国第一份针对人际关系指数开展的深入调查报告。报告以记分的方式衡量人们对伴侣、子女、父母、亲友等人际关系的满足程度，中国受访者在亚洲10个国家和地区中得分最低。

10日 甘肃省人民政府印发《甘肃省整合城乡居民基本医疗保险制度实施意见》，以政府购买服务的方式，委托具有资质的商业保险机构等社会力量，全面经办城乡居民基本医保。

10日　为整合行业财务会计资源，推进财务会计人才建设，维护保险公司合法权益，中保协开展保险行业优秀会计师评估推荐工作并在第二届中国保险业人才发展高峰会上为优秀会计师颁奖。评估工作历时4个月，110余家会员单位参与推荐，经过两轮筛选，最终确定10名会计师作为中国保险行业核心人才千人计划会计师专家团。

10日　上海保交所保险资产登记交易平台首批产品顺利上线，试点首发2只保险资产管理产品，首批用户包括寿险公司、产险公司、保险资管公司、银行等金融机构20余家，发行注册总规模78.8亿元。其中，长江养老"太平洋寿险保单贷款资产支持计划"是通过另类保险资管产品实现保单贷款资产证券化的第一单产品。该项目获得上海市政府颁发的2016年上海金融创新成果奖；"太平—上海建工都江堰市债权投资计划"是行业内首单投资于PPP项目的保险债权投资计划，计划总规模28.8亿元。

10日　安诚财险"微信商城"正式上线运行。

10日　天津保协启动为期两个月的诉中调解专项工作，为解决保险诉讼纠纷提供专业援助。

10日　中国人寿广西分公司总保费收入首次突破百亿元大关，成为广西寿险行业首个总保费破百亿元的保险公司。

10日~11日　由中保协主办的第二届中国保险业人才发展高峰会暨中国保险行业协会人力资源发展专业委员会、教育培训专业委员会年会在北京召开。会议发布《2016年中国保险行业人力资源报告》、中保协2016年人力资源课题研究成果，同时举办了2016年度中国保险行业"千人计划"核心专家颁证仪式、中

保协与中国人民大学网络教育学院合作项目签约仪式。中国保监会、中保协，国际、国内知名金融和保险机构近300人参会。会议选举产生中保协第二届人力资源专委会、教育培训专委会，中国保监会原副主席周延礼出席会议并讲话，中保协会长朱进元致辞。中保协秘书长助理李晓武主持会议。

10日~11日　中保协召开中国养老金第三支柱研究课题工作会议，认真梳理课题要点，并就新常态下发展养老金第三支柱的意义、各国养老金第三支柱发展研究和相关政策建议等内容形成共识。平安养老、长江养老等8家公司的课题组成员参会，中保协副秘书长余勋盛出席会议。

10日~11日　中保协举办国际长期护理保险业务交流培训班，各保险机构相关业务部门主要负责人、管理人员及业务骨干共82人参训。

11日　福建省人民政府出台《关于推行环境污染责任保险制度的意见》，在环境高风险领域全面建立环境污染责任保险制度。

11日　中保协发布2015年度交强险运营情况和10年经营数据。中央电视台、新华网、人民网等10余家媒体就交强险运营情况、存在的问题和消费者普遍关注的问题进行提问，中保协交强险工作组从经营模式、费率机制、市场环境等多个角度进行解答。同时，中保协在官网开辟交强险信息披露专栏。

11日　随着"双11"消费集聚效应的不断扩大，"双11"期间全国车险平台业务量也呈现井喷态势，保费规模达到49.7亿元，系统交易量达到3 727万次，分别达到日常工作量的225%和162%，业务量和交易量均创历史新高。为应对"双量"齐升的业务高峰，中国保信积极行动，周密部署，应用新技术，不断优化系统性能，努力提升平台效率，降低系统响应时间，平均每笔交易低于0.13秒。"双11"期间，全国车险平台各系统运行正常，未出现任何异常波动，呈现业务量和交易量上升、系统响应时间下降"两升一降"良好态势。

11日　国寿大健康基金即国寿成达（上海）健康产业股权投资中心（有限合伙）在上海自贸区完成工商设立，首期规模120.1亿元人民币，是国内最大的旗舰型医疗健康产业股权投资基金。中国人寿大健康产业投资平台正式起航。

11日　（伦敦当地时间11月10日）中国人寿伦敦代表处开业。

11日　由太保产险与安信农保共同创新推出的2015~2016年榨季广西糖料蔗价格指数保险试点项目结束，保险公司向参加保险试点的蔗农赔付每吨糖料蔗6元，累计赔付逾1 200万元。广西2015/2016榨季糖料蔗价格指数保险试点工作在自治区农垦、扶绥县、武鸣区、武宣县、鹿寨县、融水县开展，累计为1.13万户蔗农种植的40.44万亩双高基地糖料蔗提供了9亿元的价格保险保障。

11日　河北省委常委、常务副省长袁桐利在燕赵财险《关于今年业务发展提前两个月完成全年保费收入目标的报告》上做出重要批示：燕赵财险自成立以来，思路清晰，奋发进取，为推动经济社会发展发挥了积极作用，望再接再厉，为建设经济强省、美丽河北做出更大贡献。

11日　信泰保险携手阿里巴巴推出"体验宝"1号，首创保险体验式消费概念。

11日　华夏人寿向清华大学经管学院捐赠1 000万元，联手打造顶尖科研和人才培养平台。

11日　宁波市召开普通国省公路营运期巨灾风险保险创新试点工作会议，宁波市公路管理局与太保产险宁波分公司（首席承保人）及人保财险宁波分公司（共保人）签署国省公路营运期巨灾风险保险合作协议。

12日　中保协召开北京大学、中国人民大学、中央财经大学、对外经济贸易大学、首都经济贸易大学和北京工商大学等高校保险社团专项会议。会议决定由参会的6所高校作为发起单位，成立全国高校保险社团联盟，并由中国人民大学作为全国保险社团联盟首届轮值主席开展工作。

12日　中煤保险参与中煤陕西榆林能源化工有限公司化工运营期财产保险项目承保，总保额达177亿元。

14日　上海保监局与上海市人社局联合印发《关于将"外来保险营销员"纳入本市来沪人员灵活就业登记管理的通知》。从2017年起，上海地区外来保险营销员办理灵活就业登记后，符合相关条件即可享受子女义务教育就学、社会保障等相关社会公共服务政策。

14日　深圳保险中介协会联合深圳市国家税务局海洋石油税收管理分局召开深圳保险中介行业"营改增"工作座谈交流会。海洋分局兰平局长出席会议。双方就"营改增"后深圳保险业的实际税务情况、疑难问题以及政策扶持建议等内容进行深入交流。

14 日　天安财险甘肃省分公司与甘肃省律师协会签署全面战略合作协议，天安财险甘肃省分公司将独家承保甘肃省律师职业责任保险业务，并将发挥各自在产品研发、机构网络、法律专业等方面的优势，在保险诉讼业务、车险、非车险业务等方面开展双方全方位、多层次、多方式的交流合作。

14 日　太平养老重庆分公司开业。

14 日~17 日　永诚保险分别在华能运河电厂、华能嘉祥电厂、华能威海电厂和华能烟台电厂推广推动综合金融理财产品，共计推荐理财产品额度近 7 000 万元。

15 日　中国保监会发布《关于进一步加强养老保障管理业务监管有关问题的通知》，进一步加强新形势下养老保障管理业务监督，防范业务风险，保护消费者合法权益，推动养老保障管理业务持续健康发展。

15 日　中国共产党湖南省第十一次代表大会在湖南长沙胜利召开。大会明确提出，要奋力建设富饶美丽幸福新湖南。湖南省委书记杜家毫在会议工作报告中明确提出：鼓励发展商业保险，健全社会保障体系；积极推进金融改革，健全金融市场体系，创新融资模式和融资渠道，支持地方金融机构做优做强；同时要完善和落实扶贫政策，加大扶贫投入，强化金融支撑。

15 日　中保协统计专委会第四次全体大会暨保险统计数据论坛在青岛召开。主任委员、人保集团副总裁唐志刚，常务副主任委员、中保协副秘书长王敏等出席会议，各委员单位共 160 余人参加会议。会议总结统计专委会 2016 年工作成绩，提出 2017 年工作要点，并就保险公司经营评价指标体系进行深入、细致的培训和研讨。保险数据论坛上，百融金服 CEO 张韶峰、阿里云总经理徐敏就大数据在保险业的应用进行理论和实践分享。

15 日　中保协组织开展"寻找中国最美保险营销团队"、"中国百强保险营销员"和"中国优秀青年大学生保险营销员"评选活动，推动全行业积极践行"守信用、担风险、重服务、合规范"的核心价值理念，激励全行业和全体保险营销员奋发有为、争先创优。

15 日　中保协开展保险行业微信公众号评选活动。评选活动旨在促进行业新媒体交流和信息共享，扩大行业新媒体的社会影响力，提升保险企业品牌建设能力和水平，参评微信公众号达到 156 个，订阅号 71 个，服务号 85 个。

15 日　中保协秘书长助理李晓武会见苏黎世应用科技大学银行、金融与保险系主任丹尼尔·格雷贝尔一行，双方就保险行业学历认证与成人再教育等人才培养合作进行探讨。

15日　人保寿险"百万惠民意外伤害保险"产品客户发生交通事故意外身故，经认真调查后赔付受益人意外身故保险金240万元。

15日　中华财险顺利完成60亿元"5+5"期可赎回资本补充债券的发行工作，这是中华财险首次在全国银行间债券市场发行资本补充债券。

16日　在中保协指导下，中国汽车工程研究院和中保研汽车技术研究院在北京联合发布了"中国保险汽车安全指数"。发布会上，双方对"指数"的总体框架进行披露和介绍，并发布"指数"实施方案。

16日　国家发展和改革委员会、工业与信息化部举办"2016中国'互联网+'峰会"，会上发布了《中国"互联网+"百佳行动实践》书籍，国寿财险自主研发的"一路行"理赔服务平台成功入选百佳案例。

16日　人保健康与微医集团签署战略合作协议，双方约定在就医服务、健康管理、健康保险等贯穿健康产业链的各个环节展开深度合作。

16日　富邦财险与福建海峡银行签订"总对总"合作协议，实现福建省各地市全覆盖并辐射浙江省，稳步提升富邦财险市场地位和品牌形象。

16日　百年保险资产管理有限责任公司在辽宁省大连市开业。

16日　山西省运城市保险行业协会成立。

17日　由中保协主办、黑龙江保协协办的第二十二届海峡两岸及港澳保险业交流与合作会议在黑龙江省哈尔滨市召开。国务院台湾事务办公室经济局副局长郑慷、黑龙江省政府金融办主任郎国明、黑龙江保监局局长董波出席会议。中保协会长朱进元、台湾保险学会理事长陈灿煌、香港保险业联会主席伍荣发以及澳门保险公会会长姜宜道分别代表各地保险业致辞。来自大陆及台湾、香港、澳门地区保险业的共130余名代表参会。

17日　中保协副秘书长王敏会见中国香港特许秘书公会会长谭国荣一行，双方交流了近期工作重点和未来发展方向，并就2017年公司治理合作项目展开务实探讨。

17日　国寿集团与浙江省人民政府签署全面战略合作协议，双方将在投融资、不动产和养老养生项目，健康医疗服务，保险和企业年金业务，银行业务，金融创新等领域开展深度合作。

17日　平安集团与江西省人民政府签署战略合作协议。双方在智慧医保合作、职业年金、赣江新区投融资业务、养老产业发展、PPP项目、地方财政云平台建设、完善社会保障体系等领域展开广泛合作。

17日（纽约当地时间11月16日）　中国人寿纽约代表处开业。

17日　太平人寿在复旦大学设立"复旦—太平人才基地"及"复旦—太平教育基金"，双方计划在教学实践、人才培养等方面展开深入合作。

17日　吉林保协召开第五届会员代表大会暨第五届理事会第一次会议，会议选举产生新一届理事会。

17日　2016年劳合社圆桌会议（2016 Lloyd's Roundtable）在上海陆家嘴举行，来自10余家外资产险公司的30名代表参加会议，并集中讨论"偿二代"实施工作中的经验和遇到的热点问题。

17日　中路保险成功承保青岛地铁4号线和8号线工程保险。其中，4号线建筑工程一切险保险金额157亿元，团体意外保险保险金额580.9万元；8号线建筑工程一切险保险金额216亿元，团体意外保险保险金额799.2万元。

17日　湖北保协消费者权益服务信息平台正式上线运行，标志着湖北保协投诉处理工作实现信息化管理。该平台具有投诉处理、投诉分析、诉调对接案件处理、道路交通案件处理等多项功能。

17日　经中国保监会批复，华农保险注册资本变更为10亿元。

17日~19日　中保协举办中国保险行业领军人才培养工程财产险公司业务创新发展高级研修班，各保险机构总公司部门级上管理干部、分公司班子成员、公司高级专业技术人员及总公司重点培养对象共31人参训。

18日　中国保监会行政许可在线服务系统在中国保监会网站上线试运行。该系统上线后，中国保监会行政许可申报将更加方便快捷，更好地保障申请人的知情权、参与权和监督权，进一步促进依法行政，全面提高中国保监会政务服务水平。

18日　湖北保监局向湖南省人民省政府上报《关于人民人寿湖北省分公司齐志刚涉嫌合同诈骗案应急处置情况的报告》。湖南省副省长曹广晶在报告上批示：这件事本身处理很及时、果断、方法得当，但是人民人寿保险要从中深刻吸取教训，完善制度，堵塞漏洞。其他保险公司也要引以为戒。

18日　中保协2016年度常务理事会在黑龙江省哈尔滨市召开，来自60余家常务理事单位的代表出席会议。中保协会长朱进元出席会议并通报中保协2016年前三季度工作情况。

18日　中保协举办第124期中国保险大讲堂，特别邀请到中国社科院首批学部委员、学部主席团成员、马克思主义研究学部主任、教授、博士生导师，中国社科院经济社会发展研究中心主任程恩富就"马克思主义党建理论与实践的创新发展——党的十八届六中全会精神解读"做专题报告。

18日　为规范中保协会员管理与服务，维护会员合法权益，促进保险市场公开、

公平和公正，推动保险业持续健康发展，中保协印发《会员管理办法》。

18日 宁波市普通国省公路营运期巨灾风险保险落地，为全市所有国、省道821.65千米的公路投保了巨灾保险，保险金额近200亿元。

18日 中国人寿与医科院信息所签署新农合跨省就医联网结报合作备忘录。中国人寿作为医疗机构和经办机构资金流通的桥梁，建立跨省就医周转金，支付医疗机构垫付的新农合补偿基金，缩短回款时间，减轻医疗机构垫付压力。

18日 平安健康联合"360搜索"共同发布国内首份《癌症焦虑指数报告》，从多个维度刻画罹患癌症的焦虑人群属性及抗癌就医等情况。

18日 泰康在线举办"改变遇见未来"周年庆活动，并与民太安集团、中国诚信集团、向日葵保险网、今目标、中智关爱通等多家不同领域的优秀公司签订战略合作协议。

18日 合众财险与中驰车福达成全面战略合作关系，双方共享中驰车福遍布全国的4万家会员修理企业资源，同时在车险定损理赔系统、数据及车险增值服务等方面展开深度合作。

18日 信诚人寿安徽分公司开业。

18日 太平再（中国）日本代表处正式注册。

19日 中国保信与蚂蚁金服签订战略合作协议。双方在坚持各自核心利益的基础上，主要围绕通道建立和技术交流开展合作，且不涉及数据方面的内容。

19日 太平集团"微信实时贷"登陆太寿官微"太平集团95589"，开创了保单贷还款的新型服务模式。

20日（秘鲁当地时间） 中国信保与秘鲁国家金融开发公司（COFIDE）签署框架合作协议。协议约定，对于中资企业在秘鲁参与的相关项目，中国信保有意愿提供保险和担保等支持，COFIDE有意愿提供融资、担保、信用证和其他金融便利。该协议作为习近平主席访问秘鲁成果之一，于21日在中秘两国元首会谈时现场宣布。

20日 中国保信与中国电子科技集团公司签署战略合作协议，双方将围绕"创新、协调、绿色、开放、共享"发展理念，面向"十三五"国家创新驱动转型升级的战略机遇期，共同提升保险行业信息化建设的支撑能力和数据安全治理能力。

20日　由中保协和复星集团联合主办的首届全球互联网保险创新论坛在上海召开。中国保监会原副主席周延礼出席会议并发表讲话。会议聚焦互联网保险发展前沿，发布《2016中国互联网保险行业发展报告》。来自监管部门、全球各国保险公司、再保险公司以及金融科技公司的高管，各大媒体记者等共计400余人参会。

20日　为履行社会责任、助力保险创新，华夏人寿捐赠清华大学五道口金融学院1 000万元。同方全球人寿捐赠清华大学五道口金融学院100万元。

20日　北京保险研究院承担的《义乌相互制保险模式研究》课题结项。

20日　广东保协组织开发的广州市快撤理赔服务新系统正式上线试运行。

20日　长安责任保险江苏常州中心支公司与常州农委、市财政局、常州农业龙头企业、中国银行常州分行以及常州武进再担保公司合作农业贷款履约保证保险，发放贷款2 630万元。该项目受到中国保监会关注，并委派江苏保监局到相关企业调研，与常州市农业委员会商讨如何进一步支持"三农"发展。

21日　全国金融标准化技术委员会保险分技术委员会对《再保险数据交换规范（JR/T0036-2007）》进行修订，制定了《再保险数据交换规范（JR/T0036-2016）》行业标准，并通过审查，予以发布。原标准自修订后标准发布之日起同时废止。

21日　中国保监会发布《再保险数据交换规范》行业标准。该标准由保标委秘书处组织制定。

21日　浙江保监局和浙江省安监局联合推动全国首创的"安全生产和环境污染综合责任保险"试点在衢州落地。该项目是浙江保险业"补短板"的重点项目之一。试点险种组合由衢州市政府和人保财险衢州市分公司联合开发，包含安全生产、环境污染以及危化品运输3项保险责任。

21日　太平集团与渤海银行签署战略合作协议。双方除深入开展传统银保代理、养老年金、资金托管等基础合作外，还部署了融资投资、基金合作等多个重点潜力领域，着眼长远，务实有效，通过促进银行保险间的高效互联互通、共同创新，推动双方共同发展,互利互赢。

21日 2016年上海国际马拉松赛在上海外滩金牛广场鸣枪开跑。作为本次赛事唯一指定保险保障赞助商,平安产险为参赛的38 000名马拉松选手、近7 000名赛事工作人员提供全方位保险保障和志愿者服务。同时,中国平安携手上海国际马拉松组委会,向114所平安希望小学捐赠240万元,用于乡村学校购买体育器材和开展体育支教。

22日 第九届中国武汉金融博览会暨中国中部(湖北)创业投资大会在武汉东湖国际会议中心开幕,中国保监会副主席陈文辉、湖北保监局局长王斌出席开幕式。

22日 为进一步简政放权,发挥行业组织自律作用,完善人身保险公司价值评估制度,中国保监会印发关于废止《关于印发〈人身保险内含价值报告编制指引〉的通知》的通知。

22日 中保协召开保险业首个团体标准发布会,正式发布《农业保险服务通则》团体标准。这是保险业落实精准扶贫战略的举措,是保险行业团体标准试点工作的重要阶段性成果,是中保协"辅助监管、服务会员"职能的体现。

22日 太平养老独家中标全国首个启动长期护理保险试点的省会级城市——山东济南长期护理保险试点项目,该项目基金筹资总额约2.4亿元,覆盖参保群众约208万人。

23日 由中保协联合中华全国总工会劳动关系研究中心、中国社科院世界社保研究中心、中国经济信息社主办,由平安养老承办的"2016年中国职工福利保障指数(CEBI)"在北京正式发布。指数选取我国36个大中城市开展调查,调查显示2016年中国职工福利保障指数为70.4,整体处于"基础水平"区间

的中间位置。该指数已成为国内首个衡量职工福利保障状况的综合性指数。中华全国总工会书记处书记赵世洪出席发布仪式。

23日 人保财险2016年150亿元资本补充债券成功发行,债券单次发行规模位列保险行业第一名,获得中国工商银行、中国农业银行等众多大型金融机构投资者超

1.37倍的认购。

23日　广东保协与广州市食品药品监管局联合印发《广州市食品安全责任保险工作实施方案（试行）》，共推食品安全责任保险发展。

23日　中邮保险河北分公司开业。

24日　内蒙古保监局在中国保监会消费者权益保护局的指导下，协助中国保监会驻村第一书记开展"保险行业定点扶贫村"项目启动工作，为乌兰察布市察右中旗小海子村村民带来1.2亿元的风险保障，助力保险业精准脱贫。

24日　福建保监局会同省农业厅、发改委等7部门联合制发《福建省发展特色产业促进精准脱贫的实施意见》，提出进一步完善针对贫困地区特色产业保险支持政策。

24日　江西省丰城电厂在建冷却塔施工平台倒塌，造成73人死亡，2人受伤。江西保监局立即启动保险业突发事件应急预案，研究部署"11·24"丰城电厂施工平台倒塌事故保险业应急处置工作，督导、协调、部署保险理赔服务工作。人保财险赔款6 572万元、人保寿险赔款20万元、中国人寿赔款105.17万元、阳光人寿赔款10万元、幸福人寿赔款2 190万元。

24日~25日　中保协举办保险机构新三板挂牌实务专题培训班，各保险机构董事会办公室及相关中高级管理人员共43人参训。

25日　中国保监会与新疆维吾尔自治区党委、政府联合召开"保险业服务新疆工作总目标——支持新疆经济社会发展 助推脱贫攻坚"座谈会。

25日　北京保监局、北京市金融局、北京银监局、北京证监局、北京市网信办、北京市委社会工委六部门联合开展打击非法集资宣传教育活动，委托第三方合作机构在全市社区楼门、人流密集区、非法集资活动易发区张贴约30万张打非宣传海报。

25日　中保协召开保险行业反垄断研讨会，来自国家发改委反垄断局、中国保监会法规部和财产险部、中国人民大学以及中保协合规专委会课题组成员单位的嘉宾和代表近30人参加会议，中保协会长朱进元出席会议并致辞。会议由中保协副秘书长余勋盛主持。会议邀请国家发改委反垄断局相关处室负责人进行政策解读，中保协反垄断课题组做《关于商业车险改革相关情况的报告》、《关于持续开展汽车零整比系列指数研究和发布情况的报告》。

25日　中保协举办健康管理与可穿戴设备应用专题研讨会，围绕可穿戴设备运用现状、存在问题、发展前景及相关意见建议等议题进行了热烈讨论。波士顿咨询公司就健康管理相关课题研究方案进行介绍。铭众科技介绍了可穿戴设备的发展趋势等情况。中保协副秘书长余勋盛出席会议，中保协健康险专委会8家委员单位参会。

25日　诚泰保险和昆明理工大学联合举办云南省地震保险理论研究与试点探索情况介绍会，9个国家和地区的保险监管部门代表，以及昆明理工大学代表等出席会议。会上，多位专家教授分别做了题为《云南省地震研究与国际合作》、《工程抗震技术的研究与应用》和《云南地震巨灾保险试点探索》的情况介绍。会后，出席会议的领导及嘉宾专程前往地震保险工程抗震实验室参观，现场观看高层建筑隔震振动台实验等。

25日　人保再保险股份有限公司召开创立大会。

25日　德华安顾人寿与欧乐旅行援助（北京）有限公司签订团体高端医疗保险健康管理协议，共享健康管理服务资源，进一步探索健康管理服务产品与健康险产品的融合。

25日　由财政部、全国社会保障基金理事会及国寿集团共同发起设立的中国长城资产管理股份有限公司正式成立，注册资本431亿元。

25日　富德产险与海吉星农产品检测中心在深圳罗芳水产市场正式签署合作协议，全国首创的不合格农产品销毁损失补偿险正式在深圳落地。此举将有效缓解"落实销毁处理与经营户经济损失"的矛盾，减轻农产品质量安全保障的压力。

25日 工银安盛人寿第四座"爱立方—爱心图书室"在广东省揭阳市惠来县葵潭镇门口葛小学正式揭牌并投入使用。

25日 上海保险同业公会与虹口区人民法院签订《保险业纠纷诉调对接工作机制合作协议》，标志着上海保险业的诉调对接工作从初步探索引向全面推广阶段。

25日 云南保协、云南省银行业协会共同组织召开2016年第二次保险、银行联席会议。在昆明的10家银行省分行和11家寿险公司代表，云南省邮政公司和省农村信用社等相关人员共46人参会。会议主题为：探讨销售过程的"录音录像"工作，有效防范销售误导风险。

26日 太保产险福建分公司全国首创银耳种植保险在宁德市"食用菌之乡"古田县正式启动。

27日 国联人寿承办"爱在无锡，冬日暖行"国联人寿杯中外友人创意徒步活动，为所有参与者、志愿者和工作人员提供总保额2亿元的全程保险保障。

28日 中国保监会举办的亚洲偿付能力监管改革与合作国际研讨会在昆明召开。10个亚洲国家（地区）的保险监管机构官员就亚洲金融市场的发展趋势、亚洲各国偿付能力监管体系的改革合作、巨灾风险等问题进行交流讨论。中国保监会副主席陈文辉出席研讨会并做主旨演讲，云南省副省长和段琪出席会议并致辞。

28日 中国保监会和中国保信共同组织召开全国车险反欺诈信息系统上线培训视频会议，车险反欺诈系统正式上线。车险反欺诈信息系统突破各保险公司信息壁垒，首次实现以行业共享信息为依托的反欺诈模型应用，构建行业反欺诈协同的工作机制和系统工具，将全面提升我国保险反欺诈大数据应用及信息化水平。

28 日　河北省扶贫办、河北保监局联合印发《河北省保险业助推脱贫攻坚工作实施意见》。

28 日　泰康保险集团股份有限公司在北京市开业，注册资本为人民币 30 亿元。

28 日　安持全球保险集团主席麦克尔·罗伊一行到访华安保险，双方就各自的核心业务、发展业绩进行交流介绍，并就开拓国际旅游保险市场签署合作备忘录。

28 日　永诚保险独家承保的湖北省麻城市金伏太阳能电力有限公司电厂财产一切险案件结案，赔案金额为人民币 2 533.66 万元。该案于 2016 年 6 月 30 日出险，险种为企财险项下的电厂财产一切险。

28 日　珠江人寿北京分公司开业。

28 日　交银康联人寿深圳分公司开业。

29 日　江西保监局与省扶贫办、人社厅、卫计委、财政厅、民政厅等部门联合印发《关于建立农村贫困人口重大疾病商业补充保险制度的工作方案》，进一步明确全省贫困人口重大疾病商业补充保险运作机制、统筹层次、保障内容、资金管理及服务标准等，全面推广精准扶贫重大疾病补充医疗保险。

29 日　青岛市保监局推动开展全国首例"保险+期货"政策性农业保险工作，以鸡蛋期货价格指数保险为业务试点，预计承保鸡蛋 2 000 吨，保费约 56 万元，政府予以 60% 的财政补贴，进一步化解农户的价格风险，更好地发挥农业保险精准扶贫、支农惠农的作用。

29 日　中保协举办第三期养老保险沙龙活动。全国人大常委会委员、中国社会保障学会会长郑功成教授、波士顿咨询公司保险业资深专家 Michel Sudbrack 出席会议并做专题讲座，中保协会长朱进元出席会议并致辞。沙龙由泰康养老承办。

29 日　中保协召开药品损害赔偿保险研究课题座谈会。该课题在细分药品损害风险的基础上，提出建立药品损害赔偿强制责任保险制度以及药品不良反应救助基金的设想，初步构建我国药品损害赔偿保险制度框架。

29日 中保协、英国保诚集团联合举办海外基础设施及商业地产投资专题研讨会。中保协秘书长助理郭红出席会议并致辞。来自保险公司、保险资管公司的资金运用相关负责人及业务骨干约40人参会。

29日 太平集团与唐山市政府在唐山签署战略合作协议。双方将在保险资金运用、政策性保险、商业保险等方面开展深度合作。

29日 在平安人寿上海外滩"新智享"客服门店，平安人寿董事长兼CEO丁当携手阅读导师马原、教育学者叶开及畅销书作家刘同开展网络直播。当晚，平安人寿宣布发起"幕天捐书"活动，拟在全国各地的1 000个乡村课堂建立图书角，借此打造全球最大的图书捐赠平台。

29日 招商信诺人寿通过中国少年儿童基金会全额捐建的3间"安康图书馆"分别在赣州市信丰县新田中学、虎山中学和安远县长沙学校落成。

29日 黑龙江省保协在哈尔滨市文明办、市直机关工委、市诚信办联合组织的"哈尔滨市首届诚信建设'双十双百'示范群体、品牌、单位（企业）和个人"评选活动中获得"诚信示范群体"荣誉称号。

29日 友邦保险深圳分公司赔付身故保险金近1 400万元。投保产品为友邦安益意外伤害保险。这是友邦保险自重回中国市场以来赔付金额最大的一宗理赔。

29日 东海航运宁波分公司开业。

29日 山西省晋城市保险行业协会成立。

29日~30日 中保协召开意外险发生率测算项目组第三次集中工作会议。会议对IBNR在产寿、身故和伤残方面区分显著度进行测算和分析，对IBNR在理赔件数流量三角形中进展区间、进展频率的选择进行研究和论证。国寿寿险、太保寿险、人保财险等12家产寿险公司的专家参会。

30日　中保协在深圳组织召开全国中小财险公司联席会常务委员会扩大会议。中保协会长朱进元、副秘书长郭红，中小财产保险公司联席会主任委员童清及业内18家中小财产保险公司代表参加会议。本次会议由华安保险承办，旨在通过联席会机制促进财产保险市场繁荣与进步，加强中小财产保险公司之间的交流与协作，营造良好行业发展环境。

30日　太平集团与中国电子信息产业集团签订战略合作协议和中国电子产业及基础设施（太平）投资基金意向合作协议。双方将共同开拓产融结合、共赢发展的新局面。太平集团将充分利用在保险服务、资金融通、资产管理等领域的资源与经验，与中国电子在产业投资、并购重组、资产证券化等领域开展深入合作。

30日　海南省保协向海南省法制办提交关于保险行业对海南省电动自行车管理办法征求意见的回复意见，代表行业向政府部门提出《电动自行车施行强制第三者责任保险制度》，保障第三者人身财产利益等建议。

30日　华夏人寿黑龙江分公司开业。

30日　天安人寿广州分公司开业。

30日　山西保险业反保险欺诈中心揭牌成立。

11月　新疆保监局与自治区人社厅、财政厅联合印发《关于印发〈自治区城镇职工大病保险实施方案（试行）〉的通知》。

11月　自10月起，中保协与人社部全国人才流动中心合作，组织全国高校保险专场招聘会，采取线上和线下两种方式开展，在中国人民大学等10所知名高校开展线下活动，依托中国国家人才网开设保险行业招聘专区面向全国高校开展线上招聘活动。招聘共吸引行业内200余家企业参与，提供岗位信息2 000余个，计划招聘规模

6 000 余人，受到有关主流媒体高度关注和广泛报道。

11月　山东省政府常务会议审议通过《推进职工长期护理保险制度建设的意见》，决定在前期试点基础上，自2016年起，在全省全面推进职工长期护理保险制度建设，利用3年左右时间全面建成。

11月　中保协出版发行责任保险中级核保人教材《责任保险行业承保指引汇编》。《责任保险行业承保指引汇编》是首部行业承保指引汇编，对责任保险在改革创新中的重点问题进行系统梳理和深刻剖析，对风险定价、防灾减损、承保管控、理赔服务等具有积极的参考价值和借鉴意义。

11月　中国保险投资有限责任公司与西安市人民政府签订战略性合作伙伴备忘录，双方将共同发起设立中保投陆上丝绸之路（西安）建设发展基金。

11月　太平财险在江西革命老区开展保险扶贫，出资建设1 000平方米的肉牛养殖示范基地，提供总保额2 500多万元的家庭财产保险，为贫困户提供技能培训费用，实现从保险"输血"式扶贫到"造血"式扶贫的转变。

11月　太平财险为全国首批地下综合管廊试点PPP项目提供保险保障。该项目为湖北十堰市探索政府和社会资本合作的地方经济重点民生项目，共投资35.5亿元，新建地下管廊长度51.64千米。

11月　太保产险独家承保中国航天科工集团公司的"快舟"系列商业火箭保险项目，项目标的包括"快舟一号"和"快舟十一号"两种型号的火箭各6发，总保额4.8亿元，投保险种包括火箭发射前保险、火箭发射保险和火箭发射第三方责任保险。

11月　自9月起，幸福人寿以"健康是福"为主题的第三届"幸福家庭日"志愿者公益活动在全国73个地区陆续开展。志愿者通过现场义诊、健康讲座、入户慰问等形式共服务老年群众2万余人。

11月　华泰财险上海分公司与南京世界村汽车森林云商有限公司签署保险协议，成功承保公司首单平行进口车保修责任保险业务。

11月　上海保险同业公会举办上海市首届道路交通事故保险理赔服务中心职业技能竞赛。

11月　为贯彻落实湖北高级人民法院、湖北保监局、湖北保协《关于建立保险纠纷诉讼和非诉讼衔接机制的实施意见》精神，截至11月，湖北省12个市州保协会同当地中级人民法院联合发文，实现诉调对接机制全覆盖。

11月　在宁夏保监局指导下，宁夏保协组织全行业骨干力量、各保险公司专业人才、区内高校部分专家学者共同组织编撰的《探索与实践——保险业服务宁夏经济社会发展研究》正式出版，内容涉及农业保险、健康保险、责任保险、环境污染险、科技保险等方面，为宁夏保险业发展提供有力的理论支撑。

11月　江苏保协开发的江苏省保险信息综合查询系统正式上线。该系统整合行业共享的标的数据，实现风险信息，特别是跨公司之间风险信息的互通，为保险公司核保核赔工作提供风险查询识别功能，帮助保险公司对标的车的历史风险状况进行全面了解。

11月　广西警保合作在梧州市藤县成功破获全国首例千万元以上森林保险诈骗大案。该案涉案金额巨大，属于公安部挂牌督办案件。该案由于牵涉面大、人员多，公安机关先后出动60多人次的警力，专门抽调保险公司专业人员配合，历时9个多月。经梧州市藤县人民检察院批准，主要犯罪嫌疑人于10月底被批捕归案。

11月　根据《甘肃省保险专业中介机构服务质量测评实施办法（试行）》，甘肃保协对辖内25家保险专业中介会员机构进行服务质量测评。此项工作是甘肃保协探索行业自律新模式，服务中介会员单位的新举措。

11月　青岛市完成政府采购招标，由财政全额出资为60岁以上老年人购买意外伤害保险。该项目覆盖全市160万名60岁以上老年人，每人保费20元，总保费达3 200余万元。

11月　宁波市江北区根据全国老龄办、民政部、财政部、中国保监会4部门联合印发的《关于开展老年人意外伤害保险工作的指导意见》要求，联合人保财险宁波市江北支公司，在全市首创江北区老年人意外伤害保险，为江北区老人群体遭遇意外伤害时提供身故、残疾保险补偿，实现特殊群体意外伤害全保障。

11月　杭州市保险行业人民调解委员会（设在浙江保协）滨江、西湖、下城、临安工作室分别成立，杭州地区推广余杭"网上数据一体化处理"经验进入实质性阶段。

11月　西北首个保险专项投资基金落户西安，规模达1 000亿元，主要为西安市城乡基础设施、生态文明及历史文化等项目建设提供资金支持，是保险业在西北地区设立的首个大型专项投资基金，也是金融业迄今在西北地区落地的规模最大的投资基金。

十二月

1日　甘肃省委副书记、省长林铎到甘肃保监局调研并召开座谈会。林铎代表省委、省政府对甘肃保监局支持甘肃经济社会发展表示感谢，充分肯定甘肃保险业的发展成绩。

1日　中保协召开意外险产品分类标准专题工作会议。会议充分研讨并完善意外险产品分类在责任、场景、人群等方面的通用、可扩展、自定义基件和组合类别，并进行场景化测试，形成意外险产品分类标准代码草案，切实推进标准制定工作进程。国寿寿险、人保财险、瑞士再保险等13家产寿再保险公司专家参会。

1日　国务院副秘书长、国家信访局局长舒晓琴莅临江泰保险经纪主导的宁夏石嘴山市医调委调研。石嘴山市医调委成立4年来，始终坚持"依法调解、调赔结合"原则，取得显著社会效益。舒晓琴副秘书长对石嘴山市医疗纠纷调解工作给予充分肯定。

1日　中银保险成功承保中铝秘鲁铜矿财产险项目，实现保费收入550万元。这是目前中国海外投资最大的铜矿项目。

1日　信达财险与诚合保险经纪有限公司战略合作协议签字仪式在北京举行。双方就直保经济业务、保险公估业务、再保险经济业务、理赔服务、风险管理咨询服务、保险资金投资合作等领域按照"总对总"、"分对分"模式开展合作。

1日　辽宁保协印发《辽宁省保险行业机动车辆保险自律公约（2016版）》。

1日　华农保险山西分公司开业。

1日　鼎宏保险销售烟台莱阳分公司开业。

1日、4日　中保协分别在北京、上海举办保险机构CRS政策解读培训班，各保险机构投资、财务及风险管理部门主要负责人，管理人员及业务骨干共230人参训。

2日　广西壮族自治区质监局、广西保监局共同举办广西保险业首批自治区级服务业标准化试点启动仪式，北部湾财险广西分公司、平安产险广西分公司申报的自治区级保险、自治区级财产保险服务业标准化试点共3个试点项目均获批准，标志着广西保险业服务质量水平将踏上新台阶。

2日　由中保协主办、阳光集团承办的信息技术专委会第三届主题沙龙暨"走进阳光保险"交流活动在北京举办，活动主题为"共创·共识·共发展——走进中阳光保险　探索互联网时代'科技+金融'新模式"。

2日　永安保险推出快递员责任保险，成为国内首家为快递员个人赔偿责任提供保险保障的责任保险产品，保护快递人员与物主的权益，降低快递员的职业风险压力。

3日　太平集团与河南省政府在郑州签署战略合作协议。根据协议，太平集团将为河南省积极提供财产保险、养老保险、职业年金等一揽子保险服务，为河南省经济发展和人民生活提供保险保障，充分发挥保险资金优势，为河南省支柱产业、重点行业以及不动产投资等领域提供资金支持，促进双方互利共赢。

3日　内蒙古自治区赤峰市元宝山区宝马矿业有限责任公司发生瓦斯爆炸事故，共造成32人遇难。事故发生后，中国人寿紧急启动重大灾情应急预案，内蒙古自治区分公司和赤峰分公司设专项事故领导小组和工作小组，开通理赔绿色通道，简化理赔手续，推出10项服务举措。

3日　永诚保险与白俄罗斯国家保险公司、白俄罗斯进出口保险公司、白俄罗斯国家再保险公司三大保险公司签署战略合作协议，为在白俄罗斯中方企业提供保险咨询服务。永诚保险将在此基础上与三方建立更紧密的长期合作关系。

4日　中国保监会在广州召开个人税收优惠型健康保险试点工作座谈会，国家税务总局，北京、内蒙古、黑龙江、上海、广东、四川6个保监局，太保寿险、中国人寿、太平人寿、阳光人寿、建信人寿、东吴人寿6家保险公司及中国保信就试点情况做交流发言，中国保监会副主席黄洪出席座谈会并讲话。

4日　内蒙古保监局与财政厅等部门修订《内蒙古道路交通事故社会救助基金管理办法》，关注弱势群体，致力救民于难，入选"内蒙古自治区2016年度十大法治事件"。

6日　内蒙古保监局撰写的《关于自治区保险业参与职业年金管理情况的报告》获得内蒙古自治区党委常委、副主席云光中和自治区政府副主席白向群批示：请人社厅研究提出意见。

6日　湖南省人民政府正式颁布实施《湖南省城乡居民基本医疗保险实施办法》，将完善城乡居民大病保险制度纳入规范管理，筹资标准原则上控制在当年城乡居民医保基金筹资标准的5%左右，同时明确要根据本辖区的经济发展状况、医疗服务水平、费用控制指标等因素，科学制定基金管理办法和考核标准，明确县市区人民政府的管理责任，发挥医保管理和经办机构的积极性和主动性。

6日　中保协副秘书长李晓武会见澳新学会会长濮蔚弗，双方围绕教育培训工作展开研讨。

6日　平安产险在业内推出首款农产品保真保险"农真保"。这是国内第一款针对高端农业企业的农副食品授权商家保真责任保险。

6日　经过26家竞标机构的激烈角逐，全国社会保障基金理事会公布了基本养老保险基金证券投资管理机构首次评审结果，泰康资产、华泰资产、人保资产等成功入选第一批基本养老保险基金证券投资管理机构。

6日　锦泰保险与浙商银行在成都公开发行四川省内首张银保联名信用卡，共同推出"锦泰E车"联名信用卡。

6日　中国信保正式承保安哥拉卡古路·卡巴萨水电站项目。该项目是目前中资企业在非洲承建的最大规模水电站项目，保险金额达63.26亿美元。

6日　中国信保与中国农业银行签署《服务国家"一带一路"战略 支持

农业对外合作专项合作协议》，双方将通过为客户提供融资加信用保险的综合金融服务方案、推荐对方产品和服务、联合提供专业服务等方式，推进我国农业对外投资合作、农业装备出口、涉农企业跨境并购重组等农业对外合作项目实施。

6日~11日 中保协会长朱进元应邀赴中国台湾参加2017年经济与保险发展论坛和第四届海峡两岸防制保险诈欺研讨会，并拜访富邦等当地保险公司及长庚养老中心等相关机构。朱进元会长围绕《大陆近两年反保险欺诈工作成效》做主题演讲。

7日 湖北保监局与中国人民银行武汉分行营业管理部、武汉东湖新技术开发区管委会联合印发《进一步改革和完善东湖国家自主创新示范区科技型企业贷款保证保险业务运行机制的意见》，进一步改进和完善东湖国家自主创新示范区科技型企业贷款保证保险运行机制，在原有基础上，保费补贴由原来的40%提高到60%，贷款贴息由20%提高到50%。

7日 由中保协主办、贵州保协承办的保险消费者权益保护系统建设经验交流会在贵州省贵阳市召开。贵州保监局、青岛保监局、贵州保协、陕西保协、宁波保协、青岛保协、腾讯公司、中科软公司等相关单位代表出席会议。

7日 国元农险联合国元期货在安徽泗县召开玉米"保险+期货"创新试点项目理赔现场会。这是国元农险自该试点开展以来的首次理赔，共计赔付128.32万元。

7日 由厦门海关、国税、质监、厦门日报社、厦门市诚信促进会等25家单位组成的厦门市诚信示范企业评选委员会评选出的412家"2014~2015年度厦门市诚信示范企业"中，天安财险厦门分公司摘得"金匾"，成为厦门市保险行业唯一入围企业。

7日 贵州保协印发涵盖承保、理赔全流程的《贵州省保险行业机动车辆保险服务标准（2016版）》，进一步规范财产险市场。

7日　中原农业保险研究院在北京成立。

7日　前海再保险股份有限公司在深圳市开业，注册资本为人民币30亿元，是中国境内第一家由社会资本发起设立的中资再保险公司。

8日　浙江省法律援助中心保险业法律援助工作总站揭牌仪式在浙江保监局隆重举行。浙江保监局局长邹飞与浙江省司法厅副厅长吉永根出席揭牌仪式并讲话。

8日　海南省委常委、常务副省长毛超峰到海南保监局调研。毛超峰充分肯定农业保险、责任保险、大病保险等在提高农业保障水平、创新社

会治理体系、完善社会保障等方面发挥的积极作用，特别是历次台风后保险赔款在帮助人民群众恢复生产生活中发挥的重要作用。希望保险业紧贴国际旅游岛建设，创新产品，在12个重点产业，特别是旅游、健康养老方面进行产品创新，为支持海南地方经济发展做出更大贡献。

8日　重庆保监局联合重庆市经信委印发《重庆市首台（套）重大技术装备保险补偿试点工作方案》，在全市启动首台（套）重大装备保险试点。

8日　大地保险总经理陈勇在由上海市金融服务办公室等政府机构支持、由新华社新闻信息中心等权威媒体主办的"沪上金融家"评选活动中当选"2016沪上金融创新人物"。

8日　太平人寿与美年大健康产业（集团）有限公司签订合作协议，双方计划在健康服务、保险产品、业务渠道等方面全面融合，打通健康服务产业链，进一步构建"大健康"格局。

8日　新华保险与台湾新光人寿保险股份有限公司签署两岸理赔服务合作协议。双方将正式开展包括协助理赔申请、重大突发事件处理与慰问、保险事故访查等相关两岸理赔服务措施，助力公司对客户在境外的理赔服务。同时，新光人寿的客户如在大陆旅游、工作、定居或求学等期间产生保险理赔需求，也能享有新华保险在全国范围内提供的服务。

8日　华海财险与瑞再北分签署战略合作框架协议，双方将发挥各自在产品创新、市场开拓等方面的优势，从车联网技术入手，积极开发适合中国国情的车联网解决方案。

8日　山西省大同市保险行业协会成立。

9日　湖北保监局与省商务厅等12部门联合印发《湖北省商务厅等12部门关于贯彻落实促进二手车便利交易的通知》。

9日　诚泰保险与云南城投、泛华金控集团签署三方战略合作协议。根据协议，三方将整合优势资源，在资本和业务层面开展合作，包括保险产品研发、IT系统支持、业务政策支持、公估业务等，同时开展渠道化经营模式实践与探索，建立经营成果分享与风险共担合作机制。

9日　华夏人寿率先推出"华夏常青藤综合健康保障计划"，成为精算新规颁布后国内保险市场首个返本型长期津贴医疗险。

9日　广东保协在广州召开第四届会员大会第一次会议，会议表决通过《广东省保险行业协会章程（2016年修订稿）》，选举产生广东保协第四届理事会和监事会。

9日　陕西省车险反欺诈信息系统正式启用。

9日　工银安盛人寿重庆分公司开业。

9日　泛华保险云南平台开业。

10日　江泰国际合作联盟在中国驻印尼使馆经商处的支持下，在印度尼西亚首都雅加达举办"2016中国企业走出去风险管理（印尼）论坛"。中国驻印尼大使谢锋，经济商务公使衔参赞王立平，印尼中国商会总会会长张敏，江泰保险经纪董事长兼首席执行官、江泰国际合作联盟主席沈开涛出席论坛。

10日　浙江金华市中小学保险教育基地挂牌，至此浙江省保险教育进中小学教育实践基地（中心）已实现地、市全覆盖，参训15万人次，走出了一条具有浙江特色的中小学保险教育新路。

12日　国寿集团签约石化川气东送天然气管道有限公司增资项目，入股资金200亿元，创造了单一保险机构直接股权投资规模和持股比例之最，也为保险资金支持实体经济发展、助推供给侧结构性改革提供新范例。

12日　渤海保险与中华人民共和国第十三届全国运动会（以下简称全运会）组织委员会正式签约，成为此届全运会唯一保险合作伙伴，为全运会提供人身意外伤害保险、财产保险、公众责任险和交通工具保险等在内的多项综合保险服务。第十三届全运会将于2017年8月在天津举办。

12日　人保健康广东分公司新承保湛江市吴川市城乡居民基本医保经办项目，受托基金6.32亿元，覆盖人群102万人。

13日　中国保监会召开专题会议，要求全面落实"保险业姓保、保监会姓监"要求，正确把握保险业的定位和发展方向，筑牢从严监管和防范风险的防线，统一认识，明确方向，查找问题，严肃法纪，切实把全行业思想和行动统一到中央对保险业发展的要求和部署上来，使保险业发展的成果惠及更多人民群众。

13日　中保协举办首届中国银行保险发展论坛。论坛以"转型、创新、发展"为主题，聚焦银行保险专业领域，对促进我国银行保险业务转型、创新具有重要意义。中国保监会、中国银监会、中国银行业协会相关领导出席会议，101家商业银行、产险公司、寿险公司约200名代表参会。论坛由国寿寿险承办。

13日　中保协印发道路旅客承运人责任险示范条款及纯风险保费表，进一步明确被保险人界定、保险责任及赔偿处理等内容，为行业合理厘定费率奠定基础。

13日　上海保险同业公会"快处易赔"管理系统在上海市智慧城市建设成果评选活动中荣获"2016年十大优秀应用"奖。

13日　湖北保协与武汉市洪山区人民法院签订诉调对接协议。该协议从工作原则、调解组织的建设和运行管理以及诉调对接机制的具体程序和司法确认的规则等方面进行详尽规定，旨在通过采取立案前委派调解、立案后委派调解等方式，依法引导当事人低成本、高效率化解纠纷，破解执行难问题，减少当事人诉累，为当事人提供便捷优质的司法服务。

14日　中国保监会在北京召开系统出席党的十九大代表选举工作动员部署暨培训会议。中国保监会副主席梁涛出席会议并讲话。

14日　上海保监局、上海市财政局、上海市金融服务办公室联合印发《关于实施上海国际航运保险业务财政扶持政策的通知》，对注册在上海经营国际航运保险业务的保险企业实施财政扶持政策。

14日　为进一步推进政保合作，促进保险业更好服务社会治理现代化、服务民生保障和经济社会发展，浙江保监局与浙江省金融办、浙江省财政厅联合下发《关于建立健全政保合作机制工作方案的通知》。

14日　贵州省召开全省保险工作暨保险助推脱贫攻坚示范区建设推进电视电话会议，省委常委、常务副省长秦如培出席会议并讲话，副省长刘远坤主持会议。会上贵州省人民政府与人保集团等6家保险集团签署战略合作协议。

14日　中保协在厦门组织召开《中华人民共和国保险法（草案送审稿）》征求意见座谈会。来自国务院法制办财政金融司、中国保监会法规部，以及人保集团等10家会员公司的代表近30人参会。会议围绕《中华人民共和国保险法（草案送审稿）》展开深入讨论。

14日　中保协、法兴银行联合举办寿险公司投资前瞻—投资策略与投资组合的新布局专题研讨会。中保协副秘书长郭红出席会议并致辞。来自保险公司、保险资管公司的资金运用相关负责人及业务骨干约50人参会。

14日　太平集团与贵州省政府签署

战略合作协议。根据协议,双方将重点在债权投资、产业基金、战略并购等投资领域进行合作。

14日　太平养管与大连一方集团签署"太平一方大健康养老产业股权投资基金"合作协议,太平集团首只大健康养老产业股权投资基金正式成立。

14日　太保集团与贵州省政府签署战略合作协议,支持贵州省"十三五"发展布局,提升保险服务"三农"和脱贫攻坚、服务实体经济的能力。

14日　阳光集团参加贵州省保险工作暨保险助推脱贫攻坚示范区建设推进电视电话会议。会议期间,阳光集团与贵州省人民政府签订战略合作协议。

14日　大地保险循化支公司筹建完成,该支公司作为中再集团精准扶贫工作联络处,将在扶贫工作中发挥分散风险、解决就业、完善社会治理等重要作用。

14日　澳门保险公会举行第15届换届会议。经全体会员代表选举,太平澳门连续4届当选澳门保险公会会长单位,该公司总经理姜宜道连续4届担任会长。

14日　河北保协组织各财产险会员公司召开交警在线系统对接经验交流会。截至11月末,全省已有21家公司与交警在线开展系统对接,太保财险、平安产险、英大财险3家公司系统对接完成;交警在线手机App省内注册用户数达87.83万人,各保险公司接收报案累计15 977笔;高速公路事故云处理平台接收报案累计13 844笔,其中向保险公司推送11 109笔。

14日　鼎宏保险销售保山分公司开业。

15日　2016年保险法律年会在厦门举行。中国保监会副主席梁涛出席会议并发表讲话。会议由中保协会长朱进元主持。厦门市市委常委、常务副市长黄强,最高人民法院民事二庭庭长杨临萍分别致辞。监管机构、政府机关以及保险公司的法务负责人共计200余位代表参加会议。

15日　中华财险与济宁高新技术产业开发区管理委员会、山东经达科技产业发展有限公司在北京签署《中华财险华东(济宁)电销中心项目合作协议》,标志着中华财险的电销战略布局迈出重要一步。

15日　信达财险中标北京市轨道交通19号线一期工程土建专业保险项目、北京市轨道交通17号线土建专业、房山线北延工程保险项目，共保比例为10%，实现保费收入10 424 400元。该项目为信达财险首次参与承保北京市轨道交通保险项目，也是近年来实现保费规模最大的轨道交通类保险项目。

15日　湖北保险中介协会修订《从业人员诚信执业自律公约》，并举办签约仪式，签约代表表示力争做到有约可依、有约必依、履约必严、违约必究。

15日~16日　中保协举办保险行业新闻宣传培训班，各保险机构新闻宣传、品牌建设部门主要负责人、管理人员及业务骨干共128人参训。

15日~16日　中保协举办保险企业党建工作培训班，各保险机构党建部门主要负责人、管理人员及业务骨干共72人参训。

16日　中国保监会召开党委扩大会议，学习贯彻中央经济工作会议精神。会议指出，学习贯彻中央经济工作会议精神，是当前保险监管工作的重中之重。保险监管系统和全行业要认真学习、深刻领会、准确把握中央经济工作会议的精神实质，坚决抓好贯彻落实，切实在思想和行动上与中央保持高度一致。

16日　中国保监会发布《机动车保险数据交换规范》，该行业标准由保标委秘书处组织制定。

16日　中华财险与东软集团股份有限公司签署战略合作协议，双方将探索创建新型发展模式，共同致力于医疗健康、车辆保险、精准扶贫、服务"三农"等多领域合作，通过科技和产品改变业务合作及拓展方式。

16日　信达财险与天瑞集团、山东山水集团举行战略合作协议签字仪式。双方成为战略合作伙伴，将在财产险业务、第三方责任保险业务、金融保险业务等相关领域展开合作。

16日　吉祥人寿河北分公司开业。

16日　山西省忻州市保险行业协会成立。

18日　安华农业山东分公司与山东农业大学校企"安华班"合作项目成功签约。安华农业保险将与山东农业大学一道打造在校学习与企业实践、人才培养与资源共享的"双赢"模式，使山东农业大学成为安华保险人才培养和科研成果运用基地，使安华保险成为山农大学子实习与就业基地。

19日　为深入贯彻落实党中央国务院关于脱贫攻坚的战略部署，提升保险业精准扶贫能力，中国保监会印发《关于加快贫困地区市场体系建设提升保险业保障服务能力的指导意见》。

19日　中国保监会公布第四批经营个人税优健康险的公司名单，分别是农银人寿、国华人寿、光大永明人寿、德华安顾人寿、民生人寿、昆仑健康、幸福人寿。

19日　杭州市法律援助中心保险业法律援助工作站（设在浙江保协）揭牌，这是浙江省设立的首个保险业法律援助工作站。按照先行试点、逐步推进的原则，在2017年6月底前，浙江省各保险行业协会将分别成立法律援助工作站。

19日　山西省长治市保险行业协会成立。

20日　中华财险与银联商务有限公司在北京签署战略合作协议，双方将在结算支付、大数据应用与营销、产品与服务创新等多个领域开展深层次合作，共同创新发展模式。

20日　经中国保监会批复，"建信人寿保险有限公司"正式更名为"建信人寿保险股份有限公司"。

20日　陕西保协发布《陕西省人身保险公司个险业务自律公约（2016修订版）》、《陕西人身保险业服务网点建设推荐标准》。

21日　中国保监会发布我国保险业第三套生命表——《中国人身保险业经验生命表（2010～2013）》，进一步夯实行业发展基础，切实推动"保险业姓保"。

21日　中国保监会发布《企业财产保险标的分类》。该行业标准由保标委秘书处组织制定。

21日　全省保险业助推脱贫攻坚推进会议在武汉召开，湖北省人民政府副省长曹广晶及相关厅局负责人出席会议，湖北保监局局长王斌在大会上发言。

21日　信达财险在山东菏泽举行主题为"尽社会责任，献一片爱心，向老革命军人致敬，赠送意外伤害保险"的优抚公益意外伤害保险捐赠仪式，向老革命军人和革命烈属代表捐赠保额价值7亿元的优抚公益意外保险。

21日 华安保险年度原保费收入（含税）首次成功突破100亿元。

21日 太平资产成功发行"青海产投供给侧改革产业基金股权投资计划"。该股权投资计划首期规模50亿元，是保险业首单围绕供给侧结构性改革发起的股权投资计划，也是行业内首单投向西北地区的股权投资计划。

21日 长江财险江苏分公司开业。

21日 幸福人寿苏州分公司中标苏州市民政局"65岁老年人团体意外伤害保险项目"，这是苏州分公司连续第7年中标该项目。

21日 中韩人寿江苏分公司开业。

22日 湖北省出口信用保险保单融资签约仪式暨政信银企合作会议在武汉召开，湖北保监局副局长杨玉山出席签约仪式。

22日 山西保监局与临县人民政府签订《创建临县山西保险业精准扶贫示范县合作备忘录》，山西省首个保险扶贫示范县正式落户临县。

22日 中保协召开互联网财产保险合作联盟成立大会，来自59家财产保险公司、15家保险专业中介机构和互联网企业的相关负责人参加会议。会议审议并通过合作联盟《工作规程》和《组建方案》，选举产生合作联盟第一届主任委员和副主任委员，并以"开放共享、跨界融合、创新发展"为主题举办第一期沙龙。

22日 广东省公安厅经侦局、深圳保险同业公会、广东保协联合举办的第三届全省公安经侦部门警保联动工作会议在惠州召开。会议针对日益突出的保险欺诈问题，共商建立防范和打击保险诈骗的工作机制进行深入研讨。

22日 东海航运上海分公司开业。

22日~23日 由中保协主办、海南保协协办的第二届人力资源专业委员会、教育培训专业委员会工作部会议暨2016年第二期中青年HR沙龙活动在海南省召开，两个专委会新一届工作部成员和保险行业、咨询公司专家、行业人力资源、教育培训领域的100余名专业人士参会。中保协副秘书长李晓武、海南保协主要负责人出席会议并致辞。

22日~23日 中保协举办保险纠纷诉调对接机制专题培训班，各保险机构诉调对接部门主要负责人、管理人员及业务骨干共267人参训。中保协副秘书长余勋盛出席开班式并授课。

23日 上海市人民政府印发《上海市城乡居民大病保险办法》，确定上海市大病保险从代办模式向承办模式转变。

23日 中保协召开《2016中国长期护理调研报告》新闻发布会，引起社会各界高度关注，新华社、中央电视台、《人民日报》等多家中央主流媒体进行专题报道，国务院网站高度关注并进行转载。

23日 中保协举办第129期中国保险大讲堂，北京师范大学常务副校长史培军以"风险管理与保险创新"为题做专题演讲。

23日 中再集团董事长袁临江与中华保险董事长陈景耀代表双方签署全面战略合作协议。双方将在"一带一路"、巨灾保险、农业保险、军队保险等国家战略性业务方面，以及建筑工程质量保险、网络安全保险等创新型业务领域深化合作。

23日 泰康集团与广东省人民政府签署战略合作协议。2016年，泰康集团先后与河南、山东、江苏等18个省区市政府开展战略合作，与各地方政府在保险业务、职业年金、企业年金、社会保障体系建设、医疗养老及基础设施建设等方面开展深度合作，助力地方民生建设和产业转型升级。

23日 国寿养老获批行业内首款分期发行的FOF型养老金产品。

23日 山西省朔州市保险行业协会成立。

24日 中资协第二届会员大会在北京举行，大会选举泰康集团执行副总裁兼首席投资官、泰康资产首席执行官段国圣先生担任协会第二届会长。

26日　中国保监会原副主席周延礼莅临海峡保险调研并指导工作。

26日　中国城乡居民住宅地震巨灾保险运营平台在上海保交所正式上线运行，为中国城乡居民住宅地震巨灾保险共同体提供承保理赔交易结算等一站式综合服务。

26日　中再集团与国家开发银行签署战略合作协议，双方共同致力于为国家"走出去"战略服务，在短期出口信用保险以及海外投资、海外项目建设有关的工程保险、财产保险、人身保险、再保险和保险中介，以及融资和资产管理业务、新产品开发等领域深化合作。

26日　经中国保监会批复，日本财险（中国）注册资本变更为6亿元。

27日　河北保监局与河北省农业厅、河北省财政厅联合印发《河北省政策性农机保险实施方案（试行）》，坚持"政府引导、市场运作、自主自愿、协同推进"的原则，按照"低费率、广覆盖"的工作思路，加快推进河北省政策性农机保险工作。

27日　深圳保监局局长张辉烨一行赴河源市紫金县凤安镇竹塘村调研精准扶贫工作，充分发挥深圳保险机构助推脱贫攻坚主体作用，落实扶贫专项资金，为竹塘小学建立爱心图书室，支持贫困地区基础设施建设，捐赠50万元扶贫资金用于村自来水工程。

27日　安徽保监局召开医保和养老工作会议，全省开展政策性健康险和养老保险的公司主要负责人和部门负责人参加会议。

27日　重庆保监局联合重庆市经信委等4部门印发《重庆市创新产品与服务远期约定购买及风险补偿办法》，建立创新产品与服务远期合约风险补偿机制。

27日　厦门保监局联合厦门市质监局召开"全市电梯安全责任保险试点暨首批保单签约启动仪式"，发布《关于推行电梯安全责任保险试点工作的通知》，标志着电梯安全责任保险试点在厦门正式落地。

27日　中国信保向五矿发展股份有限公司支付5 094万元人民币赔款。在全国最大破产案海鑫钢铁集团破产重整进程中，"五矿"作为海鑫钢铁集团的债权人，在中国信保国内贸易信用保险项下的损失补偿率达到77%。与此形成鲜明对比的是，海鑫集团原股东权益全部丧失，普通债权人清偿比例不足5%。

27日　由中汇国际提供服务的北京市养老机构综合责任保险统保项目被财政部综合司评为政府购买服务典型项目案例。

27日　经中国保监会批复，幸福人寿注册资本变更为60.09亿元。

27日　苏黎世保险（中国）广东分公司开业。

27日　山西省临汾市保险行业协会成立。

28日　湖南保监局联合株洲市人民政府，湖南省财政厅、省地税局召开税优型商业健康保险试点工作会议。株洲市副市长、保监局分管负责人、省财政厅和省地税局相关负责人参会并讲话。

28日　中保协副秘书长余勋盛会见毕马威会计师事务所中国精算咨询主管合伙人张非非一行，双方围绕风险管理、国际对标、人身险产品等工作进行交流。

28日　北京地区机动车保险全面启动电子单证试点，告别纸质单证。通过全国车险信息平台与北京交管的实时数据交互和互认，交强险无纸化问题得以解决。其中，有14家财产险公司通过中国保信电子保单服务平台成功出具电子保单。

28日　阳光信保"大数据智能云风控平台（一期）"正式上线，成为国内保险行业首个利用大数据、实时处理等技术搭建的线上风险作业平台。

28日　阳光融和医院挂牌中国金融工会认定的首家全国金融系统劳模医疗体检定点医院。

28日　信诚人寿参加由国务院新闻办公室领导、中国外文出版发行事业局管理的重点新闻网站中国网举办的2016年"中国鼎"评选，获"最佳外资保险公司奖"，是唯一获得该奖项的企业。

28日　东吴人寿山东分公司开业。

28日　太平养老云南分公司开业。

29日　上海市人民政府印发《上海市长期护理试点办法》。

29日　天津市互联网金融协会成立，天津保监局负责相关机构业务指导，引导互联网金融保险服务实体经济。

29日　西藏自治区公安厅与西藏保监局印发《关于印发〈西藏自治区道路交通事故快速处理快速理赔工作规范（试行）〉的通知》，进一步加强涉及财产损失道路交通事故案件快速处理、快速理赔工作。

29日　甘肃保监局、甘肃省扶贫办联合印发《甘肃保险业助推精准扶贫精准脱贫工作的指导意见》。

29日　中保协召开2016年大学生保险责任行总结暨2017年大学生与"大学生村官"保险扶贫志愿服务活动启动大会。中国保监会原副主席周延礼，共青团中央书记处书记、中国青年志愿者协会会长尹冬梅出席会议。会议成立"全国大学生保险志愿服务社团联盟"，启动2017年大学生和大学生村官保险扶贫志愿服务活动。各保险公司、地方保险行业协会及高校师生代表300余人参会。

29日　中国人寿金融中心落成暨战略合作签约仪式在上海举行。位于上海陆家嘴CBD核心区的上海中国人寿金融中心与新落成的北京CBD核心区中国人寿金融中心遥相呼应，成为中国人寿在沪"新名片"。

29日　平安产险完成业内首笔保荐机构先行赔付责任险投保，投保方为一家总部位于华东的保荐机构，标志着保险企业利用创新金融保险产品深入证券业风险管理体系、助力国内证券市场稳定发展再迈进一步。

29日　辽宁保协印发《辽宁省保险销售从业人员自律公约》、《辽宁省人身险数据信息管理自律公约》。

29日　海南保协在海南省保险行业内推行车险承保行业标准，并自2017年1月1

日起实施。

29日 "12378"保险消费者投诉维权热线重庆分中心进行年度总结。全年共计受理热线电话7 398通，综合排名居全国第3名，平均接通率为98.09%，高于全国平均接通率7.79%；平均满意度为99.54%，高于全国平均满意度0.71%；平均转评价率为84.18%，高于全国平均转评价率18.53%。经重庆保监局和重庆市保险行业协会考评，张晓利、但胜男被评为年度优秀话务员。

29日 人保健康辽宁分公司新承保辽阳市城镇职工基本医疗保险经办项目，受托基金3亿元，覆盖人群69.5万人。

29日 经中国保监会批复，亚太财险注册资本变更为40.01383亿元。

29日 中航安盟四川分公司成功签订蒲江县柑橘冻害气象指数保险。这是四川省内第一单农产品气象指数类保险。

29日 中煤保险陕西分公司开业。

29日 鼎宏保险销售浙江分公司开业。

30日 中国保监会印发《关于进一步加强人身保险监管有关事项的通知》，针对部分保险机构中短存续期业务占比较高、精算规定等监管制度执行不到位等问题，进一步加强人身保险业务监管和分支机构市场准入监管，引导人身保险公司依法合规经营和优化业务结构，促进人身保险业务健康发展。

30日 中国保监会印发《财产保险公司保险产品开发指引》，进一步完善产品管理制度，规范公司产品开发，提升保险产品供给质量，切实保护保险消费者合法权益。

30日 中国保监会发布《保险公司合规管理办法》，进一步加强保险公司合规管理，明确"三道防线"的合规管理框架，提高对公司合规部门设置、合规人员配备要求，提升合规管理的履职保障，加强合规的外部监督。

30日 内蒙古保监局印发《关于启动自治区农险大灾风险准备金的通知》。

30日 国寿财险成立10周年。

30日 经中国保监会批复，农银人寿注册资本变更为29.50亿元。

30日 陕西保协韩城办事处正式成立。

31日 平安健康搭建行业内覆盖广、质量优、资源全的海内外医疗网络。

31日 长江养老成为首个实现累计盈利的信托型养老保险公司。

31日　山西省晋中市保险行业协会成立。

12月　公安部对山东省成功破获公安部经侦局和中国保监会稽查局联合督办的济南自卸货车保险诈骗案下发贺电。该案是全国首起成功破获的保险诈骗团伙系列案件，在全国保险行业反响巨大，其成功侦破有力维护了保险公司合法权益，整顿净化了保险市场环境。

12月　自10月起，山西保监局加强保险行业组织自律体系建设，完成保险业自律组织规范化改革，指导山西保协10个地市办事处全部转制为地市保险行业协会，并在山西保协设立地市协会工作委员会，完善保险行业协会管理体系。

12月　广东保监局深入推进"保险知识进校园"活动，全年向全省31家中学和职业学校现场或视频授课103堂，听课学生3.7万人；向全省1 200多所中学和职业学校发放保险教育宣传手册、书籍、光盘等资料13万册。

12月　山东省印发《关于构建绿色金融体系的指导意见》，在环境高风险领域建立环境污染强制责任保险制度，建立完善与气候变化相关的巨灾保险制度。

12月　青岛市人民政府在全国率先建立补充医疗保险制度。

12月　新疆保监局制定《新疆保险业从业人员诚信记录管理办法》，探索建立从业人员诚信记录体系。

12月　自3月起，贵州保监局派出89个巡查组，对76家保险机构、保险中介机构开展"两个加强 两个遏制"回头看、车险、农险、人身险、中介等专项检查工作，持续规范全省保险市场秩序。

12月　中国保险网络大学"保险从业人员基础教育平台（IOEP）"在线学员人数突破17万人，在线学习课程突破3 000课时，共为100余家会员单位新入职员工提供远程入职教育。

12月　甘肃保监局、甘肃公安交警总队、甘肃保协联合启动甘肃省道路交通事故在线快处快赔处理平台。

12月　自11月起，新疆保监局参加《丝绸之路经济带创新驱动发展试验区建设实施方案》及政策措施对接会议，就发展科技保险以及任务分解反馈意见建议，积极推动科技保险实验区写进《丝绸之路经济带创新驱动发展试验区建设实施方案》。

12月　中国人寿200亿元资金入股中石化川气东送天然气管道有限公司，持股比例达43.9%。国寿资产受托进行此项投资，不仅创造单一保险机构直接股权投资规模和持股比例之最,也为保险资金支持实体经济发展、助推供给侧结构性改革提供新范例。

12月 作为深圳宝安国际马拉松、深圳国际马拉松两次赛事独家保险赞助商,平安产险累计为45 000名参赛选手、工作人员及志愿者提供保险保障,包括意外伤害、意外医疗和住院津贴等。该公司深圳分公司的理赔业务员在赛事当天驻守在赛道附近的大型医院,为可能出现的紧急情况做好应急准备。

12月 诚泰保险"云南地震巨灾保险制度试点"项目荣获昆明市人民政府授予的"昆明市2015年度'金融创新与创新成果奖'"。

12月 富德生命人寿2016年重点打造的产品品牌"生命360"在银邮代理渠道正式上线。"生命360"囊括教育、养老、疾病、医疗、意外、资产传承等全生命周期、全方位风险保障,在银保市场首创品牌化运作保障型产品组合包的销售模式,探索银保价值转型的突破之路。

12月 安邦财险青海分公司成功承保青海交通厅所属18条高速公路的修建及改造建筑工程一切险项目,保额达19.93亿元,为西部开发、"一带一路"建设提供有力保险保障。

12月 北京保险研究院编著的《中外农村保险百年互助宝典》由九州出版社出版。该书由国内卷(上)、国内卷(下)、国际卷共3本组成,约380万字。该书是一部难得的综合性大型工具文献资料书籍,是

中外农业互助合作保险的集大成者,极具实践指导和史料保存价值。

12月 上海保险同业公会与上海市城乡建设和交通发展研究院建立战略合作关系。

12月 黑龙江保险学会被黑龙江省社科联评为全省社科联系统特色社团。

12月 辽宁保险业反保险欺诈中心与各市协会反保险欺诈工作站共同防范和打击保险违法犯罪活动。2016年,辽宁侦破欺诈案件、打击虚假赔案共4 522件(其中车险4 152件、非车险370件),止损、挽损金额达20 350万元(其中车险17 980万元、非车险2 369万元)。

2016年 中国保险业原保险保费收入30 959.10亿元,同比增长27.50%;赔款和

给付支出 10 512.89 亿元，同比增长 21.20%；资金运用余额 133 910.67 亿元，较年初增长 19.78%；总资产 151 169.16 亿元，较年初增长 22.31%；净资产 17 240.61 亿元，较年初增长 7.15%。

2016 年　浙江保监局继续配合公安机关开展打击保险诈骗犯罪"安宁"专项行动，取得显著成效。截至 2016 年 12 月底，全省（宁波除外）共对 34 起保险诈骗案件立案侦查，抓获犯罪嫌疑人 86 人，总计涉案金额 741.06 万元。

2016 年　安徽保监局引领保险行业积极应对 2016 年夏季特大暴雨洪涝灾害，国元农险、人保财险安徽省分公司等保险机构的农业保险、农房保险等累计赔款 16.72 亿元，有力支持了灾后重建和灾民安置工作。

2016 年　第四季度在宁夏保监局与宁夏回族自治区金融工作局的共同推动下，人保财险宁夏分公司与养殖企业壹泰牧业正式签约，宁夏首笔 300 万元保险资金直投支农融资项目在宁夏永宁县闽宁镇落地，标志着"险资直投"这一金融支农惠农新模式在宁夏正式启动。该项目的落地为宁夏保险业助推脱贫攻坚开辟了新途径，是保险向综合金融服务转型发展的重要突破。

2016 年　中保协共有会员单位 383 家，其中：集团（控股）公司 12 家；财产保险公司 78 家；人身保险公司 74 家；再保险公司 9 家；资产管理公司 14 家；专业保险经纪公司 51 家；专业保险公估公司 30 家；专业保险代理公司 48 家；地方保险协会（含中介协会）43 家；保险相关机构 24 家。

2016 年　中保协举办 29 期中国保险营销精英论坛微课堂。友邦保险、富德生命人寿、华夏人寿、平安人寿、前海人寿、瑞再北分、太平人寿、泰康人寿、新华人寿、信诚人寿、中德安联人寿、国寿寿险、中宏人寿、中英人寿 14 家公司共 29 位精英营销员参与授课分享。调查结果显示，参与微课堂的营销员总计达到 12 万人次，好评度在 90% 以上，微课堂已成为保险营销员交流学习和传播行业正能量的重要平台。

2016 年　中保协《中国保险市场》共编辑出版 27 期，其中正刊 24 期，特刊 3 期，特别报道 16 余次，编审文字量超过 200 万字。《国际保险资讯》共编辑出版 12 期，编审文字量超过 100 万字。

2016 年　阳光集团 4 个先进集体、5 名先进个人，分别被授予中华全国总工会"全国模范职工小家"称号，中国金融工会"全国金融系统职工代表大会制度建设示范单位"称号和"全国金融系统劳动竞赛示范单位"称号和"全国金融五一劳动奖状"，中华全国总工会、中国金融工会"全国金融五一劳动奖章"。

2016年　大地保险全年参与承保城市轨道交通项目138项，承保项目覆盖全国24个省份（直辖市）的32个城市，累计保额近2万亿元。

2016年　人保财险共接长江中下游地区暴雨洪涝灾害报案85 640件，估损19.65亿元，已赔付13.03亿元；共接华北地区暴雨洪涝灾害报案54 009件，估损13.34亿元，已赔付5.92亿元。

2016年　人保寿险积极响应集团公司要求，积极认购支农专属资管产品和债权计划。"支农支小"投资金额达17.95亿元。

2016年　中再产险在中国保监会统一部署下，积极参与巨灾保险制度顶层设计以及开发首款中国城乡居民住宅地震巨灾保险产品，设计全国城乡居民地震巨灾保险制度实施方案，获得国务院批准，并于2016年5月11日由中国保监会和财政部联合印发。

2016年　中再资产多次赴青海循化牙日小学进行扶贫助教。牙日小学是中再资产连续3年帮扶的定点贫困学校，累计捐赠各类物资20余万元，得到当地学校和政府的认可。

2016年，阳光人寿持续开展"阳光下奔跑"系列活动。该公司作为北京马拉松、扬州马拉松、无锡马拉松、武汉马拉松、天津马拉松等40场跑步比赛的唯一保险合作伙伴，为上述比赛活动的60余万名参赛运动员、工作人员和志愿者提供全方位保险保障。

2016年　平安健康协作海外医疗机构289家，大陆医疗网络机构554家，覆盖42个城市。全国综合前十的三甲医院覆盖率达90%，十大重点专科全国排名前十医院为76%，当地机构排名前三的三甲医院覆盖率为66.67%，优质的医疗网络为客户提供海内外、一站式医疗服务。

2016年　阳光融和医院自开业以来累计举办逾百场大型义诊活动，近3万个居民免费享受国内外知名专家诊疗服务；潍坊市"百岁老人"、"潍坊好人"、"见义勇为者"、"环卫工人"、"优秀教师"、"一线交警"、"公交车司机"、"出租车司机"共计6 000人享受了适合职业特点的免费体检。新华社、《人民日报》、《中国日报》等100

多家中央、省、市及《香港大公报》、《文汇报》等众媒体记者多次对医院采访报道，刊登、转载稿件逾3 000篇。

2016年 长城人寿共捐建"萌芽100"爱心图书室10座，惠及近5 000名师生。

2016年 昆仑健康作为第一承担单位参与"十二五"国家科技支撑计划课题《健康保险服务领域中医预防保健（治未病）服务技术应用规范》研究并通过国家中医药管理局考核，开创了国内中医"治未病"理念与保险融合相关研究的先河，为保险公司控费和国家医疗改革提供理论基础。

2016年 阳光农险在黑龙江省种植险预计赔款32亿元，主要包括旱灾、风灾、洪灾、冰雹、霜冻等，农作物损失严重，其中旱灾造成的损失最重。

2016年 北京保协调解委员会共受理各类保险合同纠纷案件2 322件；其中12378热线管理系统受理转办至调解委员会的保险合同纠纷1 268件，北京保协自办案件1 010件，人民法院诉调对接案件44件。

2016年 河北保险业全面落实省委省政府关于大病保险精准扶贫政策，对建档立卡贫困人口，免除大病保险起付线，提高赔付比例，最高赔付金额提高至50万元。

2016年 深圳首台（套）综合险承保13单，保额65.46亿元，保费达1.48亿元。

2016年 黑龙江农业保险赔款创历史新高，预计赔款达42.30亿元。其中，受春季低温多雨、夏季干旱、秋季"狮子山"台风和乌苏里江江水倒灌等多种灾害影响，政策性种植业保险成灾面积3 117.64万亩，占承保面积的29.93%；预计赔款40.60亿元，简单赔付率达147.96%；受益农户69.37万户，户均赔款5 853元，单户最大赔款额903万元。

2016年 黑龙江保险业继续推进"爱心书香小屋"公益捐建活动。全年发放"爱心书香小屋"编号43个，捐建41个。黑龙江省已捐建"爱心书香小屋"99个，覆盖40余个县，捐赠图书7.9万册，累计投入200余万元，1万多名学生受益。

2016年 黑龙江保协启动黑龙江省商业车险改革市场评价指数调查工作。全年共开展10期，通过微信公众号、电话回访等方式对9 693名消费者和3 505名职业经理人进行调

查。调查显示,商业车险改革取得较好成效。

2016年 人保健康北京分公司共承保平谷、密云、门头沟、大兴、怀柔、通州、房山、昌平、顺义9个涉农县区的新农合基本医疗保险项目,保费收入5.74亿元,覆盖179.23万人。

附录

附录1

单位简称与全称对照表

单位简称	单位全称
中国保监会	中国保险监督管理委员会
中保协	中国保险行业协会
中保学	中国保险学会
中保基金	中国保险保障基金有限责任公司
中国保信	中国保险信息技术管理有限责任公司
上海保交所	上海保险交易所股份有限公司
人保集团	中国人民保险集团股份有限公司
人保财险	中国人民财产保险股份有限公司
人保寿险	中国人民人寿保险股份有限公司
人保健康	中国人民健康保险股份有限公司
人保资产	中国人保资产管理有限公司
国寿集团	中国人寿保险（集团）公司
国寿寿险	中国人寿保险股份有限公司
国寿财险	中国人寿财产保险股份有限公司

单位简称	单位全称
国寿养老	中国人寿养老保险股份有限公司
国寿（海外）	中国人寿保险（海外）股份有限公司
国寿资产	中国人寿资产管理有限公司
国寿电商	中国人寿电子商务有限公司
太平集团	中国太平保险集团有限责任公司
太平人寿	太平人寿保险有限公司
太平财险	太平财产保险有限公司
太平养老	太平养老保险股份有限公司
太平再（中国）	太平再保险（中国）有限公司
太平资产	太平资产管理有限公司
中国信保	中国出口信用保险公司
中再集团	中国再保险（集团）股份有限公司
中再产险	中国财产再保险有限责任公司
中再寿险	中国人寿再保险有限责任公司
大地保险	中国大地财产保险股份有限公司
中再资产	中再资产管理股份有限公司
平安集团	中国平安保险（集团）股份有限公司
平安产险	中国平安财产保险股份有限公司
平安人寿	中国平安人寿保险股份有限公司
平安养老	平安养老保险股份有限公司
平安健康	平安健康保险股份有限公司
平安资产	平安资产管理有限责任公司
太保集团	中国太平洋保险（集团）股份有限公司
太保产险	中国太平洋财产保险股份有限公司
太保寿险	中国太平洋人寿保险股份有限公司

单位简称	单位全称
太保资产	太平洋资产管理有限责任公司
太保安联健康	太保安联健康保险股份有限公司
中华保险	中华联合保险集团股份有限公司
中华财险	中华联合财产保险股份有限公司
中华人寿	中华联合人寿保险股份有限公司
阳光集团	阳光保险集团股份有限公司
阳光产险	阳光财产保险股份有限公司
阳光人寿	阳光人寿保险股份有限公司
阳光信保	阳光渝融信用保证保险股份有限公司
阳光资产	阳光资产管理股份有限公司
泰康集团	泰康保险集团股份有限公司
泰康人寿	泰康人寿保险有限责任公司
泰康养老	泰康养老保险股份有限公司
泰康在线	泰康在线财产保险股份有限公司
泰康资产	泰康资产管理有限责任公司
新华保险	新华人寿保险股份有限公司
新华养老	新华养老保险股份有限公司
新华资产	新华资产管理股份有限公司
华泰集团	华泰保险集团股份有限公司
华泰财险	华泰财产保险有限公司
华泰人寿	华泰人寿保险股份有限公司
华泰资产	华泰资产管理有限公司
安邦集团	安邦保险集团股份有限公司
安邦财险	安邦财产保险股份有限公司
安邦人寿	安邦人寿保险股份有限公司

单位简称	单位全称
安邦养老	安邦养老保险股份有限公司
和谐健康	和谐健康保险股份有限公司
富德保险控股	富德保险控股股份有限公司
富德产险	富德财产保险股份有限公司
富德生命人寿	富德生命人寿保险股份有限公司
华安保险	华安财产保险股份有限公司
民生保险	民生人寿保险股份有限公司
民生通惠资产	民生通惠资产管理有限公司
天安财险	天安财产保险股份有限公司
天安人寿	天安人寿保险股份有限公司
史带财险	史带财产保险股份有限公司
永安保险	永安财产保险股份有限公司
永诚保险	永诚财产保险股份有限公司
中银保险	中银保险有限公司
英大财险	英大泰和财产保险股份有限公司
英大人寿	英大泰和人寿保险股份有限公司
安盛天平	安盛天平财产保险股份有限公司
亚太财险	亚太财产保险有限公司
利宝保险	利宝保险有限公司
渤海财险	渤海财产保险股份有限公司
都邦财险	都邦财产保险股份有限公司
安诚财险	安诚财产保险股份有限公司
鼎和保险	鼎和财产保险股份有限公司
紫金保险	紫金财产保险股份有限公司
浙商保险	浙商财产保险股份有限公司

单位简称	单位全称
信达财险	信达财产保险股份有限公司
美亚保险	美亚财产保险有限公司
三星财险	三星财产保险（中国）有限公司
中航安盟	中航安盟财产保险有限公司
富邦财险	富邦财产保险有限公司
日本财险（中国）	日本财产保险（中国）有限公司
易安财险	易安财产保险股份有限公司
安信农保	安信农业保险股份有限公司
安华农险	安华农业保险股份有限公司
阳光农险	阳光农业相互保险公司
国元农险	国元农业保险股份有限公司
长安责任保险	长安责任保险股份有限公司
华农保险	华农财产保险股份有限公司
中煤保险	中煤财产保险股份有限公司
东京海上日动（中国）	东京海上日动火灾保险（中国）有限公司
瑞再企商	瑞再企商保险有限公司
安达保险	安达保险有限公司
三井住友海上（中国）	三井住友海上火灾保险（中国）有限公司
安联保险（中国）	安联财产保险（中国）有限公司
日本兴亚财险（中国）	日本兴亚财产保险（中国）有限责任公司
乐爱金产险（中国）	乐爱金财产保险（中国）有限公司
中意财险	中意财产保险有限公司
现代财险（中国）	现代财产保险（中国）有限公司
国泰产险	国泰财产保险有限责任公司
劳合社（中国）	劳合社保险（中国）有限公司

单位简称	单位全称
爱和谊日生同和（中国）	爱和谊日生同和财产保险（中国）有限公司
泰山保险	泰山财产保险股份有限公司
锦泰保险	锦泰财产保险股份有限公司
信利保险（中国）	信利保险（中国）有限公司
众诚保险	众诚汽车保险股份有限公司
诚泰保险	诚泰财产保险股份有限公司
鑫安保险	鑫安汽车保险股份有限公司
北部湾保险	北部湾财产保险股份有限公司
长江财险	长江财产保险股份有限公司
长江养老	长江养老保险股份有限公司
众安保险	众安在线财产保险股份有限公司
中路保险	中路财产保险股份有限公司
恒邦保险	恒邦财产保险股份有限公司
合众人寿	合众人寿保险股份有限公司
合众财险	合众财产保险股份有限公司
苏黎世保险（中国）	苏黎世财产保险（中国）有限公司
华海财险	华海财产保险股份有限公司
燕赵财险	燕赵财产保险股份有限公司
铁路自保	中国铁路财产保险自保有限公司
安心财险	安心财产保险有限责任公司
久隆财险	久隆财产保险有限公司
东海航运	东海航运保险股份有限公司
珠峰保险	珠峰财产保险股份有限公司
海峡保险	海峡金桥财产保险股份有限公司
建信财险	建信财产保险有限公司

单位简称	单位全称
建信资产	建信保险资产管理有限公司
中原农险	中原农业保险股份有限公司
众惠相互	众惠财产相互保险社
百年人寿	百年人寿保险股份有限公司
中邮保险	中邮人寿保险股份有限公司
光大永明人寿	光大永明人寿保险有限公司
光大永明资产	光大永明资产管理股份有限公司
中意人寿	中意人寿保险有限公司
大都会人寿	中美联泰大都会人寿保险有限公司
友邦保险	友邦保险有限公司上海分公司
长城人寿	长城人寿保险股份有限公司
农银人寿	农银人寿保险股份有限公司
君康人寿	君康人寿保险股份有限公司
华夏人寿	华夏人寿保险股份有限公司
国华人寿	国华人寿保险股份有限公司
幸福人寿	幸福人寿保险股份有限公司
中融人寿	中融人寿保险股份有限公司
建信人寿	建信人寿保险股份有限公司
利安人寿	利安人寿保险股份有限公司
汇丰人寿	汇丰人寿保险有限公司
中宏人寿	中宏人寿保险有限公司
中德安联人寿	中德安联人寿保险有限公司
工银安盛人寿	工银安盛人寿保险有限公司
信诚人寿	信诚人寿保险有限公司
交银康联人寿	交银康联人寿保险有限公司

单位简称	单位全称
中荷人寿	中荷人寿保险有限公司
同方全球人寿	同方全球人寿保险有限公司
中英人寿	中英人寿保险有限公司
恒安标准人寿	恒安标准人寿保险有限公司
招商信诺人寿	招商信诺人寿保险有限公司
陆家嘴国泰人寿	陆家嘴国泰人寿保险有限责任公司
中银三星人寿	中银三星人寿保险有限公司
信泰人寿	信泰人寿保险股份有限公司
北大方正人寿	北大方正人寿保险有限公司
昆仑健康	昆仑健康保险股份有限公司
瑞泰人寿	瑞泰人寿保险有限公司
恒大人寿	恒大人寿保险有限公司
君龙人寿	君龙人寿保险有限公司
华汇人寿	华汇人寿保险股份有限公司
前海人寿	前海人寿保险股份有限公司
前海再保险	前海再保险股份有限公司
前海财险	新疆前海联合财产保险股份有限公司
东吴人寿	东吴人寿保险股份有限公司
弘康人寿	弘康人寿保险股份有限公司
吉祥人寿	吉祥人寿保险股份有限公司
复星保德信人寿	复星保德信人寿保险有限公司
中韩人寿	中韩人寿保险有限公司
珠江人寿	珠江人寿保险股份有限公司
德华安顾人寿	德华安顾人寿保险有限公司
长生人寿	长生人寿保险有限公司

单位简称	单位全称
中法人寿	中法人寿保险有限责任公司
上海人寿	上海人寿保险股份有限公司
国联人寿	国联人寿保险股份有限公司
渤海人寿	渤海人寿保险股份有限公司
横琴人寿	横琴人寿保险有限公司
华贵人寿	华贵人寿保险股份有限公司
复星联合健康	复星联合健康保险股份有限公司
慕再北分	慕尼黑再保险公司北京分公司
瑞再北分	瑞士再保险股份有限公司北京分公司
法再北分	法国再保险公司北京分公司
通用再上分	德国通用再保险股份公司上海分公司
汉诺威再上分	汉诺威再保险股份公司上海分公司
RGA 美国再保险上分	RGA 美国再保险公司上海分公司
生命资产	生命保险资产管理有限公司
中科招商	中科招商投资管理集团股份有限公司
陆金所	上海陆家嘴国际金融资产交易市场股份有限公司
北京保险研究院	北京保险研究院
中保研	中保研汽车技术研究院有限公司
保险报业	中国保险报业股份有限公司
保险文化杂志社	保险文化杂志社
翱特信息（中国）	翱特信息系统（中国）有限公司
和讯网	和讯信息科技有限公司
北京丰顺路宝拍卖	北京丰顺路宝机动车拍卖有限公司
金石投资	金石投资有限公司
贵阳众筹	贵阳众筹金融交易所有限公司

单位简称	单位全称
深圳太平投资	深圳市太平投资有限公司
新华世纪电商	新华世纪电子商务有限公司
中科遥感	中科遥感科技集团有限公司
万丈金数	广东万丈金数信息技术股份有限公司
建信养老金	建信养老金管理有限责任公司
恒泰博车拍卖	北京恒泰博车拍卖有限公司
常春藤控股	上海常春藤投资控股有限公司
平安道远	平安道远投资管理（上海）有限公司
蚂蚁保险	蚂蚁金服保险事业群
京东金融	北京京东金融科技控股有限公司
PPG	庞贝捷漆油贸易（上海）有限公司
英大长安保险经纪	英大长安保险经纪有限公司
江泰保险经纪	江泰保险经纪股份有限公司
华泰保险经纪	华泰保险经纪有限公司
联合保险经纪	北京联合保险经纪有限公司
中汇国际保险经纪	中汇国际保险经纪股份有限公司
达信保险经纪	达信（中国）保险经纪有限公司
东大保险经纪	上海东大保险经纪有限责任公司
山东英大保险经纪	山东英大保险经纪有限公司
西部保险经纪	西部保险经纪有限公司
华信保险经纪	华信保险经纪有限公司
五洲保险经纪	五洲（北京）保险经纪有限公司
新城保险经纪	北京新城保险经纪有限公司
航联保险经纪	航联保险经纪有限公司
安源保险经纪	安源保险经纪有限责任公司

单位简称	单位全称
康桥保险经纪	康桥保险经纪有限公司
中盛保险经纪	中盛国际保险经纪有限责任公司
美世保险经纪	上海美世保险经纪有限公司
安润保险经纪	安润国际保险经纪（北京）有限公司
安诺保险经纪	安诺保险经纪有限公司
中天保险经纪	北京中天保险经纪有限公司
环亚保险经纪	上海环亚保险经纪有限公司
海峡联合保险经纪	海峡联合保险经纪（北京）有限责任公司
中盈保险经纪	上海中盈保险经纪有限公司
众合保险经纪	北京众合保险经纪有限公司
延长保险经纪	陕西延长保险经纪有限责任公司
润通保险经纪	重庆润通保险经纪有限公司
美臣泰平保险经纪	深圳美臣泰平保险经纪有限公司
众诚泰保险经纪	深圳众诚泰保险经纪有限公司
国元保险经纪	安徽国元保险经纪股份有限公司
国电保险经纪	国电保险经纪（北京）有限公司
吉安保险经纪	甘肃吉安保险经纪有限责任公司
九安保险经纪	山东九安保险经纪股份有限公司
哈保保险经纪	哈保保险经纪（北京）有限公司
天鑫保险经纪	深圳天鑫保险经纪有限公司
北京瑞信保险经纪	北京瑞信保险经纪有限公司
国康保险经纪	深圳市国康保险经纪有限公司
中海联合保险经纪	北京中海联合保险经纪有限公司
慧择保险经纪	深圳市慧择保险经纪有限公司
国家电投经纪	国家电投集团保险经纪有限公司

单位简称	单位全称
永诚保险经纪	北京永诚保险经纪有限公司
协和万邦保险经纪	天津协和万邦保险经纪有限公司
津投保险经纪	天津津投保险经纪有限公司
全联保险经纪	全联保险经纪有限公司
金诚国际保险经	北京金诚国际保险经纪有限公司
同人保险经纪	上海同人保险经纪股份有限公司
和政保险经纪	北京和政保险经纪有限公司
华夏保险经纪	北京华夏保险经纪有限公司
大特保险经纪	北京大特保险经纪有限公司
中铁汇达保险经纪	中铁汇达保险经纪有限公司
津报鹏程保险经纪	天津津报鹏程保险经纪有限公司
环晟保险经纪	浙江环晟保险经纪有限公司
途牛保险经纪	途牛保险经纪有限公司
中民保险经纪	中民保险经纪股份有限公司
安信保险经纪	河北安信保险经纪有限公司
民太安保险公估	民太安财产保险公估股份有限公司
恒量保险公估	上海恒量保险公估有限公司
嘉福保险公估	嘉福（北京）保险公估有限公司
泛华保险公估	泛华保险公估有限公司
华信保险公估	北京华信保险公估有限公司
根宁翰保险公估	根宁翰保险公估（中国）有限公司
功正保险公估	厦门功正保险公估有限公司
亿和保险公估	广东亿和保险公估有限公司
上海城市保险公估	汕头市均衡保险公估有限公司
均衡保险公估	上海城市保险公估中心（普通合伙）

单位简称	单位全称
光政保险公估	山东光政保险公估股份有限公司
新泰保险公估	山西新泰保险公估有限责任公司
远东保险公估	山东远东保险公估有限公司
君恒保险公估	北京君恒保险公估有限责任公司
安恒信保险公估	北京安恒信保险公估有限公司
天元保险公估	河北天元保险公估有限公司
俊通保险公估	深圳俊通保险公估有限公司
中衡保险公估	安徽中衡保险公估股份有限公司
中咨保险公估	北京中咨保险公估有限公司
美臣保险公估	深圳美臣保险公估有限公司
智信达保险公估	深圳市智信达保险公估有限公司
格林保险公估	北京格林保险公估有限公司
盛泰保险公估	湖南盛泰保险公估有限公司
润森保险公估	四川润森保险公估有限公司
誉心保险公估	北京誉心保险公估有限责任公司
汇嘉保险公估	安徽汇嘉保险公估有限公司
华碧一清行保险公估	北京华碧一清行保险公估有限公司
全天候保险公估	北京全天候保险公估有限公司
咏翰（福建）保险公估	咏翰（福建）保险公估有限公司
鼎信农业保险公估（北京）	鼎信农业保险公估（北京）有限公司
泛华集团	泛华保险销售服务集团有限公司
华康保险代理	华康保险代理有限公司
齐鲁保险代理	山东齐鲁保险代理有限公司
嘉信保险代理	北京嘉信保险代理有限公司
信安保险代理	北京信安保险代理有限公司

单位简称	单位全称
华邦保险销售	江苏华邦保险销售有限公司
立康保险代理	北京立康保险代理有限公司
安诚保险销售	安诚保险销售有限公司
新一站保险代理	新一站保险代理有限公司
宏大保险销售	宏大保险销售服务有限公司
大童保险销售	大童保险销售服务有限公司
长安保险销售	长安保险销售有限公司
冠亚保险销售	重庆冠亚保险销售有限公司
浙商保险销售	浙江浙商保险销售有限公司
广泰保险代理	广泰保险代理有限公司
安惠国际保险代理（北京）	安惠国际保险代理（北京）有限公司
携程保险代理	携程保险代理有限公司
鼎宏保险销售	鼎宏汽车保险销售股份有限公司
中美国际保险销售	中美国际保险销售服务有限责任公司
民盛保险代理	民盛保险代理有限公司
四川嘉诚保险销售	四川嘉诚保险销售服务有限公司
泰源保险代理	泰源保险代理有限公司
平安创展保险销售	平安创展保险销售服务有限公司
亿信保险销售	山东亿信保险销售服务有限公司
茂林保险销售	吉林省茂林保险销售服务有限公司
财富安康保险销售	黑龙江财富安康保险销售有限公司
统一保险代理	江苏统一保险代理有限公司
松泰保险代理	河南松泰保险代理有限公司
诺爱保险代理	诺爱保险代理有限公司
富德保险销售	富德保险销售有限公司

单位简称	单位全称
中利保险销售	中利保险销售有限公司
友仁保险代理	辽宁友仁保险代理有限公司
汇新保险代理	河北汇新保险代理有限公司
康盛（北京）保险销售	康盛（北京）保险销售有限公司
苏宁保险销售	苏宁保险销售有限公司
阳光一家保险销售	阳光一家家庭综合保险销售服务有限公司
华瑞保险销售	华瑞保险销售有限公司
美华保险销售	美华保险销售有限公司
年安保险销售	云南年安保险销售服务有限公司
永通保险代理	北京永通保险代理有限公司
汇金永信保险销售	汇金永信保险销售服务有限公司
鼎鼎保险代理	鼎鼎保险代理有限公司
中天信合保险代理（北京）	中天信合保险代理（北京）有限公司
宜保通保险销售	深圳市宜保通保险销售有限公司
龙琨保险代理	上海龙琨保险代理股份有限公司
五星在线保险销售	五星在线保险销售有限公司
品诺保险代理	广东品诺保险代理有限公司
北京保协	北京保险行业协会
天津保协	天津市保险行业协会
河北保协	河北省保险行业协会
山西保协	山西省保险行业协会
内蒙古保协	内蒙古自治区保险行业协会
辽宁保协	辽宁省保险行业协会
吉林保协	吉林省保险行业协会
黑龙江保协	黑龙江省保险行业协会

单位简称	单位全称
上海保险同业公会	上海市保险同业公会
江苏保协	江苏省保险行业协会
浙江保协	浙江省保险行业协会
安徽保协	安徽省保险行业协会
福建保协	福建省保险行业协会
江西保协	江西省保险行业协会
山东保协	山东省保险行业协会
河南保协	河南省保险行业协会
湖北保协	湖北省保险行业协会
湖南保协	湖南省保险行业协会
广东保协	广东省保险行业协会
广西保协	广西保险行业协会
海南保协	海南省保险行业协会
重庆保协	重庆市保险行业协会
四川保协	四川省保险行业协会
贵州保协	贵州省保险行业协会
云南保协	云南省保险行业协会
西藏保协	西藏自治区保险行业协会
陕西保协	陕西省保险行业协会
甘肃保协	甘肃省保险行业协会
青海保协	青海省保险行业协会
宁夏保协	宁夏回族自治区保险行业协会
新疆保协	新疆保险行业协会
深圳保险同业公会	深圳市保险同业公会
大连保协	大连市保险行业协会

单位简称	单位全称
宁波保协	宁波市保险行业协会
青岛保协	青岛市保险行业协会
厦门保协	厦门市保险行业协会
江苏保险中介协会	江苏省保险中介行业协会
浙江保险中介协会	浙江省保险中介行业协会
山东保险中介协会	山东省保险中介行业协会
湖北保险中介协会	湖北省保险中介行业协会
湖南保险中介协会	湖南省保险中介行业协会
重庆保险中介协会	重庆市保险中介行业协会
深圳保险中介协会	深圳市保险中介行业协会

附录 2

2016 年保险业人事（董事长或总经理）变动情况

月份	公司名称	姓名	任职
1 月	英大泰和财产保险股份有限公司	张国兴	总经理
	中银三星人寿保险有限公司	杨勃	董事长、总经理
	光大永明资产管理股份有限公司	张辉	总经理
	泰康在线财产保险股份有限公司	刘经纶	董事长
		王道南	总经理
	安邦资产管理有限责任公司	上官清	董事长
2 月	中意人寿保险有限公司	张剑锋	总经理
	亚太财产保险有限公司	臧炜	董事长
	中宏人寿保险有限公司	ZHANG KAI	总经理
	锦泰财产保险股份有限公司	任瑞洪	总经理
	安心财产保险有限责任公司	黄胜	董事长
		钟诚	总经理
	华夏久盈资产管理有限责任公司	赵瑜纲	总经理
3 月	新华人寿保险股份有限公司	万峰	董事长
4 月	都邦财产保险股份有限公司	郑国如	董事长
	信达财产保险股份有限公司	刘树林	总经理
	东京海上日动火灾保险（中国）有限公司	KOMIYA KENICHI	董事长、总经理
	弘康人寿保险股份有限公司	张科	总经理
	易安财产保险股份有限公司	李军	董事长

续表

月份	公司名称	姓名	任职
5月	中国再保险（集团）股份有限公司	袁临江	董事长
	华泰财产保险有限公司	丛雪松	董事长
	安信农业保险股份有限公司	石践	总经理
	天安人寿保险股份有限公司	崔勇任	董事长
	新华资产管理股份有限公司	万峰	董事长
	信利保险（中国）有限公司	CHUA LEE LI	董事长
	东海航运保险股份有限公司	王和	董事长
	阳光渝融信用保证保险股份有限公司	彭吉海	董事长
		张见	总经理
6月	天安财产保险股份有限公司	郭予丰	董事长
	平安健康保险股份有限公司	杨铮	董事长
	天安人寿保险股份有限公司	陈玉龙	副总经理（主持工作）
	中荷人寿保险有限公司	强新	董事长
	恒大人寿保险有限公司	彭建军	董事长
	华泰人寿保险股份有限公司	LI CUNQIANG	董事长
	合众财产保险股份有限公司	施辉	总经理
7月	中国平安财产保险股份有限公司	孙建平	总经理
	中银保险有限公司	周功华	董事长
	日本兴亚财产保险（中国）有限责任公司	TONAI YUJI	董事长、总经理
	燕赵财产保险股份有限公司	吴晓辉	总经理
	国联人寿保险股份有限公司	丁武斌	董事长
	珠峰财产保险股份有限公司	陈克东	董事长
		李更	总经理
	新疆前海联合财产保险股份有限公司	姚振华	董事长
		张云飞	总经理

续表

月份	公司名称	姓名	任职
8月	中国人民财产保险股份有限公司	林智勇	总经理
	中华联合财产保险股份有限公司	汪立志	总经理
	阳光财产保险股份有限公司	费一飞	总经理
	中银保险有限公司	马超龙	总经理
	阳光人寿保险股份有限公司	宁首波	总经理
	长城人寿保险股份有限公司	胡国光	董事长
	安达保险有限公司	BOGARDUS KEVIN FRANCIS–XAVIER	总经理
	中国铁路财产保险自保有限公司	余邦利	董事长
	久隆财产保险有限公司	谢跃	总经理
	安邦资产管理有限责任公司	冯伟	总经理
	太平洋资产管理有限责任公司	于业明	董事长
9月	太平财产保险有限公司	于泽	总经理
	日本财产保险（中国）有限公司	UTSUNOMIYA FUMIHIKO	总经理
	招商信诺人寿保险有限公司	赖军	总经理
	华泰人寿保险股份有限公司	刘占国	总经理
	太平再保险（中国）有限公司	刘世宏	董事长
	瑞士再保险股份有限公司北京分公司	陈东辉	总经理
	华夏久盈资产管理有限责任公司	丁德胜	董事长
	建信保险资产管理有限公司	谢瑞平	董事长
	恒大人寿保险有限公司	梁栋	总经理
10月	安邦财产保险股份有限公司	陈永忠	总经理
	浙商财产保险股份有限公司	高秉学	董事长
	太平资产管理有限公司	任生俊	董事长
	华农财产保险股份有限公司	张宗韬	总经理

续表

月份	公司名称	姓名	任职
10月	瑞再企商保险有限公司	郏京炜	总经理
	众诚汽车保险股份有限公司	冯兴亚	董事长
	海峡金桥财产保险股份有限公司	王非	董事长
		沈庆宏	总经理
	吉祥人寿保险股份有限公司	周涛	董事长
	珠江人寿保险股份有限公司	翟素文	董事长
11月	慕尼黑再保险公司北京分公司	FAN WEISHU	总经理
	复星保德信人寿保险有限公司	储良	总经理
	安邦养老保险股份有限公司	周沛	总经理
	安邦财产保险股份有限公司	叶菁	董事长
	和谐健康保险股份有限公司	张海川	总经理
	建信财产保险有限公司	薛峰	董事长
		张华清	总经理
12月	泰康保险集团股份有限公司	陈东升	董事长
		程康平	总经理
	安邦养老保险股份有限公司	屈超美	董事长
	紫金财产保险股份有限公司	李明耀	董事长
	和谐健康保险股份有限公司	古红梅	董事长
	中华联合人寿保险股份有限公司	孙玉淳	总经理

2017年1—7月保险业人事（董事长或总经理）变动情况

月份	公司名称	姓名	任职
1月	中德安联人寿保险有限公司	蔡成维	董事长
	安邦养老保险股份有限公司	屈超美	董事长
	百年保险资产管理有限责任公司	何勇生	董事长
		叶晓林	总经理
2月	君康人寿保险股份有限公司	郭自光	总经理
	久隆财产保险有限公司	向文波	董事长
3月	中国平安人寿保险股份有限公司	余宏	总经理
	平安健康保险股份有限公司	毛伟标	总经理
	新华养老保险股份有限公司	刘亦工	董事长
	前海再保险股份有限公司	冯宏娟	董事长
	长城财富资产管理股份有限公司	唐军	总经理
4月	英大泰和人寿保险股份有限公司	辛绪武	董事长
	横琴人寿保险有限公司	兰亚东	董事长
	和泰人寿保险股份有限公司	刘鑫	董事长
	华贵人寿保险股份有限公司	汪振武	董事长
	人保再保险股份有限公司	盛和泰	董事长
5月	海峡金桥财产保险股份有限公司	杨方	董事长
	复星联合健康保险股份有限公司	曾明光	总经理
	人保再保险股份有限公司	张青	总经理

续表

月份	公司名称	姓名	任职
6月	中国人民保险集团股份有限公司	缪建民	总经理
	中国太平洋保险（集团）股份有限公司	孔庆伟	董事长
	陆家嘴国泰人寿保险有限责任公司	黎作强	董事长
	安达保险有限公司	张蓓	董事长
	乐爱金财产保险（中国）有限公司	KIM HYUN	董事长、总经理
	国泰财产保险有限责任公司	龙泉	总经理
7月	中国人寿保险（集团）公司	袁长清	总经理
	中国大地财产保险股份有限公司	袁临江	董事长
	中国财产再保险有限责任公司	和春雷	董事长
	北大方正人寿保险有限公司	施华	董事长
	诚泰财产保险股份有限公司	张萍	董事长
	众惠财产相互保险社	俞伟	总经理
	瑞泰人寿保险有限公司	ABDULLAH OMER	总经理
	中远海运财产保险自保有限公司	郑晓哲	总经理
	中石油专属财产保险股份有限公司	魏国良	董事长
	信美人寿相互保险社	杨帆	董事长

附录 3

中保协会员情况一览表

序号	单位名称	协会任职	代表姓名
1	中国人民保险集团股份有限公司	名誉会长	吴 焰
2	中国人寿保险（集团）公司	名誉会长	杨明生
3	中国太平保险集团有限责任公司	名誉会长	王 滨
4	中国出口信用保险公司	名誉会长	王 毅
5	中国再保险（集团）股份有限公司	名誉会长	袁临江
6	中国平安保险（集团）股份有限公司	名誉会长	马明哲
7	中国太平洋保险（集团）股份有限公司	名誉会长	高国富
8	中华联合保险集团股份有限公司	副会长	陈景耀
9	阳光保险集团股份有限公司	副会长	李 科
10	华泰保险集团股份有限公司	副会长	赵明浩
11	安邦保险集团股份有限公司	副会长	吴小晖
12	富德保险控股股份有限公司	副会长	杨智呈
13	泰康保险集团股份有限公司	副会长	刘经纶
14	中国人民财产保险股份有限公司	副会长	林智勇
15	中国人寿财产保险股份有限公司	副会长	刘英齐
16	中国太平洋财产保险股份有限公司	副会长	顾 越
17	中国平安财产保险股份有限公司	副会长	孙建平
18	中国大地财产保险股份有限公司	副会长	陈 勇
19	中华联合财产保险股份有限公司	副会长	罗海平
20	华安财产保险股份有限公司	副会长	童 清
21	天安财产保险股份有限公司	副监事长	郭予丰
22	中国人寿保险股份有限公司	副会长	林岱仁
23	中国平安人寿保险股份有限公司	副会长	丁新民
24	中国太平洋人寿保险股份有限公司	副会长	徐敬惠

续表

序号	单位名称	协会任职	代表姓名
25	新华人寿保险股份有限公司	副会长	万　峰
26	太平人寿保险有限公司	副会长	张　可
27	中国人民人寿保险股份有限公司	副会长	傅安平
28	富德生命人寿保险股份有限公司	副会长	方　力
29	中国人民健康保险股份有限公司	副会长	宋福兴
30	中国人寿养老保险股份有限公司	副会长	苏恒轩
31	中国财产再保险有限责任公司	副会长	李媛媛
32	中国人寿再保险有限责任公司	副会长	田美攀
33	中国人寿资产管理有限公司	副会长	王军辉
34	中国保险保障基金有限责任公司	副会长	任建国
35	中国保险信息技术管理有限责任公司	副会长	吴晓军
36	中科招商投资管理集团股份有限公司	副会长	单祥双
37	上海陆家嘴国际金融资产交易市场股份有限公司	副会长	龙　泉
38	上海保险交易所股份有限公司	副监事长	曾于瑾
39	英大长安保险经纪有限公司	副会长	苏庆社
40	太平财产保险有限公司	常务理事	于　泽
41	阳光财产保险股份有限公司	常务理事	费一飞
42	华泰财产保险有限公司	常务理事	丛雪松
43	史带财产保险股份有限公司	常务理事	张　兴
44	永安财产保险股份有限公司	常务理事	陶光强
45	永诚财产保险股份有限公司	常务理事	任仲成
46	安邦财产保险股份有限公司	常务理事	叶　菁
47	中银保险有限公司	常务理事	马超龙
48	英大泰和财产保险股份有限公司	常务理事	范　跃
49	安盛天平财产保险股份有限公司	常务理事	胡　务
50	民生人寿保险有限公司	常务理事	吴志军
51	阳光人寿保险股份有限公司	常务理事	宁首波
52	合众人寿保险股份有限公司	常务理事	徐　彬
53	百年人寿保险股份有限公司	常务理事	何勇生

续表

序号	单位名称	协会任职	代表姓名
54	中邮人寿保险股份有限公司	常务理事	党秀茸
55	光大永明人寿保险有限公司	常务理事	张玉宽
56	中意人寿保险有限公司	常务理事	肖文建
57	中美联泰大都会人寿保险有限公司	常务理事	戴兰芳
58	友邦保险有限公司上海分公司	常务理事	郑少玮
59	太平养老保险股份有限公司	常务理事	彭 毅
60	平安养老保险股份有限公司	常务理事	杜永茂
61	平安健康保险股份有限公司	常务理事	杨 铮
62	慕尼黑再保险公司北京分公司	常务理事	范伟书
63	瑞士再保险股份有限公司北京分公司	常务理事	陈东辉
64	中国人保资产管理有限公司	常务理事	王 颢
65	北京保险研究院	常务理事	赵立平
66	中保研汽车技术研究院有限公司	常务理事	贾海茂
67	江泰保险经纪股份有限公司	常务理事	沈开涛
68	民太安财产保险公估股份有限公司	常务理事	杨文明
69	北京保险行业协会	常务理事	陈志强
70	上海市保险同业公会	常务理事	赵 雷
71	江苏省保险行业协会	常务理事	翟家峰
72	广东省保险行业协会	常务理事	石道坚
73	亚太财产保险有限公司	理事	藏 炜
74	利宝保险有限公司	理事	Daniel Martin Bridger
75	渤海财产保险股份有限公司	理事	沈小钧
76	都邦财产保险股份有限公司	理事	郑国如
77	安诚财产保险股份有限公司	理事	闵卫东
78	鼎和财产保险股份有限公司	理事	王晓锦
79	紫金财产保险股份有限公司	理事	许 坚
80	浙商财产保险股份有限公司	理事	高秉学
81	信达财产保险股份有限公司	理事	徐兴建
82	美亚财产保险有限公司	理事	郑 艺

续表

序号	单位名称	协会任职	代表姓名
83	三星财产保险（中国）有限公司	理事	洪承杓
84	中航安盟财产保险有限公司	理事	欧贝格（PEQUEUX OLIVIER LOUIS GEORGES）
85	富邦财产保险有限公司	理事	庄子明
86	日本财产保险（中国）有限公司	监事	田嘉铭
87	易安财产保险股份有限公司	监事	曹海菁
88	安信农业保险股份有限公司	理事	乔中兴
89	安华农业保险股份有限公司	理事	张剑峰
90	阳光农业相互保险公司	理事	王喜涛
91	国元农业保险股份有限公司	理事	张子良
92	长安责任保险股份有限公司	理事	阎 波
93	天安人寿保险股份有限公司	理事	陈玉龙
94	安邦人寿保险股份有限公司	理事	邱 璇
95	英大泰和人寿保险股份有限公司	理事	李友谊
96	长城人寿保险股份有限公司	理事	董利平
97	农银人寿保险股份有限公司	理事	邵建荣
98	君康人寿保险股份有限公司	理事	郭自光
99	华夏人寿保险股份有限公司	理事	赵子良
100	国华人寿保险股份有限公司	理事	付永进
101	幸福人寿保险股份有限公司	理事	詹肇岚
102	中融人寿保险股份有限公司	理事	李燕明
103	建信人寿保险股份有限公司	理事	谢瑞平
104	利安人寿保险股份有限公司	理事	刘政焕
105	汇丰人寿保险有限公司	理事	李永耀
106	中宏人寿保险有限公司	理事	张 凯
107	中德安联人寿保险有限公司	理事	陈 良
108	工银安盛人寿保险有限公司	理事	郭晋鲁
109	信诚人寿保险有限公司	理事	赵小凡

续表

序号	单位名称	协会任职	代表姓名
110	交银康联人寿保险有限公司	理事	张宏良
111	中荷人寿保险有限公司	理事	强 新
112	同方全球人寿保险有限公司	理事	朱 勇
113	中英人寿保险有限公司	理事	俞 宁
114	恒安标准人寿保险有限公司	理事	刘振宇
115	招商信诺人寿保险有限公司	理事	赖 军
116	陆家嘴国泰人寿保险有限责任公司	理事	廖明宏
117	华泰人寿保险股份有限公司	理事	李存强
118	中银三星人寿保险有限公司	理事	陈 伟
119	信泰人寿保险股份有限公司	监事	张 勇
120	北大方正人寿保险有限公司	监事	李 平
121	泰康养老保险股份有限公司	理事	李艳华
122	长江养老保险股份有限公司	理事	苏 罡
123	和谐健康保险股份有限公司	理事	上官清
124	昆仑健康保险股份有限公司	理事	傅 杰
125	法国再保险公司北京分公司	理事	于巍东
126	德国通用再保险股份公司上海分公司	理事	蔡端绵
127	中再资产管理股份有限公司	理事	赵 威
128	阳光资产管理股份有限公司	理事	淦克兴
129	太平资产管理有限公司	理事	肖 星
130	新华资产管理股份有限公司	理事	李 全
131	泰康资产管理有限责任公司	理事	段国圣
132	太平洋资产管理有限责任公司	理事	于业明
133	平安资产管理有限责任公司	理事	万 放
134	民生通惠资产管理有限公司	理事	葛 旋
135	华泰资产管理有限公司	理事	高 峰
136	光大永明资产管理股份有限公司	理事	王 燕
137	华泰保险经纪有限公司	理事	于利民
138	北京联合保险经纪有限公司	理事	黄伟坚

续表

序号	单位名称	协会任职	代表姓名
139	中汇国际保险经纪股份有限公司	理事	杨　洲
140	上海恒量保险公估有限公司	理事	庞　军
141	泛华保险销售服务集团有限公司	理事	胡义南
142	华康保险代理有限公司	理事	高英国
143	山东齐鲁保险代理有限公司	理事	曹景敏
144	河北省保险行业协会	理事	王继庭
145	山西省保险行业协会	理事	孙志斌
146	内蒙古自治区保险行业协会	理事	孟　方
147	辽宁省保险行业协会	理事	方继荣
148	吉林省保险行业协会	理事	马　军
149	黑龙江省保险行业协会	理事	刘玉琦
150	浙江省保险行业协会	理事	郑碧芳
151	安徽省保险行业协会	理事	董晓朗
152	福建省保险行业协会	理事	曹晓强
153	江西省保险行业协会	理事	孙明才
154	山东省保险行业协会	理事	陈进军
155	河南省保险行业协会	理事	周曙光
156	湖北省保险行业协会	理事	王定海
157	湖南省保险行业协会	理事	曹瑞华
158	广西保险行业协会	理事	徐　海
159	海南省保险行业协会	理事	李　焱
160	重庆市保险行业协会	理事	陈　芳
161	四川省保险行业协会	理事	文　雄
162	贵州省保险行业协会	理事	李继军
163	云南省保险行业协会	理事	刘文选
164	西藏自治区保险行业协会	理事	魏辉勇
165	陕西省保险行业协会	理事	雷　煜
166	甘肃省保险行业协会	理事	李　琦
167	青海省保险行业协会	理事	梁　健

续表

序号	单位名称	协会任职	代表姓名
168	宁夏回族自治区保险行业协会	理事	刘 涛
169	新疆保险行业协会	理事	陶传堂
170	深圳市保险同业公会	理事	贺国虎
171	大连市保险行业协会	理事	李 杰
172	宁波市保险行业协会	理事	邵洪吉
173	青岛市保险行业协会	理事	曲海滨
174	厦门市保险行业协会	理事	李丽华
175	天津市保险行业协会	监事	张志怀
176	华农财产保险股份有限公司	会员	苏如春
177	中煤财产保险股份有限公司	会员	潘跃飞
178	东京海上日动火灾保险（中国）有限公司	会员	范 瑾
179	瑞再企商保险有限公司	会员	贺兰德（Andreas Hillebrand）
180	安达保险有限公司	会员	Kevin Bogardus
181	三井住友海上火灾保险（中国）有限公司	会员	郑永强
182	安联财产保险（中国）有限公司	会员	李 涛
183	日本兴亚财产保险（中国）有限责任公司	会员	藤内裕志
184	乐爱金财产保险（中国）有限公司	会员	曹哲镐
185	中意财产保险有限公司	会员	游一冰
186	现代财产保险（中国）有限公司	会员	李門馥
187	国泰财产保险有限责任公司	会员	胡一敏
188	劳合社保险（中国）有限公司	会员	高 璁
189	爱和谊日生同和财产保险（中国）有限公司	会员	小野智康
190	泰山财产保险股份有限公司	会员	郭永利
191	锦泰财产保险股份有限公司	会员	邓明湘
192	信利保险（中国）有限公司	会员	陈永强
193	众诚汽车保险股份有限公司	会员	吴保军
194	诚泰财产保险股份有限公司	会员	马宁辉
195	鑫安汽车保险股份有限公司	会员	朱金海

续表

序号	单位名称	协会任职	代表姓名
196	北部湾财产保险股份有限公司	会员	黄英钊
197	长江财产保险股份有限公司	会员	杨晓波
198	众安在线财产保险股份有限公司	会员	陈 劲
199	富德财产保险股份有限公司	会员	罗桂友
200	中路财产保险股份有限公司	会员	王建辉
201	恒邦财产保险股份有限公司	会员	肖晓华
202	合众财产保险股份有限公司	会员	李国华
203	苏黎世财产保险（中国）有限公司	会员	于璐巍
204	华海财产保险股份有限公司	会员	赵小鸣
205	燕赵财产保险股份有限公司	会员	甘中达
206	中国铁路财产保险自保有限公司	会员	谭光明
207	泰康在线财产保险股份有限公司	会员	王道南
208	安心财产保险有限责任公司	会员	钟 诚
209	久隆财产保险有限公司	会员	谢 跃
210	东海航运保险股份有限公司	会员	王 和
211	阳光渝融信用保证保险股份有限公司	会员	彭吉海
212	珠峰财产保险股份有限公司	会员	陈克东
213	海峡金桥财产保险股份有限公司	会员	沈庆宏
214	新疆前海联合财产保险股份有限公司	会员	张云飞
215	建信财产保险有限公司	会员	薛 峰
216	中原农业保险股份有限公司	会员	毕治军
217	众惠财产相互保险社	会员	李 静
218	中国人寿保险（海外）股份有限公司	会员	刘安林
219	瑞泰人寿保险有限公司	会员	谭广能
220	恒大人寿保险有限公司	会员	彭建军
221	君龙人寿保险有限公司	会员	庄中庆
222	华汇人寿保险股份有限公司	会员	马 彪
223	前海人寿保险股份有限公司	会员	姚振华
224	东吴人寿保险股份有限公司	会员	徐建平

续表

序号	单位名称	协会任职	代表姓名
225	弘康人寿保险股份有限公司	会员	卢德之
226	吉祥人寿保险股份有限公司	会员	周　涛
227	复星保德信人寿保险有限公司	会员	储　良
228	中韩人寿保险有限公司	会员	叶秀昭
229	珠江人寿保险股份有限公司	会员	胡国萍
230	德华安顾人寿保险有限公司	会员	史峰磊
231	长生人寿保险有限公司	会员	沈逸波
232	中法人寿保险有限责任公司	会员	袁宏林
233	上海人寿保险股份有限公司	会员	密春雷
234	国联人寿保险股份有限公司	会员	丁武斌
235	渤海人寿保险股份有限公司	会员	郭　健
236	中华联合人寿保险股份有限公司	会员	孙玉淳
237	横琴人寿保险有限公司	会员	兰亚东
238	华贵人寿保险股份有限公司	会员	汪振武
239	泰康人寿保险有限责任公司	会员	程康平
240	招商局仁和人寿保险股份有限公司	会员	彭　伟
241	安邦养老保险股份有限公司	会员	屈超美
242	新华养老保险股份有限公司	会员	刘亦工
243	太保安联健康保险股份有限公司	会员	孙培坚
244	复星联合健康保险股份有限公司	会员	曾明光
245	信美人寿相互保险社	会员	杨帆
246	汉诺威再保险股份公司上海分公司	会员	Lye Fook Kong
247	太平再保险（中国）有限公司	会员	庞　卫
248	RGA美国再保险公司上海分公司	会员	Ou Jason Hao
249	前海再保险股份有限公司	会员	冯宏娟
250	生命保险资产管理有限公司	会员	李荣辉
251	建信保险资产管理有限公司	会员	谢瑞平
252	中国保险报业股份有限公司	会员	赵　健
253	保险文化杂志社	会员	张迎宾

续表

序号	单位名称	协会任职	代表姓名
254	翱特信息系统（中国）有限公司	会员	乐伟梁
255	和讯信息科技有限公司	会员	王 莉
256	中国人寿电子商务有限公司	会员	崔 勇
257	北京丰顺路宝机动车拍卖有限公司	会员	邢占明
258	金石投资有限公司	会员	方 哲
259	贵阳众筹金融交易所有限公司	会员	刘文献
260	深圳市太平投资有限公司	会员	焦艳军
261	新华世纪电子商务有限公司	会员	罗晓晖
262	中科遥感科技集团有限公司	会员	王晋年
263	广东万丈金数信息技术股份有限公司	会员	李廷威
264	建信养老金管理有限责任公司	会员	余静波
265	北京恒泰博车拍卖有限公司	会员	陈健鹏
266	上海常春藤投资控股有限公司	会员	翁吉义
267	平安道远投资管理（上海）有限公司	会员	杨晓华
268	蚂蚁金服保险事业群	会员	尹 铭
269	北京京东金融科技控股有限公司	会员	陈生强
270	庞贝捷漆油贸易（上海）有限公司	会员	袁洁仪
271	达信（中国）保险经纪有限公司	会员	李 铭
272	上海东大保险经纪有限责任公司	会员	王荣桃
273	山东英大保险经纪有限公司	会员	李恩岐
274	西部保险经纪有限公司	会员	范改潮
275	华信保险经纪有限公司	会员	胡永庆
276	五洲（北京）保险经纪有限公司	会员	张 勇
277	北京新城保险经纪有限公司	会员	庞虹南
278	航联保险经纪有限公司	会员	李永奇
279	安源保险经纪有限责任公司	会员	文 峰
280	康桥保险经纪有限公司	会员	杨 珊
281	中盛国际保险经纪有限责任公司	会员	杨 斌
282	上海美世保险经纪有限公司	会员	夏晓霏

续表

序号	单位名称	协会任职	代表姓名
283	安润国际保险经纪(北京)有限公司	会员	张 驰
284	安诺保险经纪有限公司	会员	赵博睿
285	北京中天保险经纪有限公司	会员	潘建忠
286	上海环亚保险经纪有限公司	会员	鲍荣清
287	海峡联合保险经纪(北京)有限责任公司	会员	侯 迁
288	上海中盈保险经纪有限公司	会员	隋清洁
289	北京众合保险经纪有限公司	会员	郑 磊
290	陕西延长保险经纪有限责任公司	会员	李立娜
291	重庆润通保险经纪有限公司	会员	许锦国
292	深圳美臣泰平保险经纪有限公司	会员	余 文
293	深圳众诚泰保险经纪有限公司	会员	杨 威
294	安徽国元保险经纪股份有限公司	会员	查镜钦
295	国电保险经纪(北京)有限公司	会员	腾 毅
296	甘肃吉安保险经纪有限责任公司	会员	王海洲
297	山东九安保险经纪股份有限公司	会员	宋执旺
298	哈保保险经纪(北京)有限公司	会员	蔡 翌
299	深圳天鑫保险经纪有限公司	会员	李葆冰
300	北京瑞信保险经纪有限公司	会员	杨啸雷
301	深圳市国康保险经纪有限公司	会员	杨华山
302	北京中海联合保险经纪有限公司	会员	周 雪
303	深圳市慧择保险经纪有限公司	会员	马存军
304	国家电投集团保险经纪有限公司	会员	陈 鹏
305	北京永诚保险经纪有限公司	会员	汪 京
306	天津协和万邦保险经纪有限公司	会员	梁宗伟
307	天津津投保险经纪有限公司	会员	张 霁
308	全联保险经纪有限公司	会员	史文涛
309	北京金诚国际保险经纪有限公司	会员	王 进
310	上海同人保险经纪股份有限公司	会员	许兴铭
311	北京和政保险经纪有限公司	会员	李 玮

续表

序号	单位名称	协会任职	代表姓名
312	北京华夏保险经纪有限公司	会员	钟 声
313	北京大特保险经纪有限公司	会员	周 磊
314	中铁汇达保险经纪有限公司	会员	秦永虎
315	天津津报鹏程保险经纪有限公司	会员	马 铭
316	浙江环晟保险经纪有限公司	会员	李玉美
317	途牛保险经纪有限公司	会员	韩 飞
318	中民保险经纪股份有限公司	会员	苗 健
319	安信联合保险经纪有限公司	会员	鲁光明
320	河北善康禾诺保险经纪有限公司	会员	林茂华
321	嘉福（北京）保险公估有限公司	会员	任海谊
322	泛华保险公估有限公司	会员	吴德华
323	北京华信保险公估有限公司	会员	颜庆东
324	根宁翰保险公估（中国）有限公司	会员	姚祥利
325	厦门功正保险公估有限公司	会员	卢富煜
326	广东亿和保险公估有限公司	会员	陈 波
327	汕头市均衡保险公估有限公司	会员	辛志烘
328	上海城市保险公估中心（普通合伙）	会员	高行安
329	山东光政保险公估股份有限公司	会员	张光明
330	山西新泰保险公估有限责任公司	会员	王 乐
331	山东远东保险公估有限公司	会员	曹 虓
332	北京君恒保险公估有限责任公司	会员	陈 锋
333	北京安恒信保险公估有限公司	会员	孔鸿超
334	河北天元保险公估有限公司	会员	陈宝峰
335	深圳俊通保险公估有限公司	会员	谭 媛
336	安徽中衡保险公估股份有限公司	会员	杜佐岭
337	北京中咨保险公估有限公司	会员	冯彦成
338	深圳美臣保险公估有限公司	会员	郭周全
339	深圳市智信达保险公估有限公司	会员	宋 健
340	北京格林保险公估有限公司	会员	谭同志

续表

序号	单位名称	协会任职	代表姓名
341	湖南盛泰保险公估有限公司	会员	杨季卓
342	四川润森保险公估有限公司	会员	陈贤辉
343	北京誉心保险公估有限责任公司	会员	高庆华
344	安徽汇嘉保险公估有限公司	会员	张 峰
345	上海华碧一清行保险公估有限公司	会员	刘学森
346	北京全天候保险公估有限公司	会员	杨连静
347	咏翰（福建）保险公估有限公司	会员	吴佑君
348	鼎信农业保险公估（北京）有限公司	会员	杨晓光
349	北京嘉信保险代理有限公司	会员	曹艳红
350	北京信安保险代理有限公司	会员	季 成
351	江苏华邦保险销售有限公司	会员	张道静
352	北京立康保险代理有限公司	会员	骆本能
353	安诚保险销售有限公司	会员	王重阳
354	新一站保险代理有限公司	会员	国婷丽
355	宏大保险销售服务有限公司	会员	贾昌霖
356	大童保险销售服务有限公司	会员	蒋 铭
357	长安保险销售有限公司	会员	茹祥安
358	重庆冠亚保险销售有限公司	会员	汪友洪
359	浙江浙商保险销售有限公司	会员	张晓东
360	广泰保险代理有限公司	会员	张 倩
361	安惠国际保险代理（北京）有限公司	会员	滕 旭
362	携程保险代理有限公司	会员	盛 强
363	鼎宏汽车保险销售股份有限公司	会员	汪小君
364	中美国际保险销售服务有限责任公司	会员	祝水明
365	民盛保险代理有限公司	会员	王 颖
366	四川嘉诚保险销售服务有限公司	会员	康东建
367	泰源保险代理有限公司	会员	万国红
368	平安创展保险销售服务有限公司	会员	丁珂珂
369	山东亿信保险销售服务有限公司	会员	于春波

续表

序号	单位名称	协会任职	代表姓名
370	吉林省茂林保险销售服务有限公司	会员	李泽虎
371	黑龙江财富安康保险销售有限公司	会员	许凤英
372	江苏统一保险代理有限公司	会员	张雪燕
373	河南松泰保险代理有限公司	会员	赵孟勋
374	诺爱保险代理有限公司	会员	张峻华
375	富德保险销售有限公司	会员	王连宏
376	中利保险销售有限公司	会员	谭 俊
377	辽宁友仁保险代理有限公司	会员	柴亦兵
378	河北汇新保险代理有限公司	会员	石志芳
379	康盛（北京）保险销售有限公司	会员	王金图
380	苏宁保险销售有限公司	会员	钱 俊
381	阳光一家家庭综合保险销售服务有限公司	会员	靳守林
382	华瑞保险销售有限公司	会员	路 昊
383	美华保险销售有限公司	会员	刘 强
384	年安保险销售服务有限公司	会员	吕 瑾
385	北京永通保险代理有限公司	会员	杜 兰
386	汇金永信保险销售服务有限公司	会员	唐上权
387	鼎鼎保险代理有限公司	会员	张敬峰
388	安途保险代理（北京）有限公司	会员	张继元
389	深圳市宜保通保险销售有限公司	会员	董平海
390	上海龙琨保险代理股份有限公司	会员	闫 明
391	五星在线保险销售有限公司	会员	金梁玉
392	广东品诺保险代理有限公司	会员	朱 敬
393	江苏省保险中介行业协会	会员	濮 阳
394	浙江省保险中介行业协会	会员	柴新鑫
395	山东省保险中介行业协会	会员	杨守林
396	湖北省保险中介行业协会	会员	张亚民
397	湖南省保险中介行业协会	会员	张在新
398	重庆市保险中介行业协会	会员	蒋 伟
399	深圳市保险中介行业协会	会员	陈 瑶